普通高等教育系列教材

电子商务系统分析与设计

第2版

主　编　吴子珺

副主编　徐超毅　栾志军　刘会静

机 械 工 业 出 版 社

本书以当前电子商务系统的两种主流开发方法为主线，全面系统地介绍了电子商务系统的相关概念以及电子商务系统规划、分析、设计、实施和运行维护的内容、步骤、技术及工具。

全书共13章，在结构上分为4个部分：基础部分，主要介绍电子商务系统的基本概念、常用开发方法及开发工具；分析与设计部分，主要介绍电子商务系统规划、分析与设计的内容、步骤、方法和应用过程；实施及运行维护部分，介绍电子商务系统实施的内容和步骤，并对系统的日常运行维护工作进行说明；案例部分，介绍了3种电子商务系统（Web网站、手机网站、微信小程序）实例的分析设计过程。

本书可以作为高等院校电子商务、信息管理与信息系统专业及其他经济管理类相关专业高年级本科生的教材，也可以作为从事电子商务系统分析设计及相关研究的工作人员的参考书。

本书配有教学用电子课件，需要的教师可登录 www.cmpedu.com 免费注册，审核通过后下载，或联系编辑索取（微信：15910938545，电话：010-88379739）。

图书在版编目（CIP）数据

电子商务系统分析与设计/吴子珺主编. —2版. —北京：机械工业出版社，2020.7（2023.1重印）

普通高等教育系列教材

ISBN 978-7-111-65693-7

Ⅰ.①电…　Ⅱ.①吴…　Ⅲ.①电子商务-系统分析-高等学校-教材②电子商务-系统设计-高等学校-教材　Ⅳ.①F713.36

中国版本图书馆CIP数据核字（2020）第086664号

机械工业出版社（北京市百万庄大街22号　邮政编码　100037）
策划编辑：王　斌　　责任编辑：王　斌
责任校对：张艳霞　　责任印制：单爱军

盛通（廊坊）出版物印刷有限公司印刷

2023年1月第2版·第6次印刷
184mm×260mm·20印张·496千字
标准书号：ISBN 978-7-111-65693-7
定价：65.00元

电话服务　　　　　　　　　　网络服务

客服电话：010-88361066　　机 工 官 网：www.cmpbook.com
　　　　　010-88379833　　机 工 官 博：weibo.com/cmp1952
　　　　　010-68326294　　金 书 网：www.golden-book.com
封底无防伪标均为盗版　　机工教育服务网：www.cmpedu.com

前　言

21世纪是信息化的时代，在全球信息化大势所趋的影响下，信息服务业已成为21世纪的主导产业，引领着电子商务不断地完善和发展，电子商务市场逐步成为各个国家和各大公司争夺的焦点，而这巨大的市场也必将需要大量从事电子商务技术和管理工作的人才。为顺应趋势，国内许多高等院校纷纷设立了电子商务专业，开设了与电子商务系统相关的课程。"电子商务系统分析与设计"课程是电子商务专业本科生的核心专业课之一，它是一门培养学生电子商务系统规划、分析、设计和实施能力的理论课程，同时也强调学生系统开发实践能力的培养与训练。

"电子商务系统分析与设计"课程涉及的知识点很多，内容涵盖了电子商务系统规划和分析设计的思想及方法、系统实现的相关技术和开发工具等多方面内容，是一门综合性极强的课程。通过本课程的学习，学生能够了解电子商务系统的基本概念、发展过程、体系结构和实现方式，掌握电子商务系统规划、分析、设计的原理、过程、作用、方法及工具，明确电子商务系统实施及运行维护的主要任务，并能将系统开发各阶段的理论知识和实践过程贯穿起来形成整体概念，最终达到能独立完成系统开发工作的目的。

本书在前一版的基础上，借鉴现有相关教材，全面详细地介绍了电子商务系统的基本概念及系统规划、分析、设计、实施和运行维护等内容的理论知识，力图为读者打下坚实的理论基础。同时为了促进读者更好地吸收理论知识，在本书的编写中贯穿了具体的电子商务系统实例，引导读者从"知道理论"到"应用理论"再到"吸收理论"，在这个过程中不断加深对理论知识的理解，并在实际操作中加以应用。

当前电子商务系统的主流开发方法是结构化开发方法和基于UML的面向对象开发方法，本书以这两种开发方法为主线，结合实例，全面系统地介绍了电子商务系统的相关概念以及电子商务系统的规划、分析、设计、实施和运行维护的内容、步骤、技术及工具。全书内容共13章，在结构上主要分为4个部分：基础部分，包括第1~4章，介绍电子商务系统的基本概念、常用开发方法、建模语言、开发工具以及开发前要做的各项准备工作；分析与设计部分，包括第5~8章，介绍电子商务系统规划、分析与设计的主要内容、基本步骤、常用方法和应用过程；实施及运行维护部分，包括第9章和第10章，介绍电子商务系统实施的内容和步骤，并对系统的日常运行维护工作进行了说明；案例部分，包括第11~13章，介绍了3种不同表现形式的电子商务系统实例的分析设计过程，分别为Web网站形式、手机网站形式和微信小程序形式。

本书的特点是理论知识与实际应用相结合，各章的知识点独立成章又衔接有序。本书由吴子珺任主编，徐超毅、栾志军、刘会静任副主编，其中第1、2、3、6、11、12、13章由南昌航空大学吴子珺编写，第4、5章由安徽理工大学徐超毅编写，第7、8章由烟台南山学院栾志军编写，第9、10章由河北金融学院刘会静编写，童鹏、吴善明、张俊杰、吴子琪等也参与了本书的部分编写或者对编写工作提供了帮助。在本书的写作过程中参考并引用了大量电子商务系统相关图书、专业文献和网上资料，机械工业出版社的编辑也给予了大力支持与帮助，在此表示衷心的感谢！

　　本书在电子商务系统分析和设计的方法上作了一些初步的探索，但由于电子商务系统理论与技术的发展日新月异，且作者学识有限，疏漏之处在所难免，敬请广大读者批评指正，以便修订时改正和完善。

编　者

目　　录

第1章 电子商务系统概论

学习目标

- 熟悉电子商务系统的概念、表现形式及特点。
- 掌握电子商务系统的体系结构。
- 熟悉电子商务系统生命周期各阶段的主要任务。

1.1 电子商务概述

1.1.1 电子商务的概念

电子商务（Electronic Commerce），是以信息网络技术为手段、以商品交换为中心的商务活动，也可理解为在互联网（Internet）、企业内部网（Intranet）和增值网（Value Added Network，VAN）上以电子交易方式进行交易活动和相关服务的活动，是传统商业活动各环节的电子化、网络化、信息化，以互联网为媒介的商业行为均属于电子商务的范畴。

自电子商务诞生以来，各国政府、学者、企业界人士根据自己所处的地位和对电子商务参与的角度及程度的不同，给出了许多不同的定义。

1）世界电子商务会议：1997 年 11 月 6 日至 7 日国际商会在法国首都巴黎举行了世界电子商务会议，给出了关于电子商务权威的概念阐述，认为电子商务是指对整个贸易活动实现电子化；从涵盖范围方面可以定义为，交易各方以电子交易方式而不是通过当面交换或直接面谈方式进行的任何形式的商业交易；从技术方面可以定义为，电子商务是一种多技术的集合体，包括交换数据（如电子数据交换、电子邮件）、获得数据（共享数据库、电子公告牌）以及自动捕获数据（条形码）等。

2）电子商务欧洲议会：电子商务是通过数字方式进行的商务活动，它通过数字方式处理和传递数据，包括文本、声音和图像。电子商务涉及许多方面的活动，包括货物电子贸易和服务、在线数据传递、电子资金划拨、电子证券交易、电子货运单证、商业拍卖、合作设计和工程、在线资料、公共产品获得，还包括产品和服务（如信息服务、金融和法律服务）、传统活动（如健身、体育）以及新型活动（如虚拟购物、虚拟训练）。

3）美国学者瑞维·卡拉克塔和安德鲁·B·惠斯特：广义地讲，电子商务是一种现代商业方法，这种方法通过提高产品和服务质量、加快服务传递速度来满足政府组织、厂商和消费者降低成本的需求，这一概念也用于通过寻找信息以支持决策。一般地讲，今天的电子商务通过计算机网络将买方和卖方的信息、产品和服务联系起来，而未来的电子商务则通过构成信息高速公路的计算机网络中的一条线将买方和卖方联系起来。

4）HP 公司：电子商务简单地说就是指从售前服务到售后支持的各个环节实现电子化、

自动化。它以电子手段完成产品和服务的等价交换，在互联网上开展电子商务内容所包含真实世界中销售者和购买者所采取的所有服务行动，而不仅仅是订货和付款。

5）IBM 公司：电子商务是指采用数字化电子方式进行商务数据交换和开展商务业务的活动，是在互联网的广阔联系与传统信息技术系统的丰富资源相互结合的背景下应运而生的一种相互关联的动态商务活动。

一般而言，从内容和形式上可以将电子商务分成广义电子商务和狭义电子商务。

广义电子商务，泛指通过电子手段进行的商业事务活动及其运作管理的整个过程。

狭义电子商务，是指通过互联网等电子工具（如电报、电话、广播、电视、传真、计算机、计算机网络、移动通信等）在全球范围内进行的商务贸易活动。目前电子商务主要指狭义的电子商务。

1.1.2 电子商务运作模式

电子商务的应用范围非常广泛，其交易活动的参与者可以是消费者、企业、政府、在线服务的提供者、网络接入服务的提供者、配送支付服务的提供者等，根据交易双方的关系，可将电子商务的运作模式分为以下几种。

（1）B2B 模式

B2B（Business to Business）模式即企业与企业之间通过互联网进行产品、服务及信息交换的商业运作模式。

通俗地讲 B2B 是指进行电子商务交易的供需双方通过网络技术或各种商务网络平台，完成商务交易的过程，包括：发布供求信息，订货及确认订货，支付过程及票据的签发、传送和接收，确定配送方案并监控配送过程等。B2B 电子商务网站主要通过获取会员费、交易费、服务费、广告费等来收益，典型的 B2B 电子商务网站如阿里巴巴。

（2）B2C 模式

B2C（Business to Customer）模式即企业与消费者之间通过互联网进行信息的交换、传递以及交易活动的商业运作模式，又称直接市场销售，主要包括有形商品的电子订货和付款，无形商品和服务产品的销售。

B2C 即企业通过互联网为消费者提供一个新型的购物环境——网上商店，消费者通过网络在网上购物、在网上支付。B2C 模式节省了客户和企业的时间和空间，大大提高了交易效率，尤其对于工作忙碌的上班族，这种模式可以为其节省宝贵的时间。B2C 电子商务网站主要通过销售产品以及收取交易费、会员费、服务费、广告费、咨询费、信息发布费来盈利，典型的 B2C 电子商务网站有京东商城、天猫商城等。

（3）G2B 模式

G2B（Government to Business）模式即政府与企业之间通过网络进行交易活动的运作模式，涵盖了政府与企业之间的各项事务，包括政府采购、税收、商检、管理条例发布、法规政策颁布等。

在 G2B 电子商务中，政府既是企业的消费者，又是企业的管理者。作为消费者，政府可以通过互联网发布自己的采购清单，公开、透明、高效、廉洁地完成所需物品的采购；作为管理者，政府对企业宏观调控、指导规范、监督管理的职能通过网络以及电子商务方式更能充分、及时地发挥。借助于网络及其他信息技术，政府职能部门能更及时全面地获取所需信息，做出正确决策，做到快速反应，并迅速、直接地将政策法规及调控信息传达给企业，达到管理与服务的作用。总之，政府既是电子商务的使用者，又是电子商务的宏观管理者，对电子商务起着扶持和规范的作用。

（4）G2C 模式

G2C（Government to Citizen）模式指政府机构与公众之间的电子政务，政府机构为提高工作效率和服务质量，逐渐效仿商业的服务模式，将个人纳税、财产申报、政府调查、社会福利保险、医疗服务费、交通费的支付等通过网上来进行。

（5）C2C 模式

C2C（Customer to Customer）模式是消费者之间的网络交易活动，即在互联网上提供一种"个人对个人"的交易平台，给每个上网的用户提供参与电子商务的机会，如网上二手房交易、网上二手汽车交易、网上商品求购、网上拍卖等。

C2C 电子商务网站主要通过收取会员费、交易费、广告费、增值服务费、店铺费来盈利，典型的 C2C 电子商务网站有淘宝集市、易趣等。

随着电子商务的发展以及环境的不断变化，应企业和市场的需要，在传统电子商务模式的基础上产生了一些新的模式，如 B2F 模式、O2O 模式、C2M 模式、B2C2C 模式等。

（1）B2F 模式

B2F 模式即 Business to Family，是结合网络现有的电子商务模式 B2B、B2C、C2C 的诸多优点，并根据地方特色，综合考虑的一种电子商务升级模式。该模式把各百姓分类于家庭这个单位之中，并以 21 世纪最为便捷的购物方式来引导消费，通过一站式服务和高效免费的配送、安全可靠的现金交易来赢取市场位置，即商业机构对家庭消费的营销商务。这种形式的营销模式一般以"目录+网络销售"为主，主要借助 DM（Direct Mail，快讯商品广告）和互联网开展销售活动。

B2F 模式是我国 DM 成长的一种必然产物，通过商业机构的 DM 和互联网为消费者提供一个新型的购物环境，这种商业模式在我国正在逐渐成长。国内现在做得比较好的有全球排名第一的中文婴幼购物网站"红孩子"，B2F 电子商务零售连锁超市"联合一百"，以及阿里巴巴对线下超市完全重构的新零售业"盒马鲜生"。

（2）O2O 模式

O2O 模式即 Online to Offline，是指把线上的消费者带到现实的商店中去——在线支付购买线下的商品和服务，再到线下去享受服务，如在线预订餐饮、火车票、机票、酒店、健身、理发、娱乐等。

目前采用 O2O 模式经营的网站已经有很多，团购网就是其中一类，如中团网、篱笆网、齐家网等大宗商品团购网站，美团网、58 团购、窝窝团、拉手网等生活信息团购网站，另外还有一种为消费者提供信息和服务的网站，如赶集网、爱邦客等。

（3）C2M 模式

C2M 模式即 Customer to Manufacturer，是一种新型的工业互联网电子商务的商业模式，又被称为"短路经济"。该电商模式最早由必要商城创始人、CEO 毕胜提出并率先在国内进行实践，如今该模式已被应用于诸多行业和领域。

C2M 模式基于互联网、大数据、人工智能，以及通过生产线的自动化、定制化、节能化、柔性化，运用庞大的计算机系统随时进行数据交换。消费者直接通过平台下单，工厂接收消费者的个性化需求订单，然后根据产品订单需求设定供应商和生产工序，最终生产出个性化产品。主要包括纯柔性生产，小批量多批次的快速供应链反应。

（4）B2C2C 模式

B2C2C 模式即 Business to Channel to Customer，中文译作"商家—渠道—顾客"。该模式为企业提供网络直销渠道，网店店主作为消费者从平台上进货，终端顾客购买后，由商家直接发货。对于网店来说，没有库存，货卖出后再付款，风险几乎为零。对于供货厂家来说，这是一个网上直销的平台，免去了传统供货渠道的烦琐。

B2C2C 的顺势出现，开拓了新的商业营销模式。B2C2C 模式是将商家雄厚的启动资金和规模有机结合，由源头的商家进行专业的产品、库存方面集中管理，平台进行高效率的物流工作，渠道上进行直面的销售和售后工作，这些专业的管理工作结合开展都使得消费者更加放心。贝贝集团旗下的社交电商平台贝店就是 B2C2C 模式的代表性网站。

案例 1-1

从"联合一百"看 B2F

联合一百集团成立于 2006 年 9 月 20 日，起源于中国成都，2011 年 1 月 4 日联合一百实体连锁总部正式迁到河南漯河市，联合一百电子商务总部继续留在成都。联合一百是集中小型超市、社区便利店、实体连锁加网上商务相结合的中国特色 B2F 电子商务，是集"店铺营销+网络营销+目录营销+会员营销"为一体的新型商业流通模式，它的实现思路是：用小型超市、社区便利店解决网上超市物流和推广的问题，超市商品需求量大，可采取集中配送的方式，能够有效降低超市商品价格。超市商品是价格敏感商品，因此能吸引社区顾客，更好地满足家庭集中采购需求，有了网络和顾客后，不断发展业务范围，建成同城落地式网络综合平台。

联合一百已开通全国 31 个省、自治区、直辖市的实体连锁服务点，拥有近 5000 家加盟连锁超市。它的发展分为三步走：第一步建服务点，在全国整合 18 万家实体店铺，成为服务点，从而解决电子商务三大瓶颈（诚信、支付、配送）；第二步电子商务 B2F，给中国人提供方便、实惠、快捷的服务；第三步异业联盟，不同的商家和厂家通过联合一百电子商务的平台，把产品或服务提供给联合一百上亿的会员。一个超市单打独斗的时代即将结束，取而代之的是超市的规模化、品牌化。

"盒马鲜生"试验新零售

盒马鲜生是阿里巴巴对线下超市完全重构的新零售业态，盒马是超市，是餐饮店，也是菜市场，但这样的描述似乎又都不准确。消费者可到店购买，也可以在盒马 App 下单，而盒马最大的特点之一就是快速配送——门店附近 3 千米范围内，30 分钟送货上门。

盒马鲜生多开在居民聚集区，下单购物需要下载盒马 App，支持支付宝付款，现金付款等支付方式。实际上，在强推支付宝支付背后，是盒马未来将对用户消费行为大数据挖掘的野心。阿里巴巴为盒马鲜生的消费者提供会员服务，用户可以使用淘宝或支付宝账户注册，以便消费者从最近的商店查看和购买商品。盒马未来可以跟踪消费者购买行为，借助大数据做出个性化的建议。

盒马未来主要将服务三类人群：第一，晚上大部分时间在家的家庭用户；第二，基于办公室场景推出针对性便利店或轻餐；第三，周末会带着孩子去超市走走的用户。

阿里巴巴表示，创造盒马，不是单单为了要在线下开店，毕竟中国并不缺海鲜卖场，而是希望通过线上驱动淘系消费数据能力，线下布局盒马与银泰商业，以及和百联、三江购物等开展更丰富的合作形式。模式跑通后，其数据能力和技术能力会对合作伙伴开放共享。

资料来源：MBA 智库百科，https://wiki.mbalib.com，作者略有删改。

案例思考：B2F 模式与 B2C 模式的区别是什么？

案例 1-2

贝店的"个体时代"

贝店是贝贝集团基于"无社群不电商"的理念，在 2017 年 7 月底全新推出的手机开店社交电商 App。贝店专注于家庭消费，采用"自营+品牌直供"的模式，与源头品牌直接合作，为用户提供居家、服饰、水果、美食、美妆、母婴等全球好货。店主无须囤货、发货，由贝店统一采购、统一发货、统一服务，让每个人都可以轻松开店，店主自己购物省钱，分享商品赚钱，正品保障。与传统电商平台不同，贝店通过人与人之间的分享与传播，实现消费者、店主以及供应链的三方连接，将精选的商品送达消费者的手中。

贝店目前只对会员开放，要成为贝店的会员，需要输入其他会员的邀请码，注册成为贝店会员后就可以开店。开贝店相当于自己开了一个线上超市，而且不用找货、不用囤货，只要在贝店自主选择商品再将商品链接分享到社群圈，社群圈的其他人点击商品链接即可购买商品，而贝店会自动以会员账号作为此次购物账号，交易成功后根据商品性质和价钱返还相应利润给会员，如图 1-1 所示。

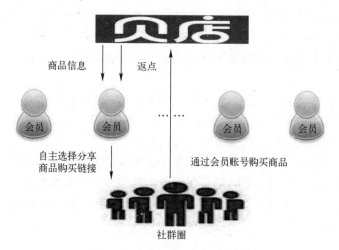

图 1-1　贝店 B2C2C 运作模式

贝贝集团创始人兼 CEO 张良伦强调，贝店的使命与愿景是"让买家花更少的钱买到更好的商品，让店主可持续地赚到更多的钱"，而消费者第一、店主第二、平台第三是贝店一贯原则。无论是对于贝店还是对于明星店主，都会自带一个"魅力人格"的标签。魅力人格是流量来源，是用户的心智入口，新内容通过人格输出价值观导向，新产品利用人格传递核心品牌主张，在用户和社群的滋润下，人格化从"魅力人格"到"品牌人格"实现不断进阶，成为新物种人格化的超级孵化器。

资料来源：微信公众号"犀利财经（xili-caijing）"，作者略有删改。

案例思考：贝店 B2C2C 模式中的 B、C、C 分别是指谁？

1.2 电子商务系统概述

1.2.1 电子商务系统的概念

所谓电子商务系统，广义上讲是指支持电子商务活动的电子技术手段的集合；从狭义上看，是指在互联网和其他网络的基础上，以实现企业电子活动为目标，满足企业生产、销售、服务、管理等内部业务的需要，支持企业的对外业务协作，从运作、管理和决策等层次全面提高企业信息化水平，为企业提供商业智能的计算机系统。

从构成要素方面看，电子商务系统主要由社会基础设施，企业内部网、企业外部网与互联网的连接，电子商务应用系统三部分组成。

从商务角度看，电子商务系统由企业内部、企业间及企业与消费者之间的三种关系组成。

从系统功能上看，电子商务系统不仅支持企业内部的生产与管理，例如企业资源规划（Enterprise Resource Planning，ERP）、供应链管理（Supply Chain Management，SCM）和客户关系管理（Customer Relationship Management，CRM），还支持企业通过互联网进行的商务活动，如企业形象宣传、网络订单管理、网络支付管理等。

从信息系统服务的范围及对象上看，传统信息系统主要服务于企业内部特定的客户，例如 MIS（Management Information System，管理信息系统）主要用于满足企业管理人员管理的需要，但是电子商务系统服务的对象不仅包括企业内部管理人员，还包括企业的客户和合作伙伴。

从技术角度看，电子商务系统基本上是一种基于 Web 的 B/S（Browser/Server，浏览器/服务器）结构的系统，它的构造技术还包括一些原有信息系统未曾使用的新技术，例如多层结构、站点动态负荷均衡技术、安全与认证技术等。

通过以上分析可以总结出，电子商务系统是在网络基础上，利用现代 IT 技术支持企业电子商务活动的技术平台。这一平台服务于企业内部用户、企业客户及企业的合作伙伴，支持企业生产、销售、管理等整个环节，其目的是利用 IT 手段整合企业的商务流程，帮助企业实现新的商务技术。

1.2.2 电子商务系统的表现形式

电子商务系统是由基础设施、网络、应用系统等组成的综合系统，通常通过 Web 网站等来展示企业形象和系统功能。随着智能移动终端的发展和普及，为了满足移动终端用户的需求，电子商务系统的表现形式也越来越多样化，目前常见的电子商务系统表现形式有以下几种，如表 1-1 所示。

1）Web 网站：是指在因特网上根据一定的规则，针对计算机设备使用 HTML（Hyper Text Markup Language，超文本标记语言）等工具制作的用于展示特定内容的相关网页集合。用户通过计算机浏览器来访问网站，获取自己需要的信息或者享受网络服务。

2）手机网站：又叫移动设备网站或 WAP（Wireless Application Protocol，无线应用协议）网站，是指针对手机、平板计算机等移动设备的屏幕进行排版设计的网站，只有在移动设备上浏览才能获得最佳用户体验。用户通过在手机浏览器上输入网址或扫描二维码来访问手机网站。

3）微网站：也称为微信网站，是利用微信公众平台二次开发接口将手机网站和微信对接起来，以达到相互通信、数据共享目的的网站。微网站可以调用微信的功能，可以方便地与微信、微博等应用链接，用户只需扫描二维码或关注企业公众号即可在手机上快速方便地浏览网站，极大适应了移动客户端浏览市场对浏览体验与交互性能的要求。

微网站以微信作为访问入口，可以认为"微网站＝手机网站＋微信功能"，严格来说它并不能和 Web 网站及手机网站并列分类，但由于微网站除具备手机网站的一般功能外，还有微信独有的功能，加上微信拥有庞大的用户群，这就让微网站被看成了一个独立的分类。

4）手机 App：主要指安装在智能手机上的软件，完善原始系统的不足与个性化，使手机完善其功能，为用户提供更丰富的使用体验的主要手段。电商 App 通常是与电商网站绑定的，用户直接点击 App 即可访问相应网站。

5）微信公众号：是开发者或商家在微信公众平台上申请的应用账号，该账号与 QQ 账号互通，通过公众号，商家可在微信平台上实现与特定群体的文字、图片、语音、视频的全方位沟通、互动，形成了一种主流的线上线下微信互动营销方式。微信公众号主要以内容营销和信息传递为主，以简单的服务为辅，用户在微信中搜索关注或扫码关注公众号即可访问企业公众号。

6）微信小程序：是一种以微信为入口，不需要下载安装即可使用的 App，它实现了应用"触手可及"的梦想，用户扫一扫或搜一下小程序名即可打开该 App。目前除了微信小程序，百度也推出了相应的智能小程序。

表 1-1　电子商务系统的常见表现形式

表现形式	性　　质	访问方法	常用推广方式
Web 网站	以产品和服务为主	输入网址访问	搜索引擎优化推广、社会性网络软件推广、社会化媒体营销推广
手机网站	以产品和服务为主	输入网址或扫描二维码	搜索引擎优化推广、社会性网络软件推广、社会化媒体营销推广
微网站	以产品和服务为主	扫描二维码或关注公众号	人际关系传播、公众号引流、社交媒体引流、线上线下二维码拉新
手机 App	以产品和服务为主	下载安装后直接访问	应用商店、手机数码厂商预装、内容与软文营销
微信公众号	以内容营销和信息传递为主	在微信中搜索或扫码关注	微信/QQ/第三方自媒体平台
微信小程序	以产品和服务为主	在微信中搜索或扫码访问	海报+二维码、嵌入微信平台文章、关联微信公众号

1.2.3　电子商务系统的特点

电子商务系统是支撑企业商务活动的技术平台，这一平台与传统的企业管理信息系统、决策支持系统等信息系统既有联系又有许多不同之处，具有较为鲜明的特征。

（1）电子商务系统是支持企业商务活动整个过程的技术平台

从企业内部管理的角度看，企业的活动包括日常的操作、管理和决策三个层面，电子商务系统依托企业内部网络，支持企业内部的事务，如企业日常操作层面的库存、订单、结算等事务，而且也可以利用商务智能（Business Intelligent，BI）的手段为企业决策提供支持。

从企业之间、企业与客户之间的商务活动来看，可以利用电子商务系统平台实现供应链管理、客户关系管理，使企业之间构成紧密、动态的商务协作关系，能够快速地响应市场需求的动态变化，并更好地为用户提供各种服务。

因此，无论是企业内部的生产、销售，还是企业外部的市场活动，都可以依托电子商务系统这一平台，充分支持企业商务活动的各个环节，这是电子商务系统与其他信息系统不同的地方。

（2）电子商务系统依托网络，提供基于 Web 的分布式服务

以 TCP/IP 协议为基础的网络环境，包括 Internet、Intranet、Extranet 等，是所有电子商务系统的共同基础，因此，电子商务系统是一个在分布式网络环境中提供服务的系统。

从电子商务系统的软件体系结构看，电子商务系统大部分是基于 B/S 结构的 Web 系统，系统的核心软硬件都集中在应用服务器或 Web 服务器上，而客户端只需要浏览器，大大方便了用户的使用，这是电子商务系统的一个突出的技术特点。

（3）电子商务系统在安全方面有较高的要求

电子商务系统在安全性方面，相对于其他信息系统来讲要求更高，这主要是由以下几个原因造成的：首先，电子商务系统一般处理的是与企业交易活动相关的数据，由于业务数据涉及企业的敏感数据，因此自然对安全等级的要求很高；其次，电子商务系统依托于网络，尤其是互联网，一般是在一种开放的、公共的网络环境中运行，而且 TCP/IP 协议本身就存在漏洞，因此这种开放环境相对于封闭系统而言，存在着一些不安全因素，所以需要强调安全措施来降低风险；最后，电子商务系统需要采取各种措施保证交易的安全，包括交易的真实性、保密性、完整性和不可抵赖性。

（4）电子商务系统的技术特点

电子商务系统涉及的技术比较多，包括网络技术、数据库技术、安全技术、应用集成技术等。从技术角度看它具有如下特征：

- 基于 TCP/IP 协议。
- 采用流行的 B/S 结构，通过浏览器与客户进行交互。
- 以 Web 为基础，利用标准协议（如 HTML、DHTML、XML）组织和表达数据。
- 分布式事务处理系统。
- 可以利用多种工具开发，目前主流的有以 Java 语言为核心的 Jave EE 平台和 Microsoft 的 . NET 平台。

电子商务系统所涉及的技术仍处于不断发展中，在确定技术方案时要综合考虑技术的先进性和成熟性。

（5）电子商务系统大多是依托企业既有信息资源运行的系统

电子商务是企业为了适应新竞争形势所应用的一种商务模式，即利用网络实现所有商务活动。业务流程的电子化，不仅包括面向外部的商务活动，如网络营销、电子支付、物流配送等，还包括企业运营的业务流程，如企业资源规划、人力资源管理（Human Resources Management，HRM）、财务管理等。企业在实施电子商务之前，都或多或少地存在各种内部信息系统，因此，企业的电子商务系统基本上是依托既有信息资源建立的，并且与企业现有

信息系统之间存在密切的接口，这一方面是为了保证企业既有信息化建设的投资不被浪费，另一方面也是企业信息化得以持续发展的必然要求。

1.3 电子商务系统发展过程

电子商务系统的发展过程是一个渐进的过程，它的发展与 IT 技术和 Internet 在企业商务中的应用密切相关，从企业商务活动信息化的角度来看可以将电子商务系统的发展划分为四个主要阶段。

1. 信息发布阶段

在这一阶段，人们对商务系统的认识主要集中在如何采集、处理和加工企业内部商务过程的数据，信息技术手段一般被认为是用于辅助生产和管理的，它本身并不能直接产生效益，因而企业全面利用现代信息技术（数据库、计算机网络、信息处理、数据自动识别及人工智能等）建立内部的生产及管理系统。另一方面，随着互联网和 Web 技术的出现，企业利用 Web 技术开发采用 B/S 结构，以通用的浏览器作为客户端，以 HTTP（HyperText Transfer Protocol，超文本传输协议）为主要网络通信协议的网站，将企业的相关信息利用 HTML 语言表示为网页，利用 WWW 服务器进行发布。

该阶段的主要特点是企业利用网站作为企业形象宣传和信息发布的工具，网站所发布的信息是"静态"的，与企业信息系统没有直接联系，通常这些网站被认为是电子商务系统的雏形。

2. 事务处理阶段

企业将互联网和 Web 定位于一个新的商务活动中，着重于 B2C 的应用。随着互联网技术的进一步发展以及各种 Web 动态编程技术（JSP、ASP、PHP 等）的出现，客户可以通过互联网直接访问电子商务应用系统并进行相应的操作，如网上购物、订单查询等。该阶段的电子商务系统通常采用"表达层-应用层-数据层"这种三层逻辑结构，其中表达层是终端用户和系统程序的接口，通过与应用层的交互，将用户需要的信息以合适的格式输出；应用层主要是对数据进行分析和计算，同时控制整个程序的运作；数据层的基础是数据库管理系统（Database Management System，DBMS），主要负责数据的组织并向应用层提供接口。

由于这一阶段的核心业务并没有完全转移到互联网上，电子商务系统与企业内部信息系统的联系不多，与企业已建立的信息系统的互联问题没有很好地解决，因此不能为企业整个商务过程提供支持，企业已经具有的各种资源不能发挥整体效益。这一阶段的电子商务系统是不完整的，可以看作是初级的电子商务系统。

3. 系统集成阶段

随着电子商务的普及，传统的生产企业逐渐意识到电子商务的重要性，于是都不同程度地开展了电子商务活动。这一阶段的电子商务系统实现了与企业原有系统集成以及合作伙伴系统的集成，着重于 B2B 应用。一方面，电子商务系统与企业内部信息系统连接成为一个整体，支持企业的整个生产及管理过程，进而允许企业内部生产过程的数据采集、客户信息反馈、售前售后支持都可以通过互联网进行，这促使企业内部信息系统的服务对象发生了变化，使得原来的 EDP、MIS 系统无论从形式还是内容上都产生了很大更新。另一方面，企业也加强了与合作伙伴及用户的联系，通过供应链管理、客户关系管理和商业智能系统的集成，将企业和市场乃至整个行业联系起来，建立价值网络。因此该阶段的电子商务系统所覆盖的业务趋于完整，这也是电子商务系统从萌芽走向发展的重要标志。

4. 下一代电子商务

下一代电子商务系统利用 Web 服务，采用相应的工业标准来简化系统和系统之间的连接，扩展 Web 服务来完成强大的事务处理和工作流处理，从而达到动态地采用电子商务过程和相关系统来支持电子战略的改变。下一代电子商务预想了这样一个网络：商业实体能在其自身领域内以及在贸易合伙人之间有步骤地管理交互作用，从发布新的合伙人到与另一个商务实体的集成。下一代电子商务着重程序对程序的交互作用，而不是早期 B2C 电子商务阶段占主导地位的客户对程序的交互。因此，下一代电子商务着重于 B2B 的综合性和基础设施整合，通过调节互联网标准和通用基础设施为内部和外部企业创造最佳效益。

1.4　电子商务系统体系结构

电子商务系统的体系结构是指系统内部组成及它们之间的相互关系，呈现出一种层次结构，其中每个层次从底向上提供服务和支持。从图 1-2 可以看出，一个完整的电子商务系统不仅包括基础层、服务层、应用层、表达层这四个主体层，还包括支撑系统运转的社会环境层，以及与内部系统、外部系统、客户端建立联系的各类接口。

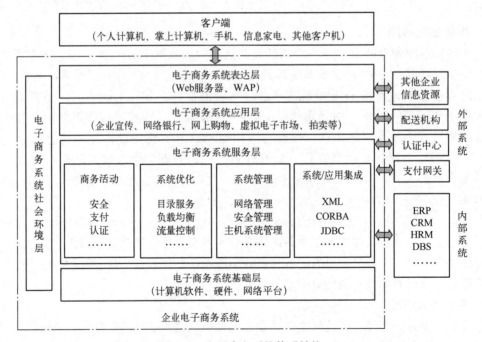

图 1-2　电子商务系统体系结构

1. 电子商务系统基础层

电子商务系统基础层是电子商务系统的运行环境，包括计算机软件、硬件和网络平台。计算机硬件包括计算机主机和外围设备，是电子商务系统的硬件环境，也是电子商务应用系统的运行平台。计算机软件包括操作系统、服务器软件和数据库等，是支持电子商务系统运行的软件环境。计算机网络平台是信息传送的载体和用户接入的基础，包括远程通信网、有线电视网、无线通信网和互联网，这些不同的网络都提供了电子商务信息传输线路。当前大部分的电子商务应用还是基于 Internet，其中包括的主要硬件有基于计算机的电话设备、集线器、数字交换机、路由器、调制解调器、有线电视的机顶盒、电缆调制解调器。

2. 电子商务系统服务层

电子商务系统服务层直接为应用系统提供服务，优化应用功能，是应用层的必要补充。这一层实现标准的网上商务活动、系统优化、系统管理、系统/应用集成服务，如标准的商品目录/价目表建立、电子支付工具的开发、保证商业信息安全传送的方法、认证买卖双方合法性的方法、流量控制方法等。

服务层和应用层的差别主要体现在：服务层提供公共的商务服务功能，例如支付、认证等，这些公共的服务和具体业务关系并不密切，具有一般性，基本上任何企业和电子商务活动都需要这些服务支持，而应用层则主要实现企业某一特定功能。

3. 电子商务系统应用层

应用层所对应的应用系统是电子商务系统的核心部分，是开发过程中编写的主要应用程序，它实现系统的核心商务逻辑，如企业宣传、网络银行、网上购物、虚拟电子市场、拍卖等具体应用模块。电子商务应用系统主要包括电子商务网站、数据库系统、支付系统、安全系统等。

4. 电子商务系统表达层

表达层的作用是为应用层提供客户端表达支持，将商务应用层的各种逻辑处理结果以不同的形式提交给客户端，并负责完成电子商务系统与其服务客户之间的交互。

5. 电子商务系统社会环境层

电子商务是通过网络开展商务活动的，但它不可能脱离社会，需要有一个良好的社会环境保障其健康发展。电子商务系统社会环境层主要包括公共政策、法律法规、安全协议、技术标准等内容。

1）公共政策包括围绕电子商务的税收制度、信息的定价、信息访问的收费、信息传输成本、隐私问题等。例如，对于咨询信息、电子书籍、软件等无形商品是否征税，如何征税；对于汽车、服装等有形商品如何通过海关，如何征税；税收制度是否应与国际惯例接轨，如何接轨；关贸总协定是否应把电子商务部分纳入其中。这些问题都需要政府制定具体的政策来妥善解决，否则将阻碍电子商务的发展。

2）法律法规维系着商务活动的正常运作，违规活动必须受到法律制裁。网上商务活动有其独特性，买卖双方很可能存在地域的差别，他们之间的纠纷如何解决，是否能够利用电子证书、电子订单等作为法律证据？如果没有一个成熟的、统一的法律系统进行仲裁，纠纷就很难解决。

3）安全问题是电子商务的核心问题，一个安全的电子商务系统，首先必须具有一个安全、可靠的通信网络，其次必须保证数据库服务器的绝对安全。电子签名和认证是网上比较成熟的安全手段，同时还包括安全套接层、安全 HTTP 协议、安全电子交易等安全协议。

4）技术标准规范了传输协议、信息发布标准等技术细节，这对于保证兼容性和通用性是十分重要的。此外，技术标准还保障了在不同国家的人与使用不同网络和不同类型的计算机设备的人之间开展电子商务的可能性。

6. 内部系统接口

内部系统是指企业内部信息系统，负责企业内部的生产及管理，包括企业 ERP 系统、CRM 系统、HRM 系统、内部数据库系统等信息资源。电子商务系统应该和企业内部信息系统进行集成，这样才能真正提升企业的管理效率。

7. 外部系统接口

外部系统主要是指与电子商务系统发生数据交换的企业外的其他信息系统，包括银行支付网关、认证中心、配送机构以及其他企业的信息系统。电子商务系统并不是孤立的系统，它需要与企业内外部系统进行很好的集成，才能发挥真正的作用。

8. 客户端

客户端是客户接受电子商务系统服务的终点，它可以是个人计算机、掌上计算机、手机、信息家电、其他客户机等终端设备。

1.5 电子商务系统生命周期

信息系统生命周期是指系统的产生、发展、成熟、消亡的更新换代的过程，电子商务系统与其他信息系统一样，也存在系统开发生命周期（System Development Life Cycle，SDLC）。电子商务系统的 SDLC 包括系统规划、系统分析、系统设计、系统实施和系统运行维护五个阶段，可用图 1-3 所示的模型加以描述，每一阶段结果称为预期结果或最终结果，并顺序进入下一阶段。

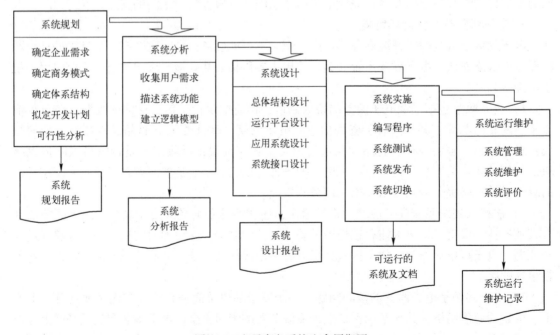

图 1-3　电子商务系统生命周期图

1.5.1　电子商务系统规划阶段

电子商务系统规划对于企业开展电子商务具有决定性的作用，它的主要内容是为企业未来的商务发展规划蓝图，为企业的电子商务系统奠定基础。

电子商务系统规划通常来自企业高层管理者的需求，这些需求描述了企业目前存在的问题以及实施电子商务后所希望得到的改变等内容。系统规划人员根据系统需求，通过与管理人员和用户交流等手段，完成识别商业机会和问题的特征与范围的初步调查，并完成以下工作：

1) 确定企业未来电子商务的运作模式和盈利方式，这是整个系统实施的起点，也是电子商务系统分析设计的基本依据。

2) 确定企业电子商务系统的体系结构，使系统开发人员拥有一个可以相互理解的共同基础，同时使得后续的系统设计、实施工作有一个明确的框架。

3) 拟定一个基于操作、技术、经济和时间因素的系统实施进度和计划，明确各开发阶段的目标、任务和所需资源。

4) 从管理、技术、经济、环境等方面对系统进行可行性分析，评估预期成本和效益。

系统规划阶段的结果是形成电子商务系统规划报告，企业对电子商务系统规划报告进行评估和审查以后，决定是否进入下一个阶段。如果开发过程继续，那么下一步是系统分析。

1.5.2　电子商务系统分析阶段

系统分析阶段的目的是建立新系统的逻辑模型，主要回答新系统"做什么"这个关键性的问题。电子商务系统分析就是在系统规划确定的目标和开发方案的指导下，结合电子商务系统的特点，使用诸如面谈、观察和抽样等手段进行调查，深入研究及描述现行系统的活动和各项工作以及用户的需求，总结归纳出企业未来电子商务系统的需求，描绘出未来系统所应实现的功能。系统的需求可以通过各种逻辑模型加以描述，如企业模型、数据与过程模型以及对象模型等。

系统分析阶段的最终结果是系统分析报告，为电子商务系统开发提出总体需求，作为用户和开发人员之间相互了解和共同开发的基础。

1.5.3　电子商务系统设计阶段

系统设计阶段的目的是在系统规划和系统分析的基础上，回答新系统"怎么做"的问题。电子商务系统设计的主要任务是从电子商务系统的总体目标出发，根据系统规划和系统分析的内容，充分考虑经济、技术和系统所处的内外环境和主客观方面的条件，界定系统的外部边界，确定电子商务系统的总体结构和系统的组成及其功能和相互关系，合理选择软硬件设备，确保总体目标的实现。在这个阶段，要设计用户界面，确定所有必需的输出、输入和过程；要设计内部和外部的控制，以保证系统将是可靠的、准确的、可维护的和安全的；要确定应用程序结构，指出程序员怎样把逻辑模型转换成程序模块和代码。

系统设计阶段要完成的主要工作有系统总体结构设计、系统运行平台设计、应用系统设计、系统接口设计。系统设计阶段的结果是建立系统设计报告，提请管理人员和用户审查与批准，管理人员和用户的参与对避免产生任何有关新系统要做什么、怎么做和成本多少的误解是非常重要的。

1.5.4　电子商务系统实施阶段

电子商务系统实施是整个电子商务系统开发的物理实现阶段，这一阶段的主要内容是将电子商务系统分析和设计阶段给出的各种方案转化成可执行的实际系统，目的是交付一个具有完整功能和文档的电子商务系统。不论开发者是采用结构化系统分析设计还是面向对象系统分析设计，其实施过程都是一样的，即编写程序、进行系统测试和优化、系统发布，完成后就可以投入应用了，包括把数据转换成新系统的数据、培训用户、完成新系统的实际过渡。

系统实施的主要工作是建立系统网站，主要有传统建站和自助建站两种方式。传统建站以编写程序代码为主来构建网站，自行搭建或租用系统运行的软硬件及网络环境，并以专业网管来维护和更新系统。传统建站方式页面个性化强、服务多，但建站速度慢，且技术门槛高、运营维护成本也高，让很多企业尤其是中小企业望而却步。自助建站是随着云计算的发展而兴起的一种零代码建站方式，制作者只需通过建站系统中的模板和预建的模块来构建网站，且无须另外搭建系统运行环境，网站维护也可自行完成。自助建站方式建站速度快、技术门槛低、维护成本也低，但页面个性化和服务方面不如传统建站方式。对于中小企业来说比较适合选择自助建站的方式来实施系统。

1.5.5　电子商务系统运行维护阶段

电子商务系统经过测试评估后，如果达到系统的性能指标，就可以投入运行。电子商务系统运行不仅仅是指电子商务系统的投入使用，更为重要的是企业商务活动将在一种新的模式下运转，除了电子商务系统的正常运行外，系统的运行过程还包括相应的日常管理、维护以及企业基于这样一个系统的市场、销售、客户服务等基本商务环节的运作与组织。

系统运行维护阶段也包括系统评估，以确定系统运行是否正确，成本与效益是否在预期范围内。

案例 1-3

从"乐清滴滴顺风车乘客遇害案"看系统分析设计

滴滴顺风车是北京小桔科技有限公司推出的一款拼车软件，是继"滴滴打车"（滴滴出行）、"滴滴专车"（礼橙专车）、"滴滴企业版"后在移动出行领域推出的第四款产品。

案情简介

2018 年 8 月 24 日 13 时 28 分左右：小赵姑娘坐上了前往永嘉上塘的顺风车。车子避开了原本正常的两条路线，一小时车程的 G15 高速，一个半小时车程的 104 国道，在乐清市绅坊火车站附近拐入了一条山路。

14 时 09 分：小赵向约她的闺蜜发去微信，"怕怕，师傅开的山路，一辆车都没有。"

14 时 14 分：小赵在微信发出了最后四个字，"救命、抢救"之后，手机关机失联。

14 时 50 分左右：小赵遇害。

16 时 22 分：被害人的永嘉朋友朱某某到永嘉县上塘派出所报案，同时朱某某称此前已与滴滴平台客服联系，客服称 1 小时内回复。

16 时 41 分：该所民警利用朱某某手机与滴滴客服沟通，在表明警察身份后希望向滴滴客服了解更多关于赵某某所乘坐的顺风车车主及车辆的相关信息，滴滴客服回复称安全专家会介入，要求继续等回复。

17时13分：滴滴客服向该所民警反馈称赵某某在13时许预约了顺风车后已于14时10分许将订单取消，并未上车。民警质疑上车后还可以在中途取消订单，再次提出要求了解该顺风车司机联系号码或车牌号码以便于联系，未果。

17时36分：警方通过电话与滴滴平台进行联系，平台客服称需3至4小时提供查询结果，民警表示情况紧急后，滴滴公司同意加急处理。

17时49分：滴滴公司回电称需要提供介绍信以及两名民警的警官证等手续，后民警于18时04分通过邮件发送至滴滴公司。

18时13分：乐清警方收到滴滴公司发来的车牌及驾驶员信息。

案件分析

分析本案可以得出，滴滴顺风车平台存在以下几个问题。

平台有漏洞：顺风车司机取消订单、私下接单是圈内潜规则，比如，跑一趟为了多赚些，会接单再和乘客商量取消订单，费用私下交易，一辆车上就可能多拉两个乘客。一名顺风车司机说，"平台有漏洞，自然会有人钻，挺正常的。"

网约车门槛低：有辆车就可以了！司机人品、心理健康等，根本无法掌握，乘客就是碰运气。当前平台的实名认证根本没有多大作用，尤其是顺风车，只要有车辆信息就可以做，今天可以是这个人开，明天换个人开，根本监控不了。而且，只有最初的门槛，后面车辆是否过保，是否年检，都无从知晓。司机素质参差不齐，监管不力，自然容易出事情。

缺乏安全性功能：早些时候的Uber（优步）也出现过类似事件。很快，Uber就在App内增加了安全性的功能。比如，乘客可以把自己的位置和行动路线分享给自己的紧急联系人，在感到不安全的时候可以一键报警等。在一些大城市，优步也跟警方开展合作，不需要乘客说出地址，而是在他们选择一键报警的时候，优步就会主动将乘客和司机的有关信息分享给警方，包括GPS定位、乘客信息、车辆外观和牌照等。此外，如果乘客不方便报警，还可以通过Uber软件内置的另外一套安全措施，悄悄共享自己的地理位置给某些指定联系人，五分钟内警察就能赶到现场。这个功能，在滴滴软件上，完全可以，也应该做到，这看上去只是App内部的一个信息模块的技术问题而已，却暴露了一个企业的社会责任感和行业道德问题。

应急措施不到位：在国内，一个投诉电话，需要反复确认，需要走流程，这是需要时间的，"滴滴处理事情的速度，遇到紧急情况是不够的。"

滴滴公司在构建顺风车平台时，是完全具备系统技术实施能力的，本案反映出来的问题，主要是顺风车平台功能设计得不合理所引发的。滴滴以规模和增长作为公司发展的衡量尺度，在其顺风车平台业务模式及功能逻辑设计尚不完善时将其推向市场，是导致本案发生的重要原因。

网友建议

一辆滴滴顺风车应最多只可以绑定3人，录入的信息也是如此。司机在每次接单的时候，都需要脸部识别，不仅实现行程跟踪，还可以有力地监管司机。

顺风车平台需要建立自动化快速响应机制，减少人力分析判断时间，充分调动起警方作用，和其保持联动，这是非常关键的。

滴滴完全可以也应该做到"一键报警"。

平台整改

8月28日，滴滴出行创始人程维、总裁柳青针对乐清顺风车乘客遇害一事，通过官方微博和微信发表道歉信，并承诺在以下方面落实行动：

1）滴滴不再以规模和增长作为公司发展的衡量尺度，而是以安全作为核心的考核指标，组织和资源全力向安全和客服体系倾斜。

2）安全产品整体功能升级，优化紧急求助、行程分享等功能。对于人身安全的客服投诉问题，我们会采取三方连线拨打110的方式，确保第一时间将相关信息给到警方。

3）顺风车业务模式重新评估，在安全保护措施没有获得用户认可之前，无限期下线。

4）与公安部门深入共建用户安全保护机制，高效响应各地公安部门的依法调证需求，并且启动测试已开发完成的警方自助查询系统。

资料来源：中国电子商务研究中心 http://www.100ec.cn，作者略有删改。

1.6 电子商务系统实现方式

随着电子商务的快速发展，电子商务的主体正在从电子商务服务商转向传统企业，越来越多的传统企业开始构建电子商务系统以从事电子商务活动。开发电子商务系统，不仅投资大，而且所涉及的技术众多，并不是每个企业都适合自主开发，应该根据自身的特点，选择合适的实现手段。目前，电子商务系统的实现方式主要有三种：自主开发、外包和租用。

1.6.1 自主开发

自主开发是指企业根据自身目前的业务状况，由企业内部软件公司或 IT 部门专门开发电子商务系统。自主开发方式的优点在于：

1）企业内部信息技术人员对企业自身的需求比较了解，对企业电子商务系统的迫切需要有切身体会，因此，在建造过程中比较容易把握系统的重点。同时，电子商务系统不是一个独立的系统，它与企业内部其他信息系统有紧密的关系，自主开发能很好地设计与企业内部信息系统的接口，使用起来比较方便。

2）企业自主开发的系统与其他企业的系统相比较，一般具有独创性和差异性，使得其他企业难以模仿，从而保证企业在竞争中保持差异化的竞争优势。

3）企业拥有自主开发的电子商务系统的全部知识产权，易于升级和管理。

自主开发建造电子商务系统，对于企业而言也有不利之处，主要表现在：

1）要求企业拥有实力较强的开发队伍，对企业人员的素质要求较高。

2）自主开发建造成本、维护成本高昂，时间投入巨大，对企业来说风险较大。

自主开发方式也并不一定意味着系统中的所有内容全部从零开始，可以选择其中部分功能或者部分电子商务软件组件进行外包或购买，只不过强调的是整个系统的建造过程完全由企业自主控制。

1.6.2 外包

外包方式也就是所谓的"交钥匙工程"，是指企业将电子商务系统的建造完全交给专业化的技术企业，由专业化的公司根据企业的需求，完成电子商务系统建造的整个过程。

外包方式对于难以既满足商业目标又控制开发成本的企业而言，是一种比较好的选择，其优点主要体现在：

1）将电子商务系统外包给专业公司来开发，企业可专注于自己的核心竞争力，这是企业采取外包策略的最根本原因。

2）外包可以削减开支、控制成本、重构系统预算，从而解放一部分资源用于其他目的；另外，对于那些没有能力投入大量资金、人力从硬件基础开始构建系统框架的企业而言，外包可以弥补企业在这方面的欠缺。

3）负责系统建设的专业化企业一般具有较强的技术实力，通过外包，企业能获得高水平的信息技术工作者的技能，改善技术服务，提供接触新技术的机会，同时也降低了技术风险。

4）外包使企业无须扩大自身人力规模，继而减少了因人才聘用或流失而花费的精力、成本以及面临的压力，节省了专门培训方面的开支，并提高了人力资源配置的灵活性。

外包方式也有一些风险，主要体现在：

1）外包企业对需求的了解相对自主开发而言，可能会产生一些遗漏或者偏差，所以最终的系统投入运行后，可能不是非常适合企业的需求，会出现一些波动。

2）采用外包方式，常常涉及产品的版权或者知识产权问题，所以需要与外包企业签署知识产权协议，从而保证建造的电子商务系统不会被竞争对手模仿。

3）企业在系统投入运行后的培训、维护方面与自主开发相比，往往会增加一些成本。

现代社会分工越来越细，电子商务系统的建设、维护和管理的复杂性日益增加，成本也日益增大，外包方式因其应用速度快、不需要承担投资风险、总体拥有成本较低、不需要承担维护和管理责任等优势，已成为电子商务系统开发的主要手段之一。

1.6.3 租用

租用方式是指开展电子商务的企业并不拥有或者并不完全拥有相关的技术设备、应用软件，通过向应用服务提供商租用设备、软件的使用权，开展自己的电子商务活动。应用服务提供商集中为企业提供搭建电子商务所需要的所有网络基础设施及软件、硬件运行平台，并负责所有前期的实施、后期的维护等一系列服务，使得企业无须购买软硬件、建设机房、招聘 IT 人员，只需前期支付一次性的项目实施费和定期的服务费，即可通过互联网享用电子商务系统，实施电子商务。随着国内电子商务的迅猛发展，应用服务提供商越来越多，如面向 B2B 的阿里巴巴、面向 B2C 的天猫商城、面向在线支付的支付宝等。

租用方式的优点在于：

1）企业可以不必进行电子商务系统建造的一次性大规模投资，可以通过租用和试用的方式，积累企业实施电子商务的经验，从而为后续的投资做好前期准备。

2）与自主开发、外包方式相比，成本最低，且时间开销最少，对于亟须开展商务而又缺少该方面投入的企业来讲，这是最为合算的一种方式。

租用方式的缺点也是显而易见的：

1）提供租用服务的设备和应用软件一般具有某种类型电子商务所需的基本功能，缺乏针对性，因此，这种方式虽然可以满足企业的大部分需求，但企业的特色服务恐怕难以全面得到满足。

2）采用租用方式时，企业电子商务的服务特色、效率等会受限于服务商的能力、环境和服务质量，当租用者出现问题时，企业的电子商务活动可能会受到影响。

本章小结

本章首先介绍了电子商务的概念，列出了常见的电子商务运作模式；然后介绍了电子商务系统的概念、表现形式、特点、发展过程和体系结构，并详细描述了体系结构中各组成部分的具体内容及相互关系；随后阐述了电子商务系统生命周期的概念，列出了生命周期各阶段的主要任务；最后介绍了电子商务系统常用的三种实现方式，指出企业应根据自身情况选择合适的系统实现方式。

习题

1. 通过互联网等电子工具在全球范围内进行的商务贸易活动是指_____的电子商务。
2. 在_____阶段，电子商务系统实现了与企业原有信息系统以及合作伙伴系统的集成。
3. 从软件体系结构看，电子商务系统大部分是基于_____结构的 Web 系统。
4. 电子商务系统的主体四层是基础层、_____、_____和_____。
5. 系统实施的主要工作是建立系统网站，主要有_____和_____两种方式。
6. 电子商务系统的实现方式包括_____、_____和_____。
7. 什么是电子商务系统？
8. 电子商务系统规划阶段的主要任务有哪些？
9. 简述电子商务系统与其他信息系统间的区别和联系。
10. 简述电子商务系统应用层和服务层的联系和区别。
11. 简述租用方式的优点和缺点。

第2章　电子商务系统开发方法

学习目标

- 熟悉结构化开发方法的核心思想和开发步骤。
- 理解面向对象的基本概念。
- 熟悉面向对象开发方法的核心思想、基本思路和开发步骤。
- 掌握原型法的开发过程。

电子商务系统是基于 Web 的信息系统，与其他类型的信息系统一样，电子商务系统需要有符合自己特点的开发方法，这是电子商务系统得以正确实施的条件之一。目前，开发信息系统常使用的方法是结构化开发方法、面向对象开发方法和原型法，这三种方法也是在开发电子商务系统过程中能够使用的方法。

2.1　结构化开发方法

2.1.1　结构化开发方法简介

结构化开发方法（Structured Method），是自顶向下的结构化方法、工程化的系统开发方法和生命周期法的结合，它是迄今为止所有开发方法中应用最普遍、最成熟的一种。该方法由 E·Yourdon 和 L·L·Constantine 在 1978 年提出，1979 年 Tom·DeMarco 对此方法做了进一步的完善，到 20 世纪 80 年代得到最广泛的应用。

结构化开发方法主要是按照功能来划分系统的结构，它把系统看作是由功能组成的，功能是指根据给定的输入数据，进行相应的处理转换，然后输出结果，即"输入数据→处理转换→输出数据"这样的过程，如图 2-1 所示。结构化开发方法的核心思想是通过描述系统的功能组成及各功能内部和相互之间的数据流动关系来解释系统的运作过程，具体来说，结构化开发方法是用系统工程的思想和工程化的方法，遵循用户至上的原则，结构化、模块化、自顶向下地对系统进行分析与设计，即首先考虑整个系统的功能，然后按照模块划分的一些基本原则等对功能进行分解，把整个系统划分成多个模块，每个模块实现特定的子功能。为了提高系统的内聚性，在模块中还会把功能分解到更小的子模块中，在完成所有的模块设计后，将模块一个个拼接到一起，自底向上、逐渐地构成整体系统。系统可看作是多个子系统的集合，每个子系统都具有输入输出的功能模块。

结构化开发方法主要强调自顶向下整体性的分析与设计和自底向上逐步实施的系统实施过程，即在系统分析与设计时要从全局考虑，要自顶向下地工作；而在系统实施时，则要根据设计的要求先编制一个个具体的功能模块，然后自底向上逐步实现整个系统。通过这样的

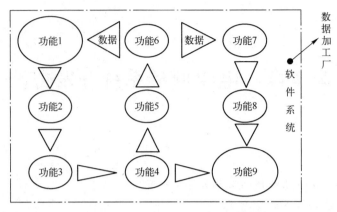

图 2-1　结构化软件系统结构模型

模块化处理，程序被划分为若干模块，而每个模块完成一个子功能，把这些模块汇总起来就构成了一个有机整体，可以用来实现指定的功能，从而降低了软件复杂度，并使软件设计、调试和维护等操作变得更简单。

2.1.2　结构化开发方法的开发步骤

针对信息系统生命周期各个不同的阶段，结构化开发方法将系统的开发过程分为结构化系统分析（Structured Analyze，SA）、结构化系统设计（Structured Design，SD）和结构化程序设计（Structured Program，SP）三个阶段。

（1）结构化系统分析

旧的系统（人工系统或信息系统）如果不再适应发展变化了的环境，就可能提出开发新系统的要求，并做出新系统的开发规划。系统分析是系统开发工作的第一个阶段，它以系统规划中提出的目标为出发点：首先经过初步的系统调查，获取用户对开发新系统的基本需求，并据此确定新系统应具有的逻辑功能；然后通过详细调查掌握原系统的运作原理，得到原系统的逻辑模型，其内容主要包括两个方面——管理业务流程的调查和数据流程的调查，通常采用功能层次图、数据流程图、数据字典等工具来描述调查结果；接着综合前两步的调查结果进行系统化分析，建立新系统的逻辑模型；最后总结系统分析的结果写出"系统分析报告"，这是系统分析阶段的文档，也是下一开发阶段的工作基础。

（2）结构化系统设计

系统设计阶段是在系统分析阶段提出的新系统逻辑模型的基础上设计系统的物理方案，其主要内容包括总体结构设计、系统运行平台设计、系统接口设计、系统网站设计、系统数据库设计等，系统设计阶段的成果是"系统设计说明书"。

（3）结构化程序设计

程序设计阶段的任务是按照设计阶段的成果，组织人员编程实现系统，并进行人员培训、数据准备和试运行等工作。这一阶段的成果，除了最终实现的系统外，还包括有关的技术文档（如程序说明书、使用说明书等），至此，一个新的信息系统便开始了它的生命周期。

2.1.3　结构化开发方法的特点

结构化开发方法的关键思想就是通过功能分解来减少程序设计的复杂性，并且增加软件的可重用性，以减少开发和维护计算机程序的费用，它具有以下优点：

1）从系统整体出发，强调在整体优化的条件下"自上而下"地分析和设计，保证了系统的整体性和目标的一致性。

2）强调功能抽象和模块化，采取分块处理问题的方法，把一个比较复杂的问题分解为若干个容易处理解决的部分，降低了问题处理的难度。

3）严格区分系统开发的工作阶段，每一阶段及时总结、发现、及时反馈和纠正，避免造成浪费和混乱，且每一阶段的工作成果是下一阶段的依据，便于系统开发的管理和控制。

4）按工程标准建立标准化的文档资料，大大简化了编程人员繁杂的工作，也便于软件在以后的维护。

结构化开发方法也存在一些不足之处：

1）系统开发周期长，难以适应环境变化。

2）对于结构化程度较低的系统，在开发初期难以锁定功能要求。

该方法适用于规模较大、结构化程度较高的系统的开发，这类系统往往业务处理过程规范，数据需求非常明确，在一定时期内需求变化不大。

结构化开发方法在20世纪70年代和80年代还可以适应，但在越来越复杂的非数值计算类型的软件系统开发中，在广泛应用图形界面的交互式应用中，在控制要求非常突出的系统中，在需求经常适应变动的环境下，这种方法暴露出了许多弊病。

1）功能与数据分离的系统设计结构与人类的现实世界环境很不一样，和人的自然思维也就不一致了，因此对现实世界的认识与系统编程之间存在着一道很深的理解上的鸿沟。

2）系统是围绕着如何实现一定的行为来进行的，即按照功能来划分系统，当用户需求发生变化，比如要求修改现有系统功能的实现方式或者要求追加新的功能时，修改就变得极为困难。这类系统的结构是基于上层模块必须掌握和控制下层模块工作的前提，因此在底层模块发生变化时，常常会迫使不得已去改变一系列的上层模块，而这种一系列的上层模块的修改本不是当时变动底层模块的目的；同样，在发生需要变动上层模块时，新的上层模块也必须了解它的所有下层模块，编写这样的上层模块当然是极为困难的，从而导致这种结构无法适应迅速变化的技术发展和当代社会进展的要求。

3）在系统中模块之间的控制作用有重要影响时，也就是说，实际的控制发生的根源来自分散的各个模块之中时，由于在"好的模块结构"中的模块间的控制作用只能通过上下之间的调用关系来进行，造成信息传递路径过长、效率低，易受干扰甚至出错。如果允许模块间为进行控制而直接通信，结果则是系统总体结构混乱，也将难于维护、难于控制，出错率高，因此这种结构是无法适应以控制关系为重要特性的系统要求的。

4）用这种方法开发出来的系统往往难以维护，主要是因为所有的函数都必须知道数据结构，可是许多不同的数据类型的数据结构只有细微的差别，这种情况的函数中常常到处充满了条件语句，它们与函数的功能毫无关系，只是因为数据结构的不同而不得不使用它们，结果使程序变得非常难读。

5）自顶向下功能分解的分析设计方法极大地限制了系统的可重用性，导致对同样对象产生大量的重复性工作，大大降低了开发人员的生产率，减少了他们用于创造性劳动的时间。

2.2 面向对象开发方法

2.2.1 面向对象开发方法简介

面向对象开发方法（Object Oriented Method，OOM）是在各种面向对象程序设计方法的基础上逐步发展起来的一种新的系统开发方法。在面向对象的软件系统开发过程中，应首先进行面向对象的分析（Object Oriented Analyze，OOA），其次进行面向对象的设计（Object Oriented Design，OOD），然后进行面向对象的编程（Object Oriented Program，OOP）和测试（Object Oriented Test，OOT），但是面向对象开发方法的发展历程，却是先有 OOP，然后发展到 OOD、OOA 和 OOT。

20 世纪 80 年代初发布的 SmallTalk-80 是第一个比较完善的面向对象编程语言（Object Oriented Programming Language，OOPL），随后涌现出一大批 OOPL，标志着面向对象方法走向了实用。此时人们认识到面向对象的系统开发不仅仅是编程问题，在采用 OOPL 所提供的类、对象等元素和封装、继承等机制来编写程序之前，必须先用面向对象的观点进行构思和设计，这一认识促使人们将面向对象的思想向前推进了一步——从单纯地解决编程问题推进到设计领域。G. Booch 于 1982 年首次使用了面向对象的设计，1986 年，他又较完整地阐述了面向对象的开发思想，其后相继出现了一批面向对象的开发方法，使得面向对象方法从 20 世纪 90 年代初开始得到广泛的应用。

2.2.2 面向对象的基本概念

1. 问题领域

系统开发是一个问题求解过程，开发一个软件系统的目的就是为了解决某个（或某一组）特定的问题，而问题领域就是指软件系统所模拟的真实世界中的系统，如银行的自动存取款系统、学校的学籍管理系统、制造企业的生产管理系统等。

2. 对象

对象是对问题领域中事物的抽象，是软件系统中用来描述客观事物的一个实体，如在线学习系统中的学生、教师、课程、教学视频等。在面向对象开发方法中，软件系统被看成是由一个个对象组成的，正确识别系统中的对象是进行系统开发的前提，问题领域中的实体、概念和事件等都可以抽象为对象，如：

- 外部实体：与系统交换信息的外部设备、相关子系统、操作员或用户等。
- 信息结构：问题论域中的概念实体，如信号、报表、显示信息等。
- 需要记忆的事件：系统执行过程中产生并需要记忆的事件，如单击鼠标、击打键盘。
- 角色：与系统交互的人员所扮演的角色，如学生、教师、会计等。
- 组织机构：有关机构，如公司、部门、小组等。
- 地点或位置：用作系统环境或问题上下文的场所、位置，如客户地址、收件人地址。
- 操作规程：如操作菜单、某种数据输入过程等。

对象以三栏矩形表示，如图 2-2 所示，构成对象的基本要

图 2-2　对象的结构

素是：

- 名称：即对象的名字，用来在问题领域中区分其他对象。
- 属性：描述对象特征的存储或数据结构，它表明了对象的一个状态。
- 操作：即对象的行为，分为两类：一类是对象自身承受的操作，即操作结果修改了自身原有属性状态；另一类是施加于其他对象的操作，即将产生的输出结果作为消息发送的操作。

例如，图2-3为现实世界中的"学生张某""教师刘某""网页设计教学视频"在在线学习系统中的对象表达方式。其中学生张某的属性包括用户名、密码、类型、年级等，教师刘某的属性包括用户名、密码、类型、职称等，网页设计教学视频的发生包括视频编码、视频名称、上传者、上传日期等。

张某	刘某	网页设计教学视频
zhangmou	liumou	wysjsp
123456	789012	网页设计
学生	教师	刘某
大三	副教授	2015-07-08
……	……	……
查询信息( )	查询信息( )	放大 ( )
编辑信息( )	编辑信息( )	缩小 ( )
……	……	快进 ( )
……	……	……

图2-3 在线学习系统中的对象

对象是对问题领域中事物的抽象，它具有如下特性：

- 问题领域中的实体和概念都可以抽象为对象。例如在银行领域，对象包括银行账户、汇率、出纳员、支票等；在学校领域，对象包括学生、教师、课程、成绩单和教室等；在制造企业领域，对象包括企业员工、管理员、顾客、销售单、产品等。
- 每个对象都是唯一的，对象的唯一性与现实世界中事物的唯一性相一致。
- 对象具有属性和行为。例如某网上宠物销售系统中的注册用户的属性可以包括姓名、性别、籍贯、文化程度、E-mail地址，行为可以有登录系统、浏览信息和在线购买等。
- 对象具有状态。状态指某个瞬间对象的各个属性的取值，对象的某些行为往往会改变对象自身的状态，即属性的取值。例如某订单的状态，在用户刚下订单的时候为"待审核"，订单通过审核后为"正在配货"，库房发出商品至快递公司后为"订单处理结束"。
- 对象都属于某个类。每个对象都是某个类的实例，例如，注册用户张三、李四和王五，他们都属于注册用户类。

3. 类

类是具有相同属性和操作的一组对象的集合。构成类的基本要素与对象相同，如图2-4所示，类可以视为一个具有相同属性与共同行

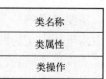

类名称
类属性
类操作

图2-4 类的结构

为的对象的模板，可用来产生对象，可以说，对象是类的一个实例。同一个类的所有对象具有相同属性，表明它们的属性含义相同，但是它们的状态不一定相同，也就是属性取值不同，类的所有实例具有相同的行为，也就是说它们具有一些相同的功能。

现根据图 2-3 中的学生张某、教师刘某和网页设计教学视频分别抽象出学生类、教师类和教学视频类，具体结构如图 2-5 所示。

学生	教师	教学视频
用户名	用户名	编号
密码	密码	视频名
类型	类型	讲课教师
年级	职称	录制时间
……	……	……
查询信息()	查询信息()	放大()
编辑信息()	编辑信息()	缩小()
……	……	快进()
……	……	……

图 2-5　在线学习系统中的类

类是对象的模板，对象是类的实例，从内容上看，类和对象的区别在于：类中的属性只有定义，而对象中的属性有具体的值；类中定义了操作的实现步骤及需要传递的参数名，而对象在调用类中定义的操作时要给出具体的参数值。

4. 继承

当某些类具有一些相同的属性和操作时，就可把这部分属性和行为抽象到一个新的类中，抽象出的新类称作父类，被抽象的类称作子类。例如，从图 2-5 中的学生类和教师类中可以抽象出用户类，其结构如图 2-6 所示。

子类可直接获得父类的属性和操作，而不必重新定义它们，父类和子类之间的这种关系就是继承。当一个子类只有一个父类时，继承称为单继承；当一个子类有多个父类时，继承称为多重继承。子类除了拥有父类的属性和操作，还可以再定义新的属性和操作，即所谓的扩展，同时子类还可对父类中操作的实现方式进行重新定义。在图 2-7 所示的继承和扩展关系中，普通手机类和娱乐手机类是手机类的子类，两者都继承了手机的打电话功能，且分别从不同

用户
用户名
密码
类型
……
查询信息()
编辑信息()
……
……

图 2-6　在线学习系统中的用户类

角度进行了功能扩展：其中普通手机对打电话功能的实现方式进行了重新定义，增加了来电屏蔽、固话转接等功能；娱乐手机则另外定义了播放音乐、拍照等新功能。

需要注意的是，子类只需定义在父类基础上新增的属性和操作，以及父类已有的但在子类中需重新定义的操作，以此提高了系统的可重用性。在父类中定义的操作被子类继承后，可以表现出不同的行为，继承的这种特性称为多态性。如图形制作系统中的三角形类和矩形类都继承了多边形类的画图操作，但是这个操作在两个子类中的实现方式和操作结果完全不一样，一个是画三角形，另一个是画矩形。

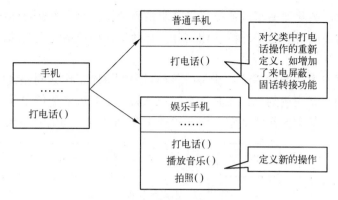

图 2-7　继承和扩展实例

5. 抽象

抽象是一种由具体到抽象、由复杂到简洁的思维方式。在面向对象的开发过程中，抽象体现在图 2-8 所示的几个方面。

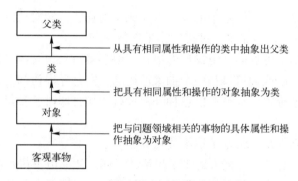

图 2-8　面向对象开发过程中的抽象

在抽象的过程中，需要注意以下两个问题：

1）从问题领域的客观事物到软件系统中对象的抽象。在建立对象模型时，问题领域中的事物被抽象为对象，事物往往具有多种多样的属性，但是对象的属性却应该根据事物所处的问题领域来确定。比如对于小白兔来说，如果问题领域是菜市场，那么需要重点关注小白兔对象的体重和价格；如果问题领域是动物研究所，那么主要关注小白兔对象的年龄、性别、健康状况及其五脏六腑的构造；如果问题领域是宠物市场，那么会关注小白兔对象的颜色、脾气、生活习性和价格等。

2）从子类到父类的抽象。当一些类具有相同的属性和操作时，可以把这部分属性和操作抽象为一个父类，这种从子类到父类的抽象分为两种情况：

- 当不同子类具有实现方式一样的相同操作时，可将操作放在父类中实现，子类不必重复实现这个操作。例如自行车和三轮车的父类为非机动车类，两者都有刹车功能，并且实现方式也一样，在这种情况下，把刹车功能放在非机动车类中实现，子类不必重复实现这个功能，以此可以提高程序代码的可重用性和可维护性。

- 当不同子类具有实现方式不一样的相同操作时，父类中仅声明此操作，由各子类分别实现这个操作。例如普通相机和数码相机都有拍照功能，但实现方式不一样，在这种

25

情况下，它们的父类拍照设备类仅仅声明拍照功能，但不提供具体的实现步骤，这种抽象方式与面向对象的多态特性相结合，有助于提高子系统之间的松耦合性。

6. 消息

在面向对象开发方法中，系统功能是由各种对象的协同工作共同完成的，而对象间的交互都是通过传递消息来完成的。消息是一个对象与另一个对象的通信单元，是要求某个对象执行其所属类定义的某个操作的请求，图2-9是对象间消息传递的基本模型。

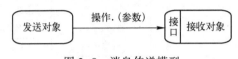

图 2-9　消息传递模型

一个消息由三部分组成：接收消息的对象名、请求执行的操作名、操作中的参数。

消息的格式为：对象.操作（参数），例如要求"网页设计教学视频"对象全屏播放的消息可表示为：网页设计教学视频.放大（全屏）。

7. 封装性

对象间传递消息是为了调用对象的操作以完成系统功能，而对象的属性和操作都被封装（隐藏）在其所属类中，外界需要通过接口才可进行访问。

接口是类的对外的、可见的一组操作的集合，但是接口只包含操作的声明，而没有操作的实现。简单地说，可以认为接口是一个抽象的概念，它是外界访问对象的属性和操作的中介。例如，在计算机系统中，计算机的各种外部设备，如打印机、扫描仪、U盘等都是通过接口和主机进行通信的。

对象的封装性为软件系统带来了以下优点：

- 简化了系统用户的操作，极大减少了出错的可能。比如电视机系统，尽管它本身的实现很复杂，但用户使用起来却非常简单，只要通过遥控器上的几个按钮就能享受电视机的服务，电视机的实现细节被藏在机壳里，没有必要向用户公开。
- 有助于建立各个子系统之间的松耦合关系，提高系统的独立性。当某一个子系统的实现发生变化时，只要它的接口不变，就不会影响到其他子系统。
- 提高了软件系统的可重用性。每个系统都是一个相对独立的整体，可以在多种环境中得到重用。例如干电池就是一个可重用的独立系统，在相机、电动剃须刀和电动玩具中都能发挥作用。
- 降低了构建大型系统的风险。即使整个系统不成功，个别的独立子系统可能还是有价值的，例如当相机损坏时，它的干电池依然有用，可以安装到手电筒中。

8. 组合

在面向对象系统开发中，组合是一种利用简单子系统来组装出复杂系统的有效手段。图2-10中的个人计算机系统就是一个典型的组合系统，它由主机、键盘、鼠标、显示器和外部设备打印机等组成，而主机是由处理器、内存、一个或多个硬盘、网卡等组成。

面向对象开发方法中的组合具有以下优点：

- 在软件分析和设计阶段，简化了复杂系统建立对象模型的过程。在建立对象模型时，通常先识别问题领域的初步对象，比如计算机，然后再对其进行分解，如分解为主机、键盘和显示器等，这符合人类从宏观到微观来认识世界的思维规律。

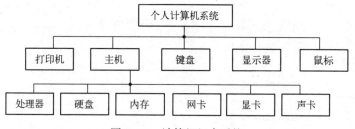

图 2-10　计算机组合系统

- 在软件编程阶段，简化了创建复杂系统的过程，只需要分别创建独立的子系统，然后将它们组合起来，就构成了一个复杂系统，而且允许第三方参与系统的建设，提高了开发复杂系统的效率。
- 向使用者隐藏系统的复杂性。尽管计算机内部的结构很复杂，但内部结构对用户是透明的。
- 提高了程序的可重用性。一个独立的子系统可以参与多个复杂系统的组合。

2.2.3　面向对象开发方法的基本思路

面向对象开发方法的出发点和基本原则是尽可能模拟人类习惯的思维方式，使开发系统的方法与过程尽可能接近人类认识世界解决问题的方法与过程，也就是使描述问题的问题空间（也称为问题域）与实现解法的解空间（也称为求解域）在结构上尽可能一致。

在人类眼中，客观世界由人、动物、交通工具、建筑、电子产品等各种事物组成；事物都归属于某个事物类，人类、动物类、交通工具类、建筑类、电子产品类等，且具有共同的属性和操作，如人类都能具有姓名、年龄、性别等属性，能直立行走、说话、思考等操作；事物类之间存在父与子的派生关系，如父类动物类可以派生出爬行动物类、飞禽动物类等子类；事物之间可以通过某种方式交互，并以此完成相应功能，如人使用铲子、砖头、水泥和桶砌墙，人与人之间用语言通过电话远程交流，人骑马进行赛马比赛等。

软件系统是对客观世界的模拟，因此可以以人类看客观世界的角度来看软件系统，模拟客观世界的组成结构和运行方式来开发软件系统。也就是说，在面向对象开发方法中，包括许多基本功能的软件系统被看成是由许许多多不同对象构成的，每一个对象都有自己的运动规律和内部状态，不同对象间的相互作用和通信构成了完整的系统，如图 2-11 所示。

具体来说，面向对象开发方法的基本思路是：

1）面向对象的软件系统是由各种对象组成的，系统中的任何元素都是对象，复杂的系统对象由比较简单的系统对象组合而成。

2）所有对象被划分成各种对象类（简称为类，Class），每个类都定义了一组数据和方法。数据用于表示对象的静态属性，是对象的状态信息；类中定义的方法，是允许施加于该类对象上的操作，且方法是该类所有对象共享的，并不需要为每个对象都复制操作的代码。

3）类之间存在父类与子类的派生关系，且按照父子关系形成一个具有层次结构的系统。由同一父类派生出来的子类都具有该父类的数据和方法，这种现象称为继承；若在子类中对某些数据或方法又做了重新描述，则在子类中这些数据或方法以新描述为准。

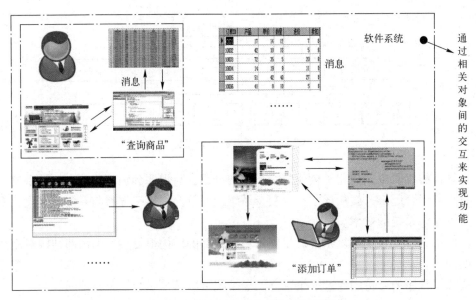

图 2-11　面向对象软件系统结构模型

4）对象彼此之间仅能通过传递消息互相联系。对象是进行处理的主体，但它不能直接对它的私有数据进行操作，必须在有消息请求执行它的某个操作时，才能处理它的私有数据。一切属于某对象的私有信息，都被封装在该对象类的定义中，外界看不见更不能直接使用，这就是"封装性"。软件系统中的每个功能都是由某些相关对象通过消息交互来实现的，如图 2-12 中在线学习系统的"查询课程"功能就是由刘某、课程查询界面、课程查询程序、课程表、课程信息界面这 5 个对象交互完成的。

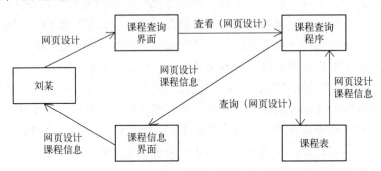

图 2-12　在线学习系统"查询课程"功能实现过程

可以认为，面向对象＝对象＋类＋派生＋消息，而面向对象开发方法的核心思想可以总结为：用对象及其之间的交互来解释系统，即系统的任何一个基本功能都是通过一些相关对象及其之间的交互来实现的，用这些对象及其之间的交互关系来对系统中每一个基本功能的完整实现过程进行描述，就能清楚地解释系统。

2.2.4　面向对象开发方法的开发步骤

面向对象开发方法在进行系统开发时一般要取得一组需求，用各种文字说明、图形、表格等工具形式或非形式地构造对象模型，识别与问题有关的类与类之间的联系，加上与解决方案直接有关的类（如界面），经对设计的类与联系进行调整后，对类进行编码及测试，得到结果。一般来讲采用面向对象开发方法开发系统主要分为三个阶段，即面向对象系统分析、面向对象系统设计和面向对象程序设计。

（1）面向对象系统分析

系统分析的任务是先确定系统要干什么，即对系统将要面临的具体管理问题以及用户对系统开发的需求进行调查研究和分析，再在繁杂的问题领域中抽象地识别出对象，标识出对象间的关系，然后通过对对象的分析，确定对象属性及方法，利用属性变化规律完成对象及其关系的有关描述，并利用方法演变规律描述对象或其关系的处理流程。面向对象系统分析运用以下主要原则：

- 构造和分解相结合的原则。构造是指由基本对象组装成复杂或活动对象的过程，分解是对大粒度对象进行细化，从而完成系统模型细化的过程，这一原则是实现 OOP 的基础。
- 抽象和具体结合的原则。抽象是指强调事务本质属性而忽略非本质细节，具体则是对必要的细节加以刻画的过程。面向对象方法中，抽象包括数据抽象和过程抽象：数据抽象把一组数据及有关操作封装起来，过程抽象则定义了对象间的相互作用。
- 封装的原则。封装是指对象的各种独立外部特性与内部实现相分离，从而减少了程序间的相互依赖，有助于提高程序的可重用性。
- 继承性的原则。继承是指直接获取父类已有的性质和特征而不必重复定义，这样，在系统开发中只需一次性说明各对象的共有属性和操作，对子类的对象只需定义其特有的属性和操作，继承的目的也是为了提高程序的可重用性。

系统分析阶段得到的模型是具有一定层次关系的问题空间模型，这个模型相对有弹性，且易修改、易扩充。

（2）面向对象系统设计

一般而言，系统设计阶段就是将分析阶段的各层模型化的"问题空间"逐层扩展，得到一个模型化的特定"实现空间"，同时还要进行系统运行软硬件、网络设计以及应用系统等的设计，即给出系统实现的具体方案。

（3）面向对象程序设计

这一阶段主要是将 OOD 中得到的模型利用程序设计实现，具体操作包括：选择程序设计语言编程、测试、试运行等。前面两阶段得到的对象及其关系最终都必须由程序语言、数据库等技术实现，但由于在设计阶段对此有所侧重考虑，故系统实施不会受具体语言的制约，因而本阶段占整个开发过程的比重较小。

2.2.5 面向对象开发方法的特点

面向对象开发方法把软件系统看成各种对象的集合，对象就是最小的子系统，一组相关的对象能够组合成更复杂的子系统。面向对象开发方法具有以下优点：

1）把软件系统看成是各种对象的集合，这更接近人类的自然思维方式，也解决了结构化开发方法中客观世界描述工具与软件系统结构的不一致性问题。

2）软件系统需求的变动往往是功能的变化，而功能的执行者——对象一般不会有大的变化，这使得按照对象设计出来的系统结构比较稳定。例如医疗系统的功能是治疗疾病，不同疾病的治疗是由相关科室相互合作共同完成，疾病的种类会随着时间和环境变化，而对象医疗科室一般不会变化，因此由科室构成的医疗系统结构会比较稳定。

3）对象包括属性（数据）和操作（方法），对象把数据及方法的具体实现方式一起封装起来，这使得方法和与之相关的数据不再分离，从而提高了每个子系统的相对独立性和系统的可维护性。

4）支持封装、抽象、继承和多态，提高了软件的可重用性、可维护性和可扩展性。

5）减少了从系统分析、设计到软件模块结构之间的多次转换映射的繁杂过程，大大减少了后续软件开发量，缩短了开发周期。

面向对象开发方法能够用于各类信息系统的开发，但是它对系统分析阶段的要求很高，若缺乏整体的规划，则很容易造成结构不合理，各部分关系失调，且该方法需要一定的软件环境支持，对于初学者来说不易接受，难以上手，因而更加适用于处理过程明确、规模相对较小的系统的开发。

2.3 原型法

2.3.1 原型法简介

原型法（Prototyping Method）是20世纪80年代随着计算机技术的发展，特别是在关系数据库系统（Relational Database System，RDBS）、第四代程序生成语言和各种系统开发生成环境产生的基础上，提出的一种从设计思想、工具、手段都全新的系统开发方法。

原型法的基本思想是在获取一组基本的需求定义后，利用高级软件工具可视化的开发环境，用最经济的方法快速地建立一个可实际运行的系统模型，然后交给用户试用，用户在使用原型系统后对其进行评价并提出改进意见，开发人员修改原型系统得到新的系统，再交给用户试用，评价修改的过程反复进行，直至用户对系统完全满意为止。原型法的核心思想是用快速建立起来的、交互式的原型取代形式的、不允许修改的大部分规格说明，通过让用户在计算机上反复试用原型系统来收集修改意见，逐步形成完善的系统。

2.3.2 原型法的开发过程

利用原型法开发系统的过程主要分为四步（如图2-13所示）：首先快速分析，弄清用户的基本需求；然后构造原型，开发初始原型系统；之后用户和系统开发人员使用并评价原型；最后系统开发人员修改并完善原型系统。

（1）确定用户的基本需求

由用户提出对新系统的基本要求，如功能、界面的基本形式、所需要的数据、应用范围、运行环境等，开发者根据这些信息估算开发该系统所需的费用，并建立简明的系统模型。

（2）构造初始原型

系统开发人员在明确了对系统基本要求和功能的基础上，依据计算机模型，以尽可能快的速度和尽可能多的开发工具来建造一个初始原型。这一步骤要尽可能使用一些软件工具和原型制造工具，以辅助系统开发。

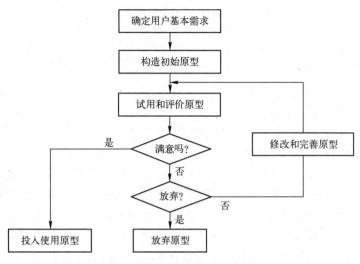

图 2-13　原型法的开发步骤

（3）运行、评价、修改原型

初始原型建造完成后，就要交给用户立即投入试运行，各类人员对其进行试用、检查分析效果。由于构造原型中强调的是快速，省略了许多细节，一定存在不合理的部分，因此在试用中开发人员要充分和用户进行沟通，尤其是要对用户提出的不满意的地方进行认真细致的修改、完善，直至用户满意为止。

（4）形成最终的系统

如果用户和开发者对原型比较满意，则将其作为正式原型。经过双方继续进行细致的工作，把开发原型过程中的许多细节问题逐个补充、完善、求精，最后形成一个适用的系统。

2.3.3　原型法的特点

原型法贯彻"从下到上"的开发策略，符合人们认识事物的规律，容易被用户接受。系统开发循序渐进，反复修改，确保较好的用户满意度，同时由于有用户的直接参与，系统更加贴近实际，且开发周期短，费用相对少，应变能力强，因此非常适合开发处理过程明确、简单、涉及面窄的小型系统。

但是，采用原型法开发的系统要经过"修改-评价-再修改"的多次反复，缺乏规范化的文档资料，对整个开发过程的管理要求很高，不适合大型、复杂系统的开发。如果初始原型构建不合适，会影响整个开发过程，且当用户过早看到系统原型时，会误认为系统就是这个模样，易对系统失去信心。另外，对于运算量大、逻辑性较强的程序模块，原型法也很难构造出初始模型来供用户评价。

以上三种开发信息系统的方法有各自的优缺点和适用情况，表 2-1 对它们进行了总结对比，对于特点鲜明的系统可以准确选择适用的开发方法。应当指出，这三种方法之间也有不少交叉的内容，分类并非在同一坐标维上进行，用结构化开发方法开发系统的时候，也可能部分采用原型法；用面向对象开发方法开发系统时，也可能采用结构化分析的内容。

表 2-1　三种开发方法的优缺点对比

开发方法	优 点	缺 点	适用系统
结构化开发方法	整体性强、开发过程规范	开发周期长、稳定性差、难维护、可重用性低	大型系统
面向对象开发方法	稳定性强、易维护、可重用性高	前期要求高、初学者难上手	规模相对较小的系统
原型法	用户容易接受、应变能力强	开发过程不规范	小型简单系统

在电子商务系统的开发中，使用较多的是结构化开发方法和面向对象开发方法，后续的章节将结合实例重点介绍这两种方法的开发过程。对于同一个系统的开发过程来说，这两种方法在具体的操作上是有区别的：如果用结构化开发方法来开发系统，其思路应该是先对问题进行调查，然后从功能和流程的角度来分析、了解和优化问题，最后实现系统；如果用面向对象开发方法来开发系统，其思路应该是先对问题进行调查，然后从抽象对象和信息模拟的角度来分析问题，将问题按其性质和属性划分成各种不同的对象和类，确定它们之间的信息联系，最后用面向对象的软件工具实现系统。

案例 2-1

用原型法改进自动售检票系统

案例背景

自动售检票（Automatic Fare Collection，AFC）系统是城市轨道交通运营的核心系统之一，是一种由计算机集中控制的自动售票、自动检票及自动收费和统计的封闭式自动化网络系统，它是基于计算机、通信、网络、自动控制等技术，可以实现轨道交通售票、检票、计费、收费、统计、清分、管理等全过程的自动化系统。AFC 应用系统软件是其中最具有代表性的技术，它要集成所有售检票设备信息，还要对车票和现金等实物进行管理，涉及车站管理、收益管理和车票管理等各个环节，数据关系较为复杂，需求难以把握，开发具有一定难度，是实现 AFC 系统的集成的关键环节。

某市地铁 AFC 系统建设是在探索中进行的，对于这样一个涉及面广、层次多的庞大系统，想一步到位地满足所有需求几乎是不可能的，这就对 AFC 项目使用维护方面提出了更高水平的要求，要求掌握第一线乘客需求、车站运作情况等，并在目前应用系统软件所实现功能的基础上，提出 AFC 系统改进方向。对项目开发方而言，用户需求多变是让开发人员头疼的问题，如何快速根据用户需求改进软件并尽量满足需求，给开发增加了难度。

两年来，该市地铁 AFC 系统在实际使用中也暴露出了不少问题，如管理信息不完整，部分统计数据不能满足实际运营需要、系统功能无法满足要求等，造成工作效率低下、人力资源浪费和运作成本提高。

解决方案

根据该地铁 AFC 系统运行的实际情况，相关部门选择采用原型法进行系统的改进以解决上述问题，AFC 应用系统软件的改进和完善流程如图 2-14 所示。

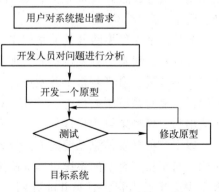

图 2-14　AFC 应用系统软件的改进和完善流程

在运用原型法改进 AFC 应用系统软件的过程中，开发人员与用户紧密联系，快速确定需求。用户可以把实际使用系统过程中发现的问题以及需要改进的地方以书面报告的形式提出来，开发人员根据报告的描述，同用户一起讨论具体需求。开发人员在初步获取用户需求后，利用高级软件工具可视化的开发环境，快速建立一个满足用户需求的模型（构建的模型是 AFC 应用系统软件需要改进的一个模块），模型经测试无误后交给用户使用。用户利用一定的测试平台测试系统功能和各部件接口，在测试的过程中，可以找出问题和不满足需求的地方，并与开发者重新定义需求，该过程一直持续到用户认为该模型能成功体现系统的主要功能需求为止。用户和开发人员一起对模型进行审查，确定无误后，就可以进入车站试用。开发人员在此过程中，也可以通过用户的体验加深对用户需求的了解。最后，将测试通过的模型转变为目标系统，小规模上线使用，观察一段时间后，实际运作确定不产生其他影响后，就可以全线铺开实施。

原型法强调用户的参与，在 AFC 应用系统软件改进过程中，整合了地铁票务人员、车站人员的意见和思想，开发人员通过与用户的交流，获取用户的需求，以少量的代价快速构建一个可执行的模型。这个模型是一个运行着的交互式的原型系统，用户可以通过使用这个模型，获得比阅读规格说明更深刻、更感性的认识，这样加深了用户与开发人员的沟通，缩短了两者之间的距离，节省了开发时间，从而能更快地开发出满足用户需求的系统。

总结与讨论

从这个案例中可以看出，对于需求带有很大不确定性的系统的开发，可以使用原型法来获取需求，尤其是当系统规模很大、要求复杂、系统服务不清晰时，在需求分析阶段先开发一个系统原型是很有必要的。当系统的性能要求比较高时，在系统原型上先做一些试验也是很必要的。

基于该市地铁 AFC 应用系统软件的复杂性，使用原型法对其进行改进，效果应该是比较显著的。用户和开发人员的深入沟通和了解，能缩短两者之间的距离，需求信息反映更及时、准确，这样就使得潜在的问题能尽早发现并得到解决，增强了系统的可靠性和适用性。

结构化开发方法强调分阶段的严谨性，比较适合于那些管理基础好、管理模式定型的信息系统的开发。在实际工作中，对于大型系统的开发，可以采用原型法与结构化开发方法相结合的方式，将原型法加入到结构化开发方法中，将结构化开发方法中定义的阶段进行放大，让用户通过一个在定义阶段的小生命周期中进行体会。这种体会对于发现最终的用户需求是很有帮助和非常必要的，通过正常迭代而避免非正常的反复，当定义结束时，所有参加者都会抱有信心，产品被满意地接受，这样可以使开发系统的费用、实现的进度以及项目的风险达到更为满意的程度。

资料来源：都市快轨交通，作者略有删改。

案例思考：上述地铁 AFC 系统为什么选择原型法来进行系统改进？在什么情况下可以将原型法与结构化开发方法相结合来开发系统？

本章小结

电子商务系统的开发是一个复杂的系统工程，常采用的开发方法是结构化开发方法、面向对象开发方法和原型法。

结构化开发方法是按照功能来划分系统结构的，它注重系统开发的整体性、目标性和逻辑性，开发过程规范，适合开发大型系统，但其开发周期长，难以适应环境的变化，需求的易变性导致系统结构不稳，且系统可重用性低，因此后期维护会比较困难。

面向对象开发方法将系统看成是由许多不同对象构成的，更加符合人类的思维习惯，系统稳定性强，可重用性高，易维护。但是该方法对分析阶段的要求很高，且需要一定软件环境的支持，初学者难以上手，因此适合开发处理过程明确、规模相对较小的系统。

原型法贯彻"从下到上"的开发策略，通过反复试用修改来获得最终让用户满意的系统，应变能力强，容易被用户接受。但是该方法缺乏统一的规划和开发标准，因此不适合大型复杂系统的开发，而比较适用于小型简单系统的开发。

在电子商务系统的实际开发中，应根据系统的需求和特点选择合适的开发方法，同时，在很多情况下各种方法也常常结合使用。

习题

1. 结构化开发方法是自顶向下结构化方法、工程化的系统开发方法和_____的结合。

2. 消息由三部分组成：_____、请求执行的操作名、操作中的参数，其中_____在有些时候可以为空。

3. 结构化开发方法把系统看成是由_____组成，而面向对象开发方法把系统看成是由_____组成。

4. 对象之间互相联系的唯一方式是_____。

5. 简述对象和类的联系与区别。

6. 什么是继承和扩展？

7. 简述原型法的基本思想。

8. 为什么面向对象开发方法比结构化开发方法更加稳定？

第3章 统一建模语言 UML

学习目标

- 熟悉 UML 建模语言的概念，明确 UML 在系统开发中的作用。
- 掌握 UML 的组成结构及各构造模块的内容。
- 熟练绘制 UML 的十种图形，清楚各种图形之间的逻辑关系。

3.1 UML 简介

UML（Unified Modeling Language，统一建模语言）是非专利的第三代建模和规约语言，它是一种开放的方法，用于说明、可视化、构建和编写一个正在开发的、面向对象的、软件密集系统的制品。UML 展现了一系列最佳工程实践，这些最佳实践在对大规模、复杂系统进行建模方面，特别是在软件架构层次已经被验证有效。

3.1.1 UML 的发展

面向对象方法在 20 世纪 80 年代末至 90 年代中期得到了广泛的应用，与此同时还出现了多种建模语言，其中最引人注目的是 Booch93、OOSE 和 OMT-2 等。

GradyBooch 是面向对象方法最早的倡导者之一，他提出了面向对象软件工程的概念。1991 年，他将以前面向 Ada 的工作扩展到整个面向对象设计领域，提出了适合于系统的设计和构造的 Booch93 建模语言。James Rumbaugh 等人提出了面向对象的建模技术（OMT-2）方法，该方法采用了面向对象的概念，并引入了各种独立于语言的表示符，这种方法用对象模型、动态模型、功能模型和用例（use-case）模型，共同完成对整个系统的建模，所定义的概念和符号可用于软件系统开发的分析、设计和实施的全过程，系统开发人员不必在开发过程的不同阶段进行概念和符号的转换。Ivar Jacobson 于 1994 年提出了 OOSE 方法，其最大特点是面向用例，并在用例的描述中引入了外部角色的概念，OOSE 方法比较适合支持商业工程和需求分析。面对这些建模语言，首先，用户没有能力区别不同语言之间的差别，很难找到一种比较适合其应用特点的语言；其次，这些建模语言实际上各有千秋；再次，虽然不同的建模语言大多类同，但仍存在某些细微的差别，这极大地妨碍了用户之间的交流。因此在客观上，极有必要在精心比较不同的建模语言优缺点及总结面向对象技术应用实践的基础上，组织联合设计小组，根据应用需求，取其精华，去其糟粕，求同存异，统一建模语言。

1994 年 11 月，Grady Booch 和 James Rumbaugh 开始致力于这一工作，他们首先将 Booch93 和 OMT-2 统一起来，并于 1995 年 11 月发布了第一个公开版本，称为统一方法 UM0.8（Unified Method）。1995 年秋，OOSE 的创始人 Ivar Jacobson 加盟到这一工作中，经过 Booch、Rumbaugh 和 Jacobson 三人的共同努力，于 1996 年 6 月和 11 月分别发布了两个新的版本，即 UML0.9 和 UML0.91，并将 UM 重新命名为 UML（Unified Modeling Language）。1997 年，由多家软件公司组成的 UML 联合组织正式成立，制定 UML 第 1 版，并呈交对象管理组（Object Management Group，OMG）通过，成为公开标准。1997 年底，又修订成 1.1 版，即现今国际软件工业界的标准 UML1997，此后，OMG 的专家对 UML 不断进行扩充与完善，相继推出了 UML1.2、UML1.3、UML1.4、UML1.5 等版本。2003 年 6 月 12 日在法国巴黎的 OMG 技术会议上通过了 UML 第 2 版，它是比 UML1 有显著改进的新版本，此后相继形成了 4 个 UML2.0 规范，并在 OMG 的组织下修订产生了 UML2.1-2.4 一系列版本。2005 年以后 UML2 的 4 个规范陆续进入 ISO 的标准化日程，UML 成为建模语言国际标准，目前常用的 UML 建模工具有 Sybase Power Designer 16.5、IBM Rational Software Architect 9.0 和 Microsoft Office Visio 2019。

UML 是一种定义良好、易于表达、功能强大且普遍适用的建模语言，它融入了软件工程领域的新思想、新方法和新技术，它的作用域不限于支持面向对象的分析与设计，还支持从需求分析开始的软件系统开发的全过程，它代表了面向对象软件系统开发技术的发展方向，具有巨大的市场前景和经济价值。

3.1.2　UML 的特点

1. UML 是一种可视化语言

面向对象建模方法的一大优势就是广泛利用可视化元素描述模型，UML 符号的表示法定义了规范的可视化元素，并为开发者使用这些可视化元素进行系统建模提供了标准。UML 只是一组图形符号，确切地讲，UML 表示法中的每个符号都有明确语义，这样，一个开发者可以用 UML 绘制一个模型，而另一个开发者（甚至工具）可以无歧义地解释这个模型。

2. UML 是一种可用于详细描述的语言

这里详细描述意味着所建的模型是精确的、无歧义的和完整的，特别是，UML 适合于对所有重要的分析、设计和实现决策进行详细描述，这些是软件系统在开发和部署时所必需的。

3. UML 是一种构造语言

UML 不是一种可视化的编程语言，但用 UML 描述的模型可与各种编程语言直接相连，这意味着可把用 UML 描述的模型映射成编程语言，如 Java、C++和 Visual Basic 等，甚至映射成关系数据库的表或面向对象数据库的记录。这种映射允许进行正向工程，从 UML 模型到编程语言的代码生成，也可以进行逆向工程，由编程语言代码重新构造 UML 模型，但逆向工程需要工具支持和人的干预，以保证生成结果的一致性。

4. UML 是一种文档化语言

UML 适于建立系统体系结构及其所有的细节文档，它提供了用于表达需求和测试的语言，也提供了对项目计划和发布管理的活动进行建模的语言。

3.1.3　UML 的功能

1. 为软件系统的开发提供可视化模型

UML 符号具有定义良好的语言，不会引起歧义，并且 UML 是一种统一的、标准的建模语言，使得交流更加方便。UML 是可视化的建模语言，它为系统提供了图形化的可视模型，使系统的结构变得直观、易于理解。利用 UML 为软件系统建立模型不但有利于交流，还有利于对软件的维护。

2. 规约软件系统的开发过程

规约意味着建立的模型是准确的、无歧义的、完整的，UML 定义了在开发软件系统过程中所做的所有重要的分析、设计和实现决策的规格说明。

3. 构造软件系统的实施框架

UML 不是可视化的编程语言，但它的模型可以直接对应于各种各样的编程语言，即可以从 UML 的模型生成 Java、C++等语言的编码，甚至可以生成关系数据库中的表。

3.2 UML 的组成

UML 由三种基本构造模块组成：元素、关系和图，如图 3-1 所示。

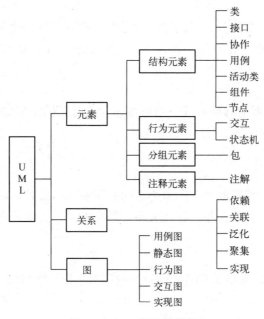

图 3-1　UML 的组成结构

3.2.1　元素

元素是 UML 模型中重要事物的抽象，包括结构元素、行为元素、分组元素和注释元素。

1. 结构元素

结构元素是模型的静态部分，描述概念或物理元素，包括类、接口、协作、用例、活动类、组件和节点 7 种元素。

- 类是具有相同属性和操作的一组对象的集合。
- 接口是类的对外的、可见的一组操作的集合，它是外界访问类的属性和操作的中介。
- 协作定义了对象间一起工作、进行合作的动作。
- 用例定义了系统执行的一组操作，即描述了系统的功能需求。

- 活动类是对拥有线程并可发起控制活动的对象（往往称为主动对象）的抽象，它是一种特殊的类。
- 组件是实实在在地驻留在计算机系统中的工作单元，一般指编写的软件文件，如可执行程序（.java）。
- 节点就是计算机资源，包括带处理器的计算机或其他硬件设备，如一台数据库服务器。

2. 行为元素

行为元素是 UML 的动态部分，它们是模型中的动词，代表了随时间或空间的变化而变化的行为。行为元素主要有两种：交互和状态机。

- 交互是一组对象之间为完成某一任务（如实现某个操作）而进行一系列消息交换的行为。
- 状态机是对象为响应事件而经历的一系列状态以及对事件做出响应的行为，包括状态、跃迁、事件等。

3. 分组元素

分组元素是模型的组织部分，可以把分组元素看成是一个"盒子"，模型可以在其中被分解，UML 里的分组元素只有一种，称为包，结构元素、行为元素甚至分组元素都有可能放在一个包中。

4. 注释元素

注释元素是 UML 模型的解释部分，用来描述、说明和标注模型中的任何元素。注释元素只有一种，称为注解。

3.2.2 关系

关系说明元素之间的相互联系，即事物之间的联系。在面向对象建模中，主要包括五种重要关系，即依赖关系、关联关系、泛化关系、聚集关系、实现关系。

3.2.3 图

图是由一组元素和关系组成的连通图，包括用例图、静态图、行为图、交互图和实现图。

1. 用例图

从用户角度描述系统功能，并指出各功能的操作者。用例图的主要目的是帮助开发团队以一种可视化的方式来理解系统的功能需求。

2. 静态图

静态图包括类图、对象图和包图。

- 类图用于描述系统中类的静态结构，包括定义系统中的类，描述类之间的关系以及类的内部结构。类图描述的是一种静态关系，在系统的整个生命周期都有效。
- 对象图是类图的实例，几乎使用与类图完全相同的标识。对象图显示类的多个对象实例，而不是实际的类，一个对象图是类图的一个实例。由于对象存在生命周期，因此对象图只能在系统某一时间段存在。
- 包图表示了包与包之间的关系，包图描述了系统的分层结构，包括用例包图和类包图，分别用于对复杂的用例图或类图进行分组。

3. 行为图

行为图描述系统的动态模型和对象间的交互关系，包括状态图和活动图。

- 状态图描述了类的对象所有可能的状态及引起状态转移的事件。通常，状态图可看作是对类图的补充，在实际应用中并不需要为所有的类画状态图，而只需为那些有多个状态，其行为受外界环境的影响并且发生改变的类画状态图。
- 活动图描述满足用例要求所要进行的活动以及活动间的约束关系，有利于识别并行活动。

4. 交互图

交互图描述对象间的交互关系，包括顺序图和协作图。

- 顺序图显示对象之间的动态合作关系，它强调对象之间消息发送的时间顺序，同时显示对象之间的交互。
- 协作图描述对象之间的协作关系，与顺序图相似，显示对象间的动态合作关系。除显示信息交换外，协作图还显示对象以及它们之间的关系。
- 如果强调时间和顺序，则使用顺序图；如果强调上下级关系，则选择协作图。

5. 实现图

实现图用于描述系统的物理实现，包括组件图和配置图。

- 组件图描述代码部件的物理结构及各部件之间的依赖关系。一个部件可能是一个资源代码部件、一个二进制部件或一个可执行部件，它包含逻辑类或实现类的有关信息。组件图有助于分析和理解部件之间的相互影响程度。
- 配置图描述系统中软硬件的物理体系结构，它可以显示实际的计算机和设备（用节点表示）以及它们之间的连接关系，也可以显示连接的类型及部件之间的依赖性。在节点内部放置可执行部件和对象以显示节点与可执行软件单元的对应关系。

3.3 用例图

用例图（Use Case Diagram）从用户角度描述系统功能，并指出各功能的操作者。用例图的主要目的是帮助开发团队以一种可视化的方式来理解系统的功能需求，用于系统分析阶段，即确定"谁使用系统以及能够做什么"。图 3-2 是某自动售货系统的用例图。

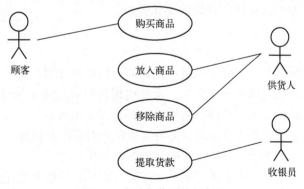

图 3-2 自动售货系统用例图

在 UML 中，用例图由执行者、执行者之间的关系、用例、用例之间的关系以及执行者与用例间的关系组成。

3.3.1 执行者

执行者是指用户在系统中所扮演的角色，是系统以外透过系统边界与系统进行有意义交互的任何外部实体，它以某种方式参与了用例的执行过程。执行者可以是人，也可以是一个外界系统。执行者必须有唯一的名称或标识，在系统的实际运作中，一个实际用户可能对应系统的多个执行者，不同的用户也可以只对应一个执行者，从而代表同一执行者的不同实例。在用例图中，执行者用类似人形的图标表示。

面对一个复杂的系统，要找出所有的用例常常是很困难的，在这种情况下，需要先找出系统各种可能的执行者，然后通过对这些执行者的调查，为他们描述出各自要求的用例。在绘制用例图时，可以通过以下几个问题来确定系统的执行者：

- 谁使用该系统？
- 谁改变系统的数据？
- 谁从系统获取信息？
- 谁需要系统的支持以完成日常工作任务？
- 谁负责维护、管理并保持系统正常运行？
- 系统需要和哪些外部系统交互？
- 谁对系统运行产生的结果感兴趣？

可以认为，对于电子商务系统而言，其执行者主要就是系统的用户，包括商务交易双方及支持交易的合作方。

3.3.2 执行者间的关系

当一个执行者的抽象描述可以被一个或多个具体的执行者共享，且后者还可以增加一些新的描述时，则定义前者为父执行者，后者为子执行者，这种父与子的关系也称作泛化关系（或继承关系）。泛化关系通常用带空心三角形箭头的实线表示，箭头指向父执行者，图 3-3 描述了某系统中执行者间的泛化关系。

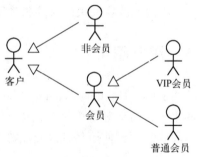

图 3-3 执行者间的泛化关系

3.3.3 用例

用例是系统的功能需求，描述了系统所执行的一组动作序列，从本质上讲，一个用例是一个或多个执行者与系统之间的一次交互，系统根据执行者的请求执行用例的一系列动作，或将执行结果反馈给执行者进行观察。用例通常具有以下特点：

- 用例代表用户对系统的功能需求，能够实现用户对系统的目标。
- 用例必须由执行者激活，并将执行的结果反馈给执行者。
- 一个用例应该描述一个从头至尾完整的功能，即具有功能上的完整描述。

在用例图中，用例用椭圆表示，椭圆里面或下方标上用例的名字。用例代表了用户对系统的需求，在绘制用例图时，可以通过以下几个问题来确定系统的用例：

- 执行者希望系统提供什么功能？

- 系统是否存储和检索信息？如果是，这个行为由哪个执行者触发？
- 当系统改变状态时，通知执行者吗？
- 存在影响系统的外部事件吗？
- 是哪个执行者通知系统这些事件？

3.3.4 用例间的关系

用例之间存在着一定关系，包括泛化关系（继承关系）、包含关系和扩展关系。

1. 泛化关系（Generalization Association）

用例间的泛化关系是指一个用例可以被列举为一个或多个子用例，这种关系也称作父子关系。子用例继承父用例的行为和含义，还可添加新行为或覆盖父用例的行为，当父用例能够被使用时，任何子用例也可以被使用。用例间的泛化关系也是用带空心三角形箭头的实线表示，箭头从子用例指向父用例。如图3-4a中，订票与网上订票、订票与电话订票用例之间存在泛化关系，显然订票是父用例，网上订票和电话订票是子用例。

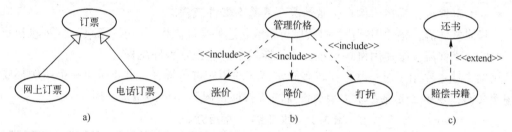

图3-4　用例间的泛化、包含和扩展关系

a）泛化关系　b）包含关系　c）扩展关系

2. 包含关系（Include Association）

用例间的包含关系是指一个用例的行为包含了另一个用例具有的行为，并把它所包含用例的行为作为自身行为的一部分，前者称为基本用例，后者称为包含用例。用例间的包含关系是用一条从基本用例指向包含用例的虚箭线表示，箭头上方标明<<include>>关系。如图3-4b中，管理价格用例包含涨价、降价和打折三个用例。

3. 扩展关系（Extend Association）

用例间的扩展关系用于说明用例间可选的、只在特定条件下运行的行为关系。例如当用例B是用例A执行过程中的某一个步骤，但只在满足特定条件下才插入到A定义的行为中时，A、B之间的关系称作扩展关系，其中A是基本用例，B是扩展用例。一般一个基本用例在以下几种情况下可以使用扩展用例：

- 基本用例的某一部分是可选的系统行为。
- 基本用例存在只在特定条件下才执行的分支行为流。
- 存在一组行为，其中的一个或多个部分可以插入到基本用例的行为中，插入的位置及顺序取决于基本用例与执行者的具体交互内容。

用例间的扩展关系是用一条从扩展用例指向基本用例的虚箭线表示，箭头上方标明<<extend>>关系。如图3-4c中给出了一个扩展关系的例子，在还书的过程中，只有当遗失或损坏书籍时，才会执行赔偿书籍的行为流。

3.3.5 执行者与用例间的关系

当执行者与用例存在使用、传递数据、获取信息等交互时，定义它们之间的这种关系为关联关系，执行者与用例间的关联关系用一条实线表示。如图 3-5 所示，客户可以通过在系统中输入数据进行注册，则执行者"客户"和用例"注册"之间存在关联关系。

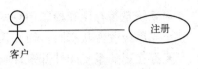

图 3-5 执行者与用例间
的关联关系

3.3.6 用例文档

用例图描述了系统有哪些用例，但没有指明用例所对应的功能是如何实现的，而用例文档则是通过文字来描述一个用例的行为，说明用例的逻辑流程。用例文档没有固定的格式，但关于用例的一些基本或重要的内容必须进行描述，一般包括用例名称、执行者、简要说明、基本事件流、其他事件流及异常事件流等。

- 简要说明：对用例的主要功能进行简要描述。
- 基本事件流：描述用例在正常情况下的基本事件流程。
- 其他事件流：描述用例执行过程中可行或备选的事件流程，该事件流不一定要被执行。
- 异常事件流：描述用例执行过程中可能发生的非正常事件流程。

用例文档主要用于对一些存在较多异常情况的用例进行描述，并不是每一个用例都要编写用例文档，表 3-1 是某系统为会员设置的"找回密码"用例的用例文档。

表 3-1 "找回密码"的用例文档

用例名称：找回密码
执行者：会员
简要说明： 会员在登录时忘记自己的密码，通过回答系统提出的验证问题来找回自己的密码
基本事件流： 1. 会员单击"找回密码"按钮 2. 系统跳转到"找回密码"界面并提示会员输入用户名 3. 会员输入用户名并单击"确定"按钮 4. 系统根据用户名从数据库中读取该会员的信息 　若数据库连接不正确，则执行异常事件流 E1 　否则若用户名不存在，则执行异常事件流 E2 　否则系统显示读取到的密码验证问题并提示会员回答 5. 会员输入问题的答案并单击"确定"按钮 6. 系统核对数据库中读取的答案与会员输入的答案 　若答案核对不一致，则执行异常事件流 E3 　否则系统显示该会员的密码
其他事件流： 会员可随时单击"返回"按钮，取消找回密码的行为
异常事件流： E1：数据库连接不正确 1. 系统提示"数据库连接失败"，会员单击"确定"按钮 2. 系统返回到找回密码界面 E2：用户名不存在 1. 系统提示会员"用户名不存在"，会员单击"确定"按钮 2. 系统返回到找回密码界面，提示会员重新输入用户名 E3：答案核对不一致 1. 系统提示会员"答案输入错误"，会员单击"确定"按钮 2. 系统返回到找回密码界面，提示会员重新输入答案

3.3.7 建立用例图的步骤

一般来说，建立用例图的步骤如下：
1) 确定系统的执行者及其之间的关系。
2) 根据执行者确定系统的用例及其之间的关系。
3) 确定用例与执行者间的关系。
4) 绘制并优化用例图。
5) 编写用例文档。

案例 3-1

银行 ATM 系统是安装在自助服务终端供客户使用的自助处理系统，客户可以通过该系统自主完成一些常见的账户处理业务。系统提供的主要功能包括客户登录、退出、修改密码、查询账户、取款、存款、转账和缴费，其中查询账户时可以只查询余额也可查询某一时间段的交易明细，转账业务可以实现同行转账和跨行转账两种方式，缴费的种类包括电费、水费和通讯费。取款、存款、转账和缴费业务完成后可以根据需要打印交易凭单。

根据银行 ATM 系统所提供的功能可绘制图 3-6 所示的系统用例图，系统的执行者是客户，它和登录、退出、修改密码、查询、取款、存款、转账、缴费这八个用例间存在关联关系；查询用例包含查询余额和查询明细两个子用例；转账用例包含同行转账和跨行转账两个子用例；缴费用例包含缴纳电费、缴纳水费及缴纳通讯费三个子用例；缴费、取款、存款和转账四个用例与打印凭单用例之间是扩展关系。

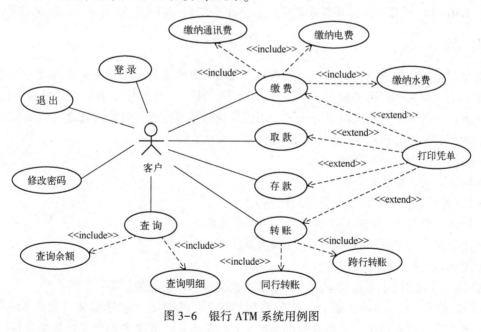

图 3-6　银行 ATM 系统用例图

3.4　类图

在面向对象的方法中，系统中的任何事物都被看成是对象，通过对象间的交互实现系统的功能，而类是创建对象的模板，找出系统中的类是系统运行的重要前提。在面向对象建模中，类图（Class Diagram）描述了系统中的类、接口、协作及它们之间的静态关系。类图不仅定义系统中的类，表示类之间的联系，还包括类的内部结构。类图描述的是一种静态关系，在系统的整个生命周期都是有效的。图 3-7 是某库存管理系统的部分实体类图。

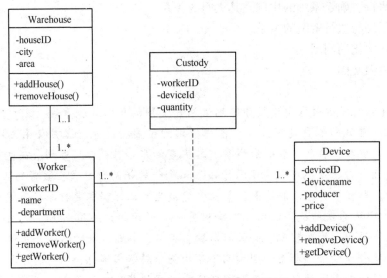

图 3-7　库存管理系统部分实体类图

在 UML 中，类图定义了系统中的类，描述了类的内部结构，表示了类之间的联系。

3.4.1　类

类是一组具有相同属性、操作、关系和语义的对象的集合，用三栏矩形表示，各层从上至下依次表示类名、属性和操作，如图 3-7 所示，其中，类名是必须填写且是唯一的，而属性和操作是可选的。面向对象方法中，用例的执行是通过相关对象及其之间的交互来实现的，因此可以通过分析用例的实现过程寻找类：

- 用例描述中出现了哪些实体？
- 用例的完成需要哪些实体合作？
- 用例执行过程中会产生并存储哪些信息？
- 用例要求与之关联的每个角色的输入是什么？
- 用例反馈与之关联的每个角色的输出是什么？
- 用例需要操作哪些硬设备？

根据在用例实现中所起的作用，将系统中的类分为以下三种类型：

1）边界类（Boundary Class）：位于系统与外界的交界处，包括窗体、对话框、报表、直接与外部设备交互的类、直接与外部系统交互的类等。边界类主要负责接收来自执行者的信息，通常，每个执行者和用例之间至少要有一个边界类。

2）实体类（Entity Class）：保存的是要放入永久存储体的信息，即每个实体类在数据库中有相应的表。在正常情况下，我们把每个实体类映射为一个表，每个属性映射为一个列。实体类中定义了为实现用例所需的具体方法。

3) 控制类（Control Class）：负责协调边界类和实体类的工作，它负责接收边界类的信息，并将其分发给实体类。一般一个用例对应一个控制类对象，控制用例中的事件顺序，控制类也可以在多个用例间共用。

图 3-8 是"查看商品"用例的类图，其中"查询界面"是边界类，负责接收顾客输入的商品查询条件；"商品"是实体类，负责根据查询条件调用自身定义的相关方法从商品表中查询出商品信息；"查找商品"是控制类，负责转递"查询界面"传来的商品查询条件给"商品"，并将"商品"查到的商品信息返回给"查询界面"。

图 3-8 "查看商品"用例分析类图

3.4.2 类的属性

属性描述了类的所有对象共有的特征，一个类可以有一个或多个属性。在 UML 中，描述类属性的完整语法格式为：

［可视性］属性名［:类型］［=初始值］［约束特性］，其中 ［ ］ 部分的内容是可选的。

可视性表明属性是否可以被其他类使用，常见的可视性分为三种：

1) 公用的（public）：任何外部类都可以使用该属性，用 "+" 表示。

2) 私有的（private）：只有所属类本身可以使用该属性，用 "-" 表示。

3) 受保护的（protected）：所属类及其子孙类可以使用该属性，用 "#" 表示。

类型表示属性的数据类型，可以是基本数据类型，如整型、实数、布尔型、字符串型，也可以是用户自定义的类型。

初始值是新建该类对象时属性的默认取值，可以没有。

约束特性表示用户对该属性性质的约束说明，如 "ReadOnly" 说明该属性是只读的。

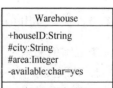

图 3-9 中的 Warehouse 类定义了 4 个属性，其中 houseID 是字符串型的公用属性，city 是字符串型的受保护属性，area 是整型的受保护属性，available 是字符型的私有属性，初始值为 yes。

图 3-9 类的属性

任何一个类的属性都可以有几十甚至几百个，但在一个系统中具体使用哪些属性则要根据系统的性质来确定，例如，对于教师类，在教务选课系统中需要确定教师职工号、姓名、简历、讲授课程等教学相关属性，而财务系统中则关心教师职工号、姓名、职称、工资、保险金等财务相关属性。

3.4.3 类的操作

操作是类的所有对象共有的行为，一个类可以有任何数量的操作，它们只可以被作用到该类的对象上。在 UML 中，描述类操作的完整语法格式为：

［可视性］操作名（［参数列表］）［:返回类型］［特性串］，其中 ［ ］ 部分的内容是可

选的。

可视性表明操作是否可以被其他类使用，其类型、意义及表示方法与属性相同。

参数列表是操作在执行过程中需要的一个或多个数据，采用"参数名 类型"的方式定义，如果有多个参数，则用逗号分开。

返回类型是操作执行完毕后向外界返回的数据值的类型，其取值范围同属性的类型。

特性串说明了该操作的一些有关信息，是一个可选项。

图 3-10 中的 Warehouse 类定义了 5 个公用操作，其中 getHouseID( )操作返回的是字符串型数据，其他四个操作返回的都是空值。

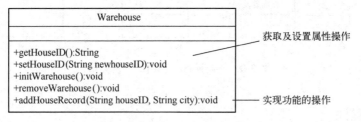

图 3-10 类的操作

在面向对象方法中，一个类可能含有以下四种不同类型的操作：

1）访问设置属性的操作。类的属性通常是私有或受保护的，其他类必须通过访问该类的操作来访问其属性，通常以"get+属性名"表示获取属性值操作，以"set+属性名"表示设置属性值操作。

2）创建和删除对象的操作。访问类的属性和操作前必须先将类实例化，即创建该类的对象，当不再使用时，可删除相应对象。

3）实现功能的操作。根据用户需求从功能实现过程中获取的方法。

4）辅助一个类完成自身任务的操作。通常是用于完善类自身的操作，是类私有的。

3.4.4 类之间的关系

类之间的关系主要包括 5 种：关联关系、聚集关系、依赖关系、泛化关系和实现关系。

1. 关联关系（Association）

关联关系是指类之间存在的某种语义上的固定关系，用一条实线表示。例如图 3-11 中班级和班主任之间存在管理的关联关系，图 3-8 中查询界面和查找商品之间存在消息传递的关联关系。

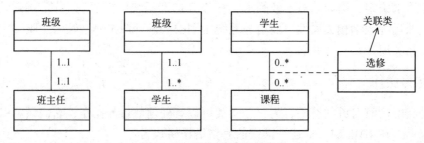

图 3-11 类之间的关联关系

除了建立关系，很多时候还需考察其中的数量对应关系，根据参与关联的双方对象的数量，可以分为以下 3 种关联关系：

1) 一对一关联：例如一个班级只有一个班主任，一个班主任只负责一个班级，则班级和班主任之间是一对一的关联关系。

2) 一对多关联：例如一个班级包括多个学生，一个学生只属于一个班级，则班级和学生之间是一对多的关联关系。

3) 多对多关联：例如一个学生可以选修多门课程，而一门选修课也可以被多个学生选修，则学生和选修课之间是多对多的关联关系。

关联关系用带重数符号的实线表示，重数是指明类之间数量关系的符号：

1) "1..1" 表示 1 个，是重数的默认值。

2) "0..1" 表示 0 个或 1 个。

3) "0..*" 或 "*" 表示 0 个或多个。

4) "1..*" 表示 1 个或多个。

5) "1, 3, 6" 表示 1 个、3 个或 6 个，属于枚举型符号，其中的数字并不固定，是根据类在关联关系中可以选择的数量来确定的。

虽然 "0..*" 和 "1..*" 都表示多个，但是前者表示类可以是 0 个，而后者表示类至少要有 1 个，两者不可以替换。图 3-11 显示了用重数符号表示的类之间的三种关联关系。

在类之间多对多的关联关系中，除了有数量关系的两个类外，通常还存在一个表明关系性质的类，称为关联类，它是具有类特征的关联或具有关联特征的类，关联类是用一条虚线连接到关联关系上。图 3-11 中的选修类就是学生和课程多对多关联关系所对应的关联类，它表明了学生和课程之间的关系性质。

2. 聚集关系（Aggregation）

聚集关系表示类之间部分和整体的关系，是一种特殊的关联关系，即存在聚集关系的类之间除了数量对应关系外，其中一个类的对象还是另一个类的对象的一部分。聚集关系分为两种：

（1）共享聚集（Shared Aggregation）

代表部分的对象可以同时属于多个整体对象，为多个整体对象共享。如教师是学校的一部分，而一名教师可以同时在多个学校任职，则教师类和学校类之间是共享聚集的关系，如图 3-12a 所示。共享聚集用带空菱形的实线表示，菱形指向代表整体的类，由于共享聚集中的两个类是部分和整体的关系，而代表部分的对象又可以对应多个代表整体的对象，因此它们之间一定是多对多的关联关系。当代表整体的其中一个对象被从系统中删除时，代表部分的对象仍然存在。

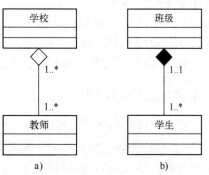

图 3-12 类之间的聚集关系
a) 共享聚集 b) 组合聚集

（2）组合聚集（Composition Aggregation）

代表部分的对象只属于一个整体对象。如学生是班级的一部分，且通常一个学生只属于一个班级，则学生类和班级类之间是组合聚集的关系，如图 3-12b 所示。

组合聚集用带实菱形的实线表示，菱形指向代表整体的类，由于组合聚集中的两个类是部分和整体的关系，而代表部分的对象只属于一个代表整体的对象，因此它们之间一定是多对一的关联关系。当代表整体的某个对象从系统中删除时，其所包含的代表部分的对象也就失去了在系统中存在的意义。

3. 依赖关系（Dependency）

依赖关系表示类之间存在调用关系，如当类 A 需要访问类 B 的属性和操作，或类 A 负责实例化类 B 时，则类 A 依赖类 B，依赖关系多存在于控制类和实体类之间，用虚箭线表示箭头指向被依赖的类。图 3-13 中的控制类 "Login" 在运行时需要调用实体类 "User" 中的 "InquiringUser( )" 操作，它们之间存在依赖关系。

4. 实现关系（Realization）

实现关系是分类器之间的语义关系，一个分类器规定行为，另一个分类器负责实现这个行为，实现可以被用在接口与实现它们的类或组件中，也可以被用在用例和实现该用例的协作之间。在类图中，实现关系是指类与所对应接口之间的关系，接口可看成是一种只有操作、没有属性的特殊类，接口定义操作，类负责实现接口中的操作，实现关系用带空心三角形的虚线表示，三角形指向接口。图 3-14 中 UserOrder 类负责实现 Order 接口。

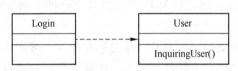

图 3-13　类之间的依赖关系

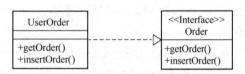

图 3-14　类与接口间的实现关系

5. 泛化关系（Generalization）

泛化关系指的是类之间一般与特殊的关系，也即父与子的关系，子类继承父类所有的属性和操作，并且可以进行重新定义及增加新的属性和操作。泛化关系用带空心三角形的实线表示，三角形指向父类。前面提到，泛化关系在执行者之间、用例之间也存在。图 3-15 中课程和基础课、课程和专业课之间是泛化关系，其中课程是父类，基础课及专业课是子类。

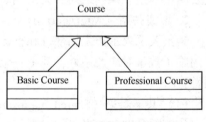

图 3-15　类之间和泛化关系

3.4.5　类图的作用

根据组成结构及用途可将类图分为分析类图、边界类图和实体类图三种主要类型：

1）分析类图：由边界类、控制类和实体类三种类组成，用于在系统分析阶段描述用例执行过程，即指明参与用例的三种类及其之间的关系。

2）边界类图：指明系统中所有边界类及其之间的关系，可展现系统各界面之间的连接及跳转过程。

3）实体类图：指明系统中的各实体类及其之间的关系，由于实体类与数据库表是对应的，因此在设计阶段常用实体类图描述系统数据库中各表的结构及表间的关系。

3.4.6　建立类图的步骤

在系统分析与设计阶段，建立类图的步骤如下：
1）根据系统需求识别系统中的类。
2）根据系统性质确定各个类的属性。
3）结合类的属性及系统功能识别类的操作。
4）确定类之间的关系。
5）绘制并优化类图。

3.4.7　对象图

对象图（Object Diagram）表示一组对象及它们之间的关系，是类图在某一时刻的实例。在 UML 中，对象图使用的是与类图相同的符号和关系，如图 3-16 所示。

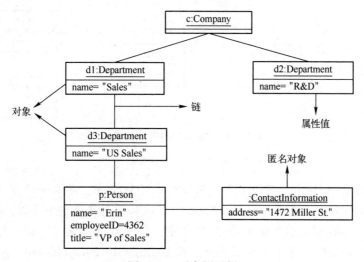

图 3-16　对象图示例

虽然对象图是类图的实例，但是对象图和类图之间也存在明显的区别，如表 3-2 所示。

表 3-2　类图和对象图的区别

类　图	对　象　图
类具有三个分栏：名称、属性和操作	对象只有两个分栏：名称和属性
在类的名称分栏中只有类名	对象的名称形式为"对象名：类名"，匿名对象的名称形式为"：类名"
类中列出了操作	对象图中不包含操作，因为对于属于同一个类的对象而言，其操作是相同的
类使用关联关系，关联使用名称、角色、多重性以及约束等特征定义，类代表的是对象的分类，因此必须说明可以参与关联的对象的数目	对象使用链连接，链拥有名称、角色，但是没有多重性，对象代表的是单独的实体，所有的链都是一对一的，因此不涉及多重性
类的属性分栏定义了所有属性的特征	对象只定义了属性的当前值，以用于测试用例或例子中

案例 3-2

"取款"是银行 ATM 系统最常见的业务，该功能的基本实现过程为：客户在系统界面提出取款请求，系统根据界面传递来的客户请求进行取款处理，在验证取款金额的有效性后对账户余额进行相应更新，并添加一条取款交易记录。从这个过程中可得出与取款用例相关的类有：边界类"系统界面"，负责接收并传递客户的取款请求；控制类"取款"，负责处理"系统界面"传递来的取款请求，其行为包括查询账户余额并验证余额是否充足，在充足情况下更新账户余额并添加交易记录；实体类"账户"，负责提供查询账户余额和更新账户余额的方法；实体类"交易记录"，负责提供添加交易记录的方法。

根据上述过程描述可知，取款用例由执行者"客户"和四个类共同合作实现，它们之间的关系是"客户"和"系统界面"之间、"系统界面"和"取款"之间是关联关系，而控制类"取款"调用了实体类"账户"和"交易记录"的内部方法，故它们之间是依赖关系，最后可画出"取款"用例的分析类图，如图 3-17 所示。

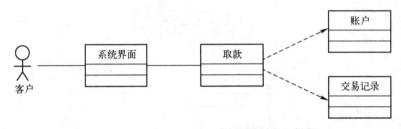

图 3-17　"取款"用例分析类图

案例 3-3

图 3-18 是银行 ATM 系统实体类图，包括账户（Account）和交易记录（Transaction Record）两个类，其中账户类有 AccountID、UserID、UserName 等多个私有属性，及 addAcount()、removeAccount()、getAccount() 等多个公有方法；交易记录类包括 RecordID、AccountID、TransacName、TransacTime 等多个私有属性，及 addRecord、removeRecord、getRecord 等多个公有方法；一个账户可以对应 0 到多条交易记录，而一条交易记录只属于一个账户，因此账户类和交易记录类之间是 1 对多的关联关系。

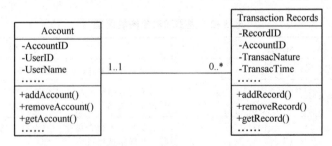

图 3-18　银行 ATM 系统实体类图

3.5　状态图

状态图（Statechart Diagram）用于描述一个特定对象在其生存期间基于事件反应的动态

行为，显示该对象是如何根据当前所处状态对不同事件做出反应的。一个系统包括很多对象，通常只有对于一些具有复杂行为或处于不同状态对应不同处理的对象，才有必要用状态图描述它的状态转移过程，并不需要为每一个对象建立状态图。在 UML 中，对象的状态图包括一系列的状态、状态之间的转移及引起状态转移的事件。

3.5.1 状态

状态是对象执行了一系列活动的结果，所有对象都具有状态，当某个事件发生后，对象的状态将发生变化。在状态图中，对象的状态主要分为三种，如图 3-19 所示。

1）初态：是状态图的起始点，用实心圆表示，一个状态图只能有一个初态。

2）终态：是状态图的终点，用套有一个小实心圆的空心圆表示，一个状态图可以有多个终态，也可以没有终态。

3）中间态：是对象执行某个活动或等待某个事件时所处的具体形态，用三栏圆角矩形框表示，从上至下每一栏分别为状态名、状态变量和活动。状态变量是状态图所描述对象的属性，即对象处于该状态时其各属性的具体值。活动表示对象处于该状态时系统要执行的事件和动作，分为四种基本类型：

- entry 事件：指定对象进入该状态时发生的动作。
- do 事件：指定对象处于该状态时发生的动作。
- event 事件：指定当特定事件产生时触发的动作。
- exit 事件：指定对象退出该状态时发生的动作。

在状态图中描述中间态时通常只标明状态名和相应的活动列表，而活动可以包括四种事件也可以只有其中几种。图 3-20 描述了手机对象的通话状态。

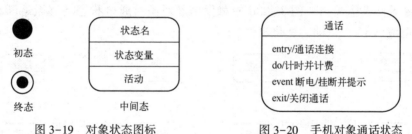

图 3-19　对象状态图标　　　　　　图 3-20　手机对象通话状态

3.5.2 状态转移

转移是两个状态之间的关系，表示当发生指定事件或满足指定条件时，对象执行某些操作并由一个状态进入另一个状态。外界产生的事件或状态内部活动的执行完毕都可触发状态转移，但通常状态转移大多是由事件触发的，且给定的状态只能产生一个转移。

状态转移用从源状态指向目标状态的实箭线表示，如图 3-21 所示，线条上方标明触发转移的事件，若未标明事件，则表示源状态内部活动执行完毕自动触发转移。图 3-22 是手机对象的状态转移图。

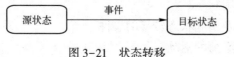

图 3-21　状态转移

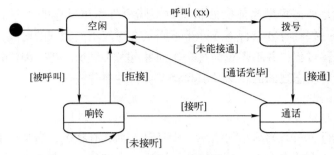

图 3-22　手机对象状态转移图

3.5.3　事件

事件是触发状态转移的条件或操作，UML 中定义了四种主要事件类型：

1）消息事件：由外界传递的简单信号或消息，对象收到后发生状态转移。消息事件的格式为：［消息或信号］，图 3-23a 中触发电灯对象由照明状态转移至熄灭状态的"［断电］"信号即为消息事件。

2）调用事件：外界传递的要求对象调用执行某个操作并发生状态转移的请求。调用事件的格式为：事件名（参数列表），图 3-23b 中触发手机对象由空闲状态转移至拨号状态的"呼叫（xx）"请求即为调用事件。

3）时间事件：根据某时间表达式的满足情况决定对象状态转移的事件。时间事件的格式为：［时间表达式］，图 3-23c 中电脑对象由运行状态转移至屏保状态的触发条件"［等待超过 10 分钟］"即为时间事件。

4）变化事件：根据某特定条件的满足情况决定对象状态转移的事件。变化事件的格式为：［when（条件表达式）］，图 3-23d 中触发熔丝对象由通电状态转移至熔断状态的事件"［when（电流>xA）］"即为变化事件。

图 3-23　事件类型

a）消息事件—电灯对象　b）调用事件—手机对象　c）时间事件—电脑对象　d）变化事件—熔丝对象

3.5.4　建立状态图的步骤

在系统分析与设计阶段，建立状态图的步骤为：

1）选择初始状态和终结状态。

2）发现对象的各种中间状态。

3）确定状态间的转移及引起状态转移的事件。

4）在各中间态上添加必要的活动。

5）绘制状态图。

案例 3-4

信用卡账户是银行系统中比较特殊的一类对象，其状态的变化伴随系统的一系列相应操作，故需要对信用卡账户对象绘制状态图，其具体过程为：

1）发现对象各种状态。信用卡账户对象有"未开通""正常""透支""冻结""挂失""注销"六种主要状态。

2）确定状态间的转移及引起状态转移的事件。信用卡账户各状态之间的转移情况为：

- 初态可转移到未开通状态，当用户开卡时，账户由未开通状态转移到可正常使用状态。
- 当用户取款至账户余额为负数时，账户状态由正常转为透支，此时促发状态转移的事件为取款（），它要求账户对象除了状态转移外还要调用自身方法来更新账户余额，因此该事件为调用事件。
- 当用户将透支的金额还清时，账户状态由透支转为正常，此时促发状态转移的事件为存款（），它要求账户对象除了状态转移外还要更新账户余额，因此该事件也为调用事件。
- 当账户透支金额大于 5000 时，账户状态由透支转移到冻结，促发状态转移的事件为变化事件；若用户及时将欠款还清，账户状态由冻结转移到正常，促发状态转移的事件为存款（），它也是一个调用事件；若用户 1 年后还未还清欠款，账户会在冻结 1 年后自动注销，此时促发状态转移的事件为时间事件。
- 当用户要求挂失时，账户由正常状态转移到挂失状态，当用户要求解挂时，账户由挂失状态转移到正常状态。
- 当用户要求销户时，账户由正常状态转移到注销状态，同时账户对象会更新自身的相关信息，此时促发状态转移的事件销户（）为调用事件，处于注销状态的账户对象会终止状态转移。

3）根据上一步的分析，信用卡账户对象在刚进入透支、正常和注销状态时都要进行账户的编辑操作，因此为这三个状态都添加 entry 活动。

最后形成信用卡账户对象的状态图，如图 3-24 所示。

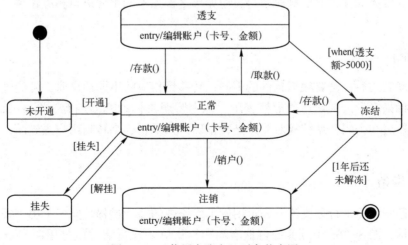

图 3-24　"信用卡账户"对象状态图

3.6　活动图

活动图（Activity Diagram）描述了实现用例所要执行的各项活动的顺序安排，展现从一个活动到另一个活动的控制流程，在本质上是一种流程图。

活动图是状态图的一种特殊形式，其多数或所有状态都表现为活动状态，不同的是，状态图中状态的变迁需要事件的触发，而活动图中一个活动结束后自动进入下一个活动。在 UML 中，构成活动图的主要元素有活动、转移、判断、同步条、泳道和对象流，如图 3-25 所示。

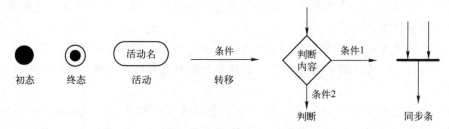

图 3-25　活动图基本图标

3.6.1　活动

活动是构成活动图的核心元素，表示在用例工作流程中执行的某个动作或步骤。活动用圆角矩形框表示，框中标注具体活动名，与状态图一样，活动也可分为初态、终态和中间态。

3.6.2　转移

转移表示从一个活动到另一个活动的跳转行为，与一般转移不同的是，活动转移不需要明显事件的触发，而是通过活动的完成来触发，因此也可称为完成转移。活动转移用实箭线表示，上方通常无标注，表示顺序执行，但如果是根据不同条件进行相应转移，则需要标注转移条件。

3.6.3　判断

当某活动完成后，需要根据条件的不同，转移到相应的不同活动时，可通过在活动图中加入判断图标来表示。判断用菱形框表示，框内写明具体的判断内容，图 3-26a 中用户登录时输入用户名和密码，系统核对输入是否正确，如果正确则转到用户主界面，否则进行错误提示。

3.6.4　同步条

同步条用于显示平行分支流，表示用例工作流中的并行过程。同步条用一条粗的水平线或垂直线表示，图 3-26b 中顾客的付款活动和售货员的取货活动就是用同步条表示的并行过程。

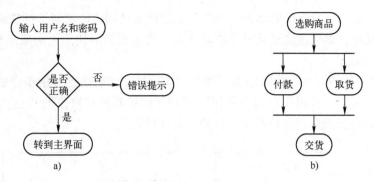

图 3-26　判断及同步条的使用

a）判断　b）同步条

3.6.5　泳道

活动图中的活动只描述进行了什么动作，但没有说明该动作由谁来完成，而泳道把活动划分为了若干组，每组称为一个泳道，泳道上方标明活动负责对象，通过这种方式，泳道清晰展现了各项活动的执行对象。泳道用矩形框表示，属于该泳道的活动置于其矩形框内，每个活动只能属于一个泳道。

泳道之间的排序不会影响工作流程，不同泳道中的活动可以顺序进行，也可以并发进行，而转移则可能跨越数条泳道，图 3-27 是用泳道表示的"用户登录"活动图。

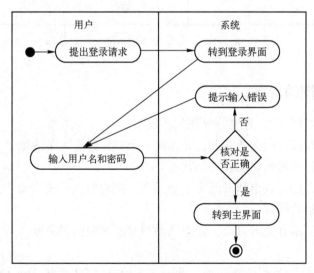

图 3-27　用泳道表示的"用户登录"活动图

3.6.6　对象流

在活动的执行过程中可能会创建、更新或使用一些相关对象，如"下新订单"活动会创建新的"订单"对象，"配送商品"活动会更新"订单"对象，而对象流则描述了活动与对象之间的这种依赖关系。

活动图中的对象流用依赖关系的虚箭线表示，对象可以是某个活动的输出，也可以是众多活动的输入。如果虚箭线从活动指向对象，表示该活动创建或更新了对象流所指对象，该对象是活动的输出；如果虚箭线从对象指向活动，表示该活动使用了对象流所指向的对象，该对象是活动的输入。

图 3-28 是"用户注册"的活动图，用户"填写快速注册信息"活动完成后会创建一个新的用户对象，系统"转到用户信息界面"活动要读取新用户对象的信息，最后用户"添加其他信息"活动完成后则会对新用户对象信息进行更新。

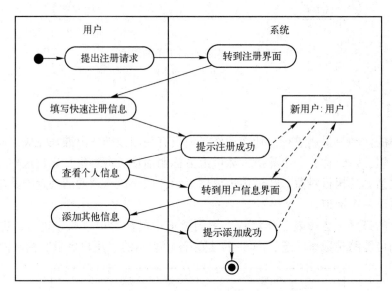

图 3-28　使用对象流的"用户注册"活动图

3.6.7　建立活动图的步骤

在系统分析与设计阶段，建立活动图的步骤为：

1）找出负责工作流程的业务对象，并为每一个对象建立一条泳道。
2）确定工作流程的初始状态和终结状态。
3）从初始状态开始，找出随时间发生的活动，把它们表示成活动状态。
4）建立连接活动的转移。
5）列出与各项活动有关的对象，建立活动与对象之间的对象流。

案例 3-5

图 3-29 是"取款"用例的活动图，展示了客户在 ATM 系统上进行取款操作的基本流程。客户提出取款请求，系统提示客户输入取款金额，客户按要求输入取款金额。系统判断输入金额数字的有效性：如果数字无效或超过单次取款上限，则提示"输入有误"，要求客户重新输入；如果数字有效，则进一步查询账户是否有充足的余额，该活动要读取"账户"对象的信息。如果余额不足，则提示"账户余额不足"并终止操作；如果余额充足，则更新"账户"对象的余额信息，同时创建一个新的取款"交易记录"对象，即添加一笔交易记录，然后计算并提示客户提取现金，并询问其是否要打印凭条，系统根据客户选择决定是否打印凭条，之后完成此次取款操作。

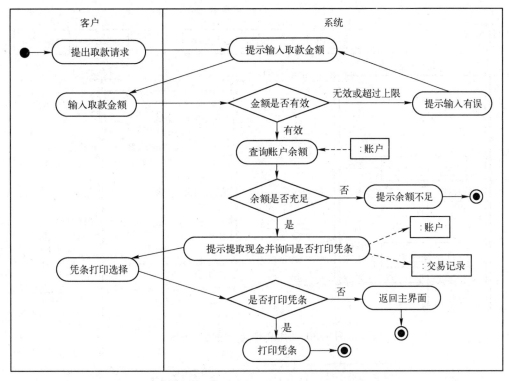

图 3-29 "取款"用例活动图

3.7 顺序图

顺序图（Sequence Diagram）描述了用例相关的多个对象及其之间的动态交互关系，通常用于解释系统用例的实现过程。顺序图强调对象间交互的时间和顺序，它将对象间的交互关系表示为一个二维图，水平轴表示参与交互的各个对象，垂直轴表示时间。顺序图中的对象用一个带有垂直虚线的矩形框表示，其中矩形框里标有对象名和类名，垂直虚线是对象的生命线，用于表示在某段时间内对象是存在的，对象间的交互通过在对象的生命线之间画消息来表示。图 3-30 是"用户登录"用例的顺序图。

在 UML 中，顺序图由活动者、对象、生命线、激活、消息五类元素组成，图 3-31 是顺序图中各类元素的表示图标。

3.7.1 活动者

活动者是指用例的执行者，执行者使用人形符号来表示。

3.7.2 对象

对象是用例实现过程中的参与者，用一个矩形框表示，使用标准的 UML 格式"name：ClassName"来标记，其中表示对象名的"name"是可选的，表示对象所属类名的"Class-Name"必须标明，但当一个顺序图中包含几个同属一个类的对象时，则必须为该类的所有

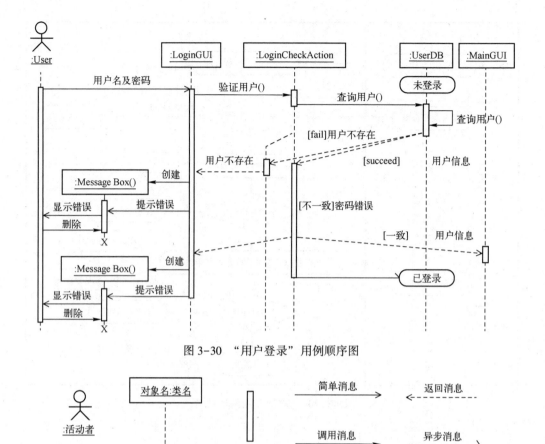

图 3-30 "用户登录"用例顺序图

图 3-31 顺序图各类元素图标

对象命名以进行区分。在顺序图中,活动者和对象都是位于图的顶部,通常应尽量把交互频繁的对象放在一起。

3.7.3 生命线

生命线表示对象存在的时间,用一条从对象图标向下延伸的虚线表示。生命线从对象创建时开始到对象消亡时终止,对象只有在其生命线所标示的时间范围内才能参与交互。

3.7.4 激活

激活表示对象参与交互时执行相应操作的时间段,用替换生命线的双道线表示,激活期双道线的上端与过程的开始时间齐平,下端与过程的结束时间齐平。处于激活期的对象正在因响应或发送消息而执行某个动作或活动,不在激活期的对象处于休眠状态,要等待新的消息来激活它。

3.7.5 消息

在面向对象方法中,对象间的交互是通过传递消息来完成的,消息是对象间的一种通信方式，UML 中定义的消息包括以下四种：

1）简单消息：表示简单的控制流，用于描述控制流如何在对象间进行传递，而不考虑通信的细节。

2）调用消息：传递了要求接收对象执行某种操作或调用某个方法的请求。发送对象发出消息后必须等待消息返回，只有处理消息的操作执行完毕后，发送对象才可以继续执行下一步操作。调用消息的格式为：操作（参数列表）。

3）返回消息：调用消息中的操作完成后，由接收对象返回给发送对象的说明执行结果的回应消息，一个调用消息通常对应一个返回消息。

4）异步消息：是一种不需等待返回消息的特殊调用消息。异步消息主要用于描述实时系统中的并发行为，发送对象发出消息后可立刻进行下一步操作。

在 UML 中，消息用带箭头的线条表示，线条上方标明具体的消息内容，箭头从发送对象指向接收对象，不同的箭头表示不同的消息，如图 3-31 所示。顺序图强调的是对象交互的时间顺序，故消息可带有发送顺序号，但由于消息按照发送的先后在时间纵轴上形成了从高到低的排列顺序，因此通常消息前无须标明发送顺序号。

在图 3-30 "用户登录" 用例顺序图中，活动者 ":User" 向对象 ":LoginGUI" 传递的 "用户名和密码" 是一个不带有明显操作请求的简单消息，而 ":LoginGUI" 向对象 ":LoginCheckAction" 传递的是要求执行用户验证操作的调用消息，当密码验证不一致时，":LoginCheckAction" 将向 ":LoginGUI" 返回 "密码错误" 的消息，如密码正确则向对象 ":UserDB" 发送异步消息要求更改用户状态为 "已登录"，同时将 "用户信息" 返回到对象 ":MainGUI" 进行显示。

3.7.6 顺序图的基本技术

除了五类基本元素外，顺序图还包括一些以元素为基础的拓展技术，这些技术使得顺序图能更准确完整地解释用例实现过程。

1）创建和销毁对象：对象可以在传递消息之前就存在，也可以在交互过程中由其他对象创建或销毁。如图 3-32a 所示，创建对象操作使用调用消息的箭头表示，箭头指向被创建对象的矩形框，新创建的对象也具有生命线，可以和其他对象一样发送和接收消息；当某个对象被销毁时，需要在其生命线底端标上 "X" 符号，销毁对象操作也可使用调用消息的箭头表示。

2）设置对象状态：对象的生命线上可以用圆角矩形框标示对象当前所处的状态。在顺序图中，对象状态可以在交互之前就存在，也可以在对象的交互过程中由其他对象设置，图 3-32b 中 object2 的状态 state 就是由 object1 设置的。

3）分支和从属流：当一个对象需要根据不同条件向另一个或另几个对象传递不同消息时，可以通过传递分支消息来实现；当分支消息接收对象为同一个时，还要在该接收对象的生命线上添加从属流，也可称为生命线分支。如图 3-32c 所示，当 condition1 成立时，object1 向 object2 传递消息 operation1；当 condition2 成立时，object1 向 object2 传递消息 operation2，为了接收两个不同走向的消息，在 object2 的生命线上添加了一条从属流。消息分支表示在下一步的流程中，其中一个分支消息将被执行，各分支消息在时间纵轴上的开始位置是相同的，其结束 "高度" 也应是相同的。

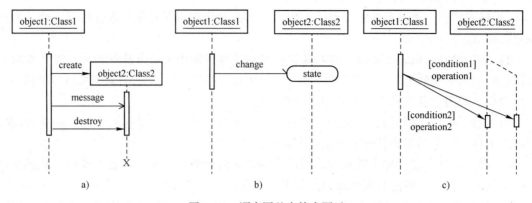

图 3-32　顺序图基本技术图示

a) 创建和销毁对象　b) 设置对象状态　c) 分支和从属流

3.7.7　顺序图的基本画法

在 UML 中, 顺序图存在两个轴, 如图 3-33 所示, 水平轴表示参与交互的不同对象, 垂直轴表示对象交互的时间顺序, 对象间传递的消息按照时间先后在垂直轴上从高到低依次排列。

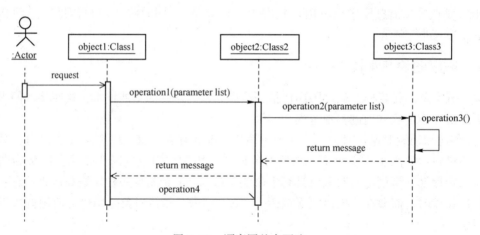

图 3-33　顺序图基本画法

在电子商务系统分析与设计阶段, 系统用例涉及的对象主要分为边界类对象、控制类对象和实体类对象, 根据这三类对象在用例执行过程中所起的作用, 可总结出画相应顺序图的基本流程为: 活动者向边界类对象传递要求执行用例的请求 (简单消息), 边界类对象根据请求形成相应的调用消息传递给控制类对象, 控制类对象在完成请求过程中通常会向实体类对象发送要求调用某具体方法的消息, 实体类对象收到后调用并执行自身的相应方法, 并将执行结果返回给控制类对象, 控制类对象进一步处理完毕后将最终结果返回给边界类对象。

案例 3-6

"取款"用例由客户（:Customer）、系统界面（:ATMGUI）、取款操作（:MoneyWithdraw）、账户（:Account）和交易记录（:TransactionRecord）五类对象交互完成，对象之间的交互过程为：客户在 ATM 系统界面上选择"取款"，系统提示输入取款金额，客户输入取款金额。系统先验证金额数字的有效性，如果无效则要求重新输入，如果有效则系统进一步查询账户余额并确定余额是否充足：如果余额不足则提示"余额不足"；如果余额充足则更新账户余额并添加一条取款交易记录，系统提示"操作成功"并询问客户是否要打印凭条。

根据以上过程可绘制"取款"用例的顺序图，如图 3-34 所示，整个取款过程共进行了三次判断，根据不同的判断结果（条件）在系统界面上显示不同的内容，因此在"ATMGUI"对象生命线上需要添加一条分支。

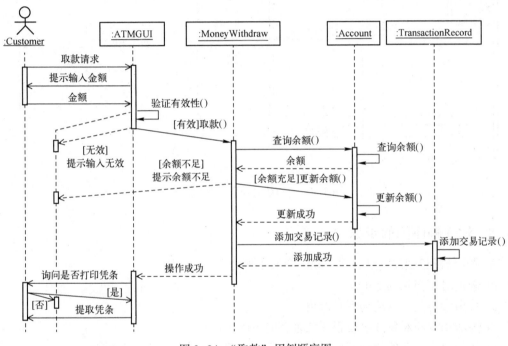

图 3-34　"取款"用例顺序图

案例 3-7

图 3-35 是"审核订单"用例的顺序图，其基本运作过程是：订单处理员（:Order Handler）查看客户提交的新订单，在订单明细界面（:OrderDetailGUI）输入自己的信息并保存（:EditOrderAction）到客户订单（:CustomerOrder）以标明订单的负责人。如果未能保存，系统将提示"保存失败"；否则若订单未支付，则系统直接提示"保存成功"，若订单已支付，则系统进一步转到生产订单界面（:ProduceOrderGUI），由订单处理员填写下单生产相关信息，形成生产订单发送给生产部门（:Production Department），同时更新客户订单状态为"生产中"，系统提示"发送成功"。

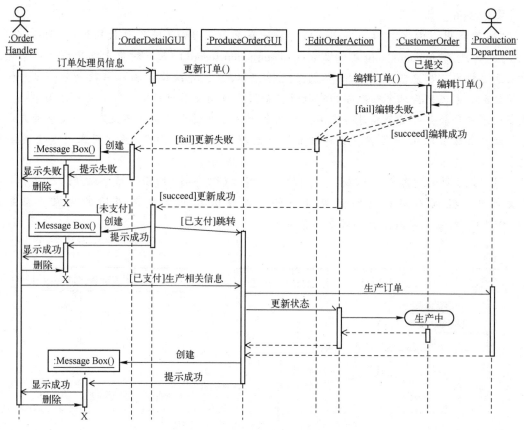

图 3-35 "审核订单"用例顺序图

3.7.8 建立顺序图的步骤

在系统分析与设计阶段，建立顺序图的步骤为：

1）确定对象交互的上下文。

2）找出参与交互的活动者及对象。

3）为活动者和对象各自设置一条垂直向下的生命线。

4）从初始化交互的信息开始，自顶向下在对象的生命线之间安置消息。

5）在生命线上绘出对象的激活期。

3.8 协作图

协作图（Communication Diagram）描述了用例相关的多个对象及其之间的动态合作关系，与顺序图一样，通常也用于解释用例的实现过程。协作图与顺序图包含的信息相同，两者在语义上是等价的，可以根据顺序图自动生成协作图，反之亦然。图 3-36 是根据图 3-30 "用户登录"用例顺序图转换的"用户登录"用例协作图。

虽然协作图和顺序图之间有紧密的联系，两者可以相互转换，但它们在形式和用途上也有明显区别。

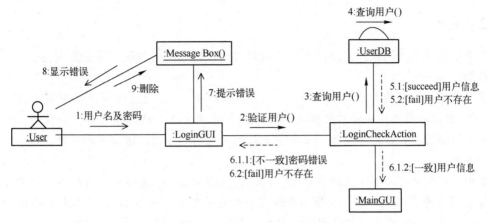

图 3-36 "用户登录"用例协作图

1）在图形的表达形式上，顺序图中的对象具有生命线和表示交互时间的激活，而协作图中的对象没有；协作图中的对象之间存在表示合作关系的连接线，而顺序图中没有；顺序图可以通过时间轴表示对象间传递消息的顺序，而协作图必须在消息前加上序列号才能标明消息传递的顺序。

2）在实际应用中，协作图和顺序图都表示出了对象间的交互关系，但两者强调的重点不同，如果强调消息发送的时间和顺序，则使用顺序图；如果强调对象间的合作关系，则选择协作图。

3.9 组件图

组件是系统中遵从一组接口且提供实现的物理部件，通常指系统实施和运行时类的物理实现，表现为系统软件文件，包括程序源文件、动态链接库文件、系统配置文件等。组件图（Component Diagram）展现了系统软件文件及文件之间的组织和依赖关系，属于面向对象系统物理建模中使用的实现图，在系统设计阶段绘制，是帮助程序开发人员理解系统的有力工具。在 UML 中，组件图由组件和组件之间的关系构成。

3.9.1 组件

组件是系统中可替换的代码模块，使用左侧带有两个小矩形的大矩形框表示，如图 3-37 所示。组件分为三种类型。

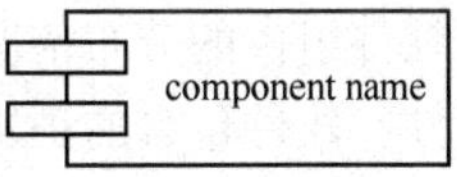

1）部署组件：是构成一个可执行系统所必需的组件，如 DLL 代码、EXE 代码、Active 控件、Web page、数据库表及 JavaBean 等模块。

> component name
>
> 图 3-37 组件

2）工作产品组件：是指在开发阶段使用的组件，它包括源程序文件、数据文件等，一般不直接构成可执行系统。

3）执行组件：这类组件是作为一个正在执行的系统的结果而被创建的，如由 DLL 实例化形成的 COM+对象。

一个组件可以包含多个组件，也可以被包含在其他组件中。

3.9.2 关系

关系是事件之间的联系，组件图中的组件之间存在着依赖关系，用虚箭线表示。

案例3-8

某图书管理系统的类分为4个部分：用户接口模块，主要负责系统和用户的交互，包括Frame类，Dialog类等；业务对象模块，主要负责处理系统中的业务计算，如借书、还书等功能的具体操作；数据存储模块，主要负责处理对数据的存储；通用工具模块，包括系统中的通用函数。

其中业务对象模块具体包括5个类：Item类，即书目类，表示一本实际存在的书籍或杂志；Loan类，即借书业务类，将借阅者和图书馆关联起来，一个Loan对象表示借出的一本书；BorrowerInfomation类，即借阅者信息类，表示一个借阅者；Title类，表示一种书或一种杂志，如《Java编程思想》就是一种书，用1个title表示，如果有两本这样的书，则需要用两个Item表示；Reservation类，即预定信息类，表示一个预定信息。在这5个类中，Item类和Loan类之间互相依赖，Loan类和BorrowerInfomation类之间互相依赖，BorrowerInfomation类和Reservation类之间互相依赖，Reservation类和Title之间互相依赖，Title和Item类之间互相依赖。

组件是类的物理实现，根据以上对类的描述，可得出该图书管理系统的业务对象组件图，如图3-38所示。

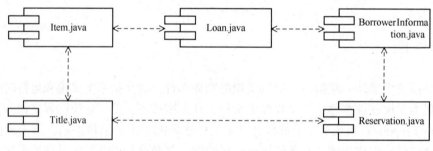

图3-38 某图书管理系统的业务对象组件图

3.10 配置图

配置图（Deployment Diagram）用来描述系统硬件节点的构成，以及在这些节点上运行的软件组件的分布情况。配置图可以显示计算机节点的拓扑结构、通信路径、节点上运行的软件、软件包含的逻辑单元（对象、类等）。配置图包括节点和节点间的关系两个要素。

3.10.1 节点

节点表示一种硬件，它可以是能够执行软件组件、具有计算能力的处理器，也可以是没有计算能力、通过其接口为外界提供某种服务的打印机、扫描仪等设备。节点用一个三维框表示，框的左上方包含了节点的名称，如图3-38所示。

3.10.2 关系

节点间存在通信的关联关系，采用从连接节点的实线表示，线条上方可标明通信方式，如图 3-39 所示，Web 服务器通过 HTTP 协议与客户计算机通信，客户计算机通过 USB 协议与打印机通信。

图 3-39 节点及通信关联关系

案例 3-8 中的图书管理系统目前开发的是一个单机版系统，其中所有的运算均在一台机器上完成，由于打印报表的需要，还应配备一台打印机，因此系统中存在两个节点：一台主机和一台打印机，得出该系统的配置图如图 3-40 所示。

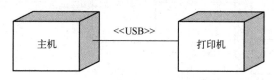

图 3-40 某图书管理系统配置图

案例 3-9

绘制一个网上扫描系统的配置图，其详细需求如下：

1) 扫描仪用来扫描产品信息，通过内部的 PCI（Peripheral Component Interconnect，外设组件互连标准）总线连接到网卡，需要编写代码来控制扫描仪，代码驻留在扫描仪内部。

2) 扫描仪通过无线网卡与插入到 Web 服务器 KONG 的无线 hub 通信，服务器通过 HTTP 协议向客户 PC 提供 Web 页。

3) Web 服务器安装定制的 Web 服务器软件，通过专用数据访问组件与产品数据库交互。

4) 在客户的 PC 上将提供专用的浏览器软件，它运行产品查询插件，只与定制的 Web 服务器通信。

现根据需求建立该系统的配置图，具体步骤为：

1) 确定系统的节点。本系统的节点有五个，包括扫描仪、客户 PC、Web 服务器、网卡、无线 hub。

2) 在节点之间添加通信关联关系。从系统需求可确定节点间存在以下通信关联：

● 扫描仪通过内部的 PCI 总线连接到网卡。

● 网卡通过无线电波与无线 hub 通信。

● 无线 hub 通过 USB 连接到名为 KONG 的服务器实例。

● KONG Web 服务器通过 HTTP 与客户组件通信。

3) 在节点中放置组件。需求中显示节点中需要添加以下相应组件：

● 扫描仪中要添加驱动控制组件 ScanEngine。

● Web 服务器要添加服务器软件组件 WebServerSoft，以及数据访问组件 DateAccess。

- 客户 PC 中要添加浏览器软件组件 Brower，以及产品查询插件组件 ProductSearcher。

另外，前面还提到了产品数据库，但它不必像前面的几个项目那样也建模为软件组件，可以把产品数据库建模为一个类实例 ProductDB 并添加到 Web 服务器中。

4）确立组件间的依赖关系。各组件间具有下列依赖关系：

- WebServerSoft 组件依赖于 DataAccess 组件。
- DataAccess 组件依赖于 ProductDB 对象。
- Browser 组件依赖于 WebServerSoft 组件。
- ProductSearcher 组件依赖于 Browser 组件。

最后得出该系统的配置图如图 3-41 所示。

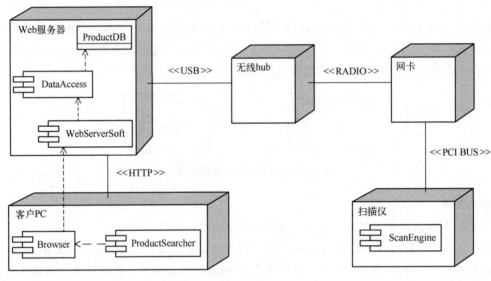

图 3-41　网上扫描系统配置图

3.11　包图

在 UML 中，包是一种对元素进行分组管理的工具，而包图（Package Diagram）则是一种维护和描述系统总体结构模型的重要建模工具，通过对图中各个包及包之间关系的描述，展现出系统的模块与模块之间的关系。一个包图可以由任何一种 UML 图组成，通常是 UML 用例图或 UML 类图，图 3-42 是某图书管理系统的包图。

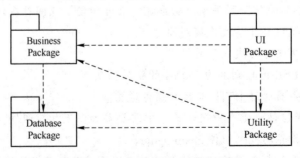

图 3-42　某图书管理系统包图

3.11.1 包

包是对元素进行分组的机制，其拥有的元素可以是类、接口、用例、组件、节点和协作，还可以是其他包或图，一个元素不能被一个以上的包所拥有，如果包被撤销，其中的元素也要被撤销。包用一个带标签的文件夹符号表示，可以只标明包名，也可以标明包中的元素，如图 3-43 所示。

图 3-43 包

3.11.2 包间关系

包之间的关系总体上可以概括为依赖和泛化两种关系，依赖关系是指包所包含的元素之间存在着一个或多个依赖关系，也就是说，如果两个包的任何元素之间存在着依赖关系，则这两个包之间就存在着依赖关系。包的依赖关系同样是使用一根虚箭线表示，虚箭线指向被依赖的包。

案例 3-10

现为某销售管理系统建立类包图，根据逻辑功能将系统中的类分为界面类、客户类、服务器类、数据处理类、规则类几个组，并创建相应的类包，分别命名为 GUI、Windows GUI、Web GUI、Client、Server、Rule、Data Sqlclient。

1）首先 Client 包负责订单的输入，并通过 Server 包来管理用户的登录和数据库存储，而 Server 包通过 Data Sqlclient 数据访问工具包来实现与数据库的实际交互，由此可得出 Client 包依赖 Server 包，Server 包依赖 Data Sqlclient 包。

2）其次 Rule 包负责处理一些规则，并引用一个具体的窗体，而 Client 包通过引用 Rule 来实现整个窗体和表单的显示、输入等，并且还将暂存订单信息，因此 Client 包依赖 Rule 包，Rule 包依赖 GUI 包。

3）最后，GUI 有两个具体实现，一个是针对 C/S 的 Windows GUI，另一个是实现 B/S 的 Web GUI，这三个包之间存在泛化关系。

根据以上分析可建立该销售管理系统的类包图，如图 3-44 所示。

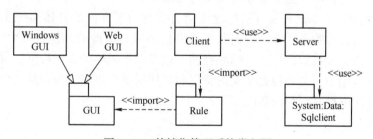

图 3-44 某销售管理系统类包图

3.12 UML 图间关系

UML 包括五类图，共计十种视图，在系统建模过程中每一种图发挥不同作用但相互又存在紧密联系，如图 3-45 所示，各图从不同角度全面阐述了系统功能需求和运作过程。

1）用例图从用户角度展示了系统功能需求，但没有说明功能的执行过程，而活动图描述了满足用例要求所要进行的活动及活动间的约束关系，分析类图指明了参与用例的类及其之间的关系，顺序图显示了用例对象之间的动态时间交互关系，协作图描述了用例对象间的协作关系。这四种图分别以不同方式描述了系统功能的运行过程，是对用例图的进一步展开。

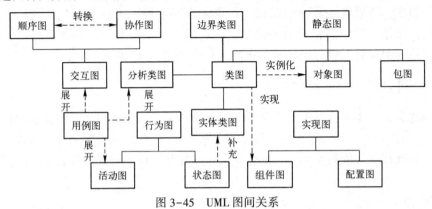

图 3-45　UML 图间关系

2）类图从对象的角度描述了系统的静态结构，其中边界类图描述了系统各界面的结构及其跳转关系，实体类图描述了系统数据库结构。类图在系统的整个生命周期都是有效的，而对象图是类图在某一时间段的实例，只能在系统某一时间段存在；状态图描述了类的对象所有可能的状态及引起状态转移的事件，是对实体类图的补充；组件图显示了系统文件间的组织和依赖关系，由于组件是类的物理实现，因此组件图也可看成是对类图的物理实现。

3）组件图和配置图从软硬件的角度描述了系统的物理实现，两者分别定义了系统软件文件和硬件节点的物理体系结构。

4）包图由系统元素或包组成，表示包与包之间的关系，描述了系统的分层结构。包图主要用来为相关的元素分组，对于拥有大量繁杂元素的系统，适合用包图来维护管理元素。

在一般情况下，利用 UML 进行系统建模时，采用用例图、类图、对象图、组件图和配置图描述系统的静态结构，建立系统的静态结构模型；采用活动图、状态图、顺序图和协作图来描述系统的动态行为，建立系统的动态行为模型。

UML 是一种独立于系统开发方法的建模语言，与所要开发的具体系统无关，可用于各类系统任一合适的开发阶段。在电子商务系统分析和设计阶段的建模过程中，对于 UML 各图应用于哪个阶段，或各阶段应建立哪些视图，以及图形描绘的详细程度，并没有一个固定的标准。在实际应用中，需要根据系统的特点和具体情况，以能清晰描述系统为准则，确定各阶段要绘制的图形极其详尽的程度。

本章小结

本章首先介绍了统一建模语言 UML 的概念、发展过程、特点及功能，重点强调了 UML 在系统开发过程中的作用；其次介绍了 UML 的组成结构，包括元素、关系和图，阐述了各组成部分的具体内容及在 UML 建模过程中发挥的作用；接着详细描述了 UML 十种图形的组成元素以及绘制步骤，并通过一系列实例进一步展示各种图形的建立过程；最后分析了 UML 各种图形之间的关系，明确了在电子商务系统分析与设计过程中如何有效使用 UML 建立系统模型。

习题

1. 某机票预订系统中有"预订机票""网上订票"和"电话订票"这三个用例，它们之间存在的关系是_____。

2. 状态图中促发状态转移的事件类型包括消息事件、_____、_____和_____。

3. 配置图用来描述系统硬件节点的构成，以及在这些节点上运行的_____的分布情况。

4. 包是 UML 中的一种有组织地对其他元素进行分组的元素，一般来说包图主要分为_____和_____。

5. 什么是 UML？UML 由哪些部分组成？

6. 论述顺序图和协作图的联系与区别。

7. 远程网络教学系统的功能需求为：学生登录网站后，可以浏览课件、查找课件、下载课件、观看教学视频；教师登录网站后，可以上传课件、上传教学视频、发布教学心得、查看教学心得、修改教学心得；系统管理员负责对网站页面的维护、审核不合法课件和不合法教学信息、批准用户注册。学生和教师都需要登录后才能使用系统，当忘记密码时可通过"找回密码"功能恢复密码。请根据以上描述画出该系统的用例图。

8. 某公司项目管理系统的业务关系为：公司（Company）的每个员工（Employee）可以同时参与多个项目（Project）上，并在不同项目中扮演同样或不同的角色（Role），例如工作于不同项目中的编程人员。此外，在同样或不同的项目中，一个人也可能担当不同的任务（Task），从而有不同的角色。如张三在一个项目中是经理（任务是管理），在另一个项目中是质量监察员（任务是质量监查）。

在设计该系统时，已知引入的类有 Company、Project、Task、Role、Employee，请画出该系统的类图。

9. 根据下列文字描述画出某库存管理系统中物资入库过程的活动图：

当一批物资需要入库时，仓库管理员首先要核对入库单，清点入库物资。当入库单据与入库物资相符时才能入库，此时库存管理员登录系统，通过身份验证后进入入库管理主界面，输入要入库物资的基本信息后，系统自动进行一些信息查询，包括存量信息、库存状态和盘点状态。当该类物资存量超过最高库存时，系统发出警告并退出。在检查库位信息时，如果发现没有空余库位，系统同样会发出警告，但仍然允许入库，只是需要人工指定库位。完成上述步骤后，系统会自动为物资安排库位，更新账目，到此入库操作完成。

10. 用顺序图描述以下处理过程：

1）合同管理员向"合同管理窗口"对象发送"删除上年履约合同"的消息。

2）"合同管理窗口"对象接收到消息后，又向"购进合同存储器"对象发出"查找合同"的消息，将满足条件的上年履约合同全部查找出来。

3）"合同管理窗口"对象向"购进合同"对象发出"核对购进合同"的消息。

4）核对无误后，如果该合同是已经履约的历年合同，则将向"购进合同"对象发出"删除购进合同"的消息。

第4章 电子商务系统开发基础

学习目标

- 熟悉动态页面开发模式的原理和特点。
- 熟悉电子商务系统开发平台的组成内容。
- 掌握 Web 应用服务器的基本原理，了解常见的 Web 应用服务器。
- 熟悉常用的电子商务系统开发技术和开发工具。

电子商务应用系统是电子商务系统的核心部分，是电子商务系统开发过程中编写的主要应用程序。开发电子商务应用系统，首先要确定系统的开发模式，然后搭建系统的开发平台，最后选择合适的系统开发技术和相应的开发工具，这些构成了电子商务系统的开发基础。

4.1 电子商务系统开发模式

电子商务系统开发模式是指电子商务应用系统的开发构建方式，表达了电子商务系统体系结构中的客户端、表达层和应用层这三者之间的逻辑关系，展现了客户端通过服务器访问电子商务应用系统、服务器响应并处理请求、最终返回处理结果的具体过程。目前，电子商务系统开发模式主要分为传统的 Web 开发模式和基于组件的开发模式两种。

4.1.1 传统的 Web 开发模式

在传统的 Web 开发模式中，电子商务系统的开发工作主要集中在 Web 服务器上各种静态、动态网页的制作方面。Web 应用最初的开发模式是静态页面开发模式，随着 Web 技术的发展，又出现了"CGI""ASP""JSP""PHP"等动态页面开发模式。

1. 静态页面开发模式

静态页面是指纯粹 HTML 格式的网页，早期的网站一般都是由静态网页制作的。静态网页是相对于动态网页而言的，它没有后台数据库、不含程序且无须在服务器端运行，对于访问者而言静态网页不可交互只能被浏览查看，每次访问时其内容是固定不变的。

静态网页的网址形式通常为"http://www.example.com/eg/eg.htm"，即以 .htm、.html、.shtml、.xml 等为后缀，在 HMTL 格式的网页上，也可以出现各种动态的效果，如 .GIF 格式的动画、Flash、滚动字幕等，但这些动态效果只是视觉上的，与动态网页的动态是不同的概念。静态网页具有以下特点：

1）每个静态网页都有一个固定的 URL，且网页 URL 以 .htm、.html、.shtml 等常见形式为后缀，且不含有"?"。

2）网页内容一经发布到网站服务器上，无论是否有用户访问，每个静态网页的内容都是保存在网站服务器上的，也就是说，静态网页是实实在在保存在服务器上的文件，每个网页都是一个独立的文件。

3）静态网页的内容相对稳定，因此容易被搜索引擎检索。

4）静态网页没有数据库的支持，在网站制作和维护方面工作量较大，因此当网站信息量很大时完全依靠静态网页制作方式比较困难。

5）静态网页的交互性很差，在功能方面有较大的限制。

6）页面浏览速度迅速，过程无须连接数据库，开启页面速度快于动态页面。

7）减轻了服务器的负担，工作量的减少降低了数据库的成本。

静态页面开发模式的基本原理为：客户端浏览器向 Web 服务器发送一个查看页面的 HTTP 请求，服务器根据请求找到相应的静态页面后将其返回给客户端，如图 4-1 所示。在电子商务系统发展过程中的信息发布阶段，主要采用静态页面开发模式。

图 4-1　静态页面开发模式

2. 动态页面开发模式

动态网页是与静态网页相对的一种网页编程技术，它是指需要在服务器端运行、可以轻松进行数据库访问的程序、网页和组件，动态网页根据不同访问者的不同请求，在不同时间返回不同的网页。使用动态网页可以实时显示电子商务网站资源的更新信息，可以实现企业与客户之间的动态数据交互。

动态网页的网址是以 .aspx、.asp、.jsp、.php、.perl、.cgi 等形式为后缀，并且在网址中有一个标志性的符号"?"。值得强调的是，动态网页中的动态是指页面显示的内容会随着时间、环境或数据库操作的结果而发生改变，与网页上的各种动画、滚动字幕等视觉上的动态效果没有直接关系，动态网页的内容可以包含文字、动画等各种表现形式，无论网页中是否有动态效果，只要是采用了动态网站技术生成的网页都可称为动态网页。动态网页通常具有以下特点：

1）动态网页一般以数据库技术为基础，可以大大降低网站维护的工作量。

2）采用动态网页技术的网站可以实现更多的功能，如用户注册、用户登录、在线调查、用户管理、订单管理等。

3）动态网页实际上并不是独立存在于服务器上的网页文件，只有当用户请求时服务器才返回一个完整的网页。

4）动态网页中的"?"对搜索引擎检索存在一定的问题，搜索引擎一般不可能从一个网站的数据库中访问全部网页，或者出于技术方面的考虑，搜索蜘蛛不会去抓取网址中"?"后面的内容，因此采用动态页面的网站在进行搜索推广时需要做一定的技术处理才能适应搜索引擎的要求。

图 4-2 展示了动态页面开发模式的基本原理：客户端首先向 Web 服务器发送一个 HTTP 请求，服务器响应请求并按照事先编好的应用系统程序代码执行业务逻辑，同时访问数据库获取相关数据，处理完成后将结果以 HTML 数据的方式返回给客户端浏览器加以显示。

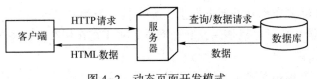

图 4-2　动态页面开发模式

4.1.2　基于组件的开发模式

组件是对数据和方法的简单封装，组件技术是应用级别的集成技术。基于组件的开发是在一定的软件模型的支持下，将应用系统分解成为一个个独立的单元，然后在组件库中查找并重用各类合适的组件，最后组装相关的组件来构造应用系统软件的过程。基于组件的开发模式主要利用了系统软件的可重用性思想，伴随着组件技术和电子商务的快速发展，基于组件的开发模式已经成为开发电子商务系统的主流模式，其中比较具有代表性的包括 CORBA、DCOM、.NET、J2EE 和 Struts。

1. CORBA 体系结构

CORBA（Common Object Request Broker Architecture，公共对象请求代理体系结构）是由 OMG 组织（对象管理组织）制订的一种标准的面向对象的应用程序体系规范，是 OMG 为解决分布式处理环境中硬件和软件系统的互连而提出的一种解决方案。CORBA 提出了一种在异构分布式环境下客户端与服务器进行通信的方式，它可以让分布的应用程序完成通信，无论这种应用程序是什么厂商生产的，只要符合 CORBA 标准就可以相互通信。CORBA 体系的主要内容包括以下几个部分：

1）对象请求代理（Object Request Broker，ORB）：是 CORBA 的核心部分，定义了对象间的一种通信机制，对象通过这种机制可以透明地发出请求和接收响应，分布的、可互操作的对象能够利用 ORB 构造可互操作的应用。

2）对象服务（Object Services）：是为使用和实现对象而提供的基本服务集合，主要包括名录服务、事件服务、生命周期服务、关系服务、事务服务等，这些服务独立于应用领域。

3）公共设施（Common Facilities）：是向终端用户应用程序提供的一组共享服务接口，如系统管理、组合文档和电子邮件等。

4）域接口（Domain Interfaces）：是为应用领域服务而提供的接口。

5）应用接口（Application Interfaces）：是由开发商提供的可控制其接口的产品。

CORBA 定义了接口定义语言（Interface Definition Language，IDL）和应用程序编程接口（Application Programming Interface，API），并通过 ORB 来激活客户/服务器的交互，ORB 是一个中间件，它在对象间建立客户−服务器的关系，如图 4-3 所示，其中 ORB 的接口是灰色的矩形，直线箭头说明 ORB 的调用关系，弧形箭头表示客户端发出的请求。客户端通过动态调用接口（Dynamic Invocation Interface，DII）或一个 IDL 占位程序（IDL Stubs）发送请求，服务器通过动态框架接口（Dynamic Skeleton Interface，DSI）来接受请求。ORB 的任务是定位一个合适的服务器，并且通过一个对象适配器（Object Adapter，OA）将请求传送给服务器。OA 的目的是：给框架发送请求并支持服务器对象的生命周期，如对象的建立和删除。客户和服务器之间的静态接口通过 IDL 来定义，一个 IDL 规范可用于产生到 ORB 的类型安全的、应用特定的接口，客户端与 ORB 之间的静态接口称为静态调用接口（Static Invocation Interface，SII），服务器端与 ORB 之间的接口称为静态框架接口（Static Skeleton Interface，SSI）。

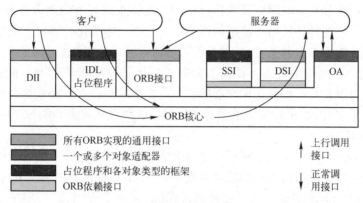

图 4-3　ORB 的结构

在传统的客户/服务器程序中，开发者使用他们自己设计的或者公认的标准定义设备之间的协议，协议的定义依赖于实现的语言、网络的传输和其他许多因素。ORB 将这个过程简单化，ORB 中的协议定义是通过应用接口，而该接口是 IDL 的一个实现，它和使用的编程语言无关，并且 ORB 提供了很大的灵活性，它让程序员选择最适当的操作系统，运行环境和设计语言来建设系统中每个组件，更重要的是，它还允许集成已存在的组件。CORBA 是在面向对象标准化和互操作性道路上的一个信号，通过 CORBA，用户可以在不知道软硬件平台及网络位置的情况下进行操作并获取信息。CORBA 具有以下特点和优势：

1）CORBA 定义了一种面向对象的软件构件构造方法，使不同的应用可以共享由此构造出来的软件构件。

2）每个对象都将其内部操作细节封装起来，同时又向外界提供了精确定义的接口，从而降低了应用系统的复杂性，也降低了软件开发费用。

3）CORBA 的平台无关性实现了对象的跨平台引用，开发人员可以在更大的范围内选择最实用的对象加入到自己的应用系统之中。

4）CORBA 的语言无关性使开发人员可以在更大范围内相互利用别人的编程技能和成果，是实现软件利用的实用化工具。

2. DCOM 框架

DCOM（Distributed Component Object Model，分布式组件对象模型）是 COM（Component Object Model，组件对象模型）的扩展，它支持不同的两台机器上的组件间的通信，而且不论它们是运行在局域网、广域网还是 Internet 上，应用程序借助 DCOM 都能够任意进行空间分布，从而满足客户和应用的需求。

由于 DCOM 是组件技术 COM 的无缝升级，因此可以将现有关于 COM 的应用、组件、工具以及知识转移到标准化的分布式计算领域中来。在做分布式计算时，DCOM 可以处理网络协议的低层次的细节问题，从而能够集中精力解决客户所要求的问题。例如，当为一个网站创建应用页面时，若其中包括了一段能够在网络中另一台更加专业的服务器电脑上处理的脚本或程序，则使用 DCOM 接口，网络服务器站点程序（现在以客户端对象方式发出动作）

就能够将一个远程程序调用（RPC）发送到一个专门的服务器对象，它可以通过必要的处理，并给站点返回一个结果，结果将发送到网页浏览器上。

大多数分布式应用都不是凭空产生的，现在的硬件结构、软件、组件以及工具需要集成起来，以便减少开发和扩展时间以及费用。DCOM 能够直接且透明地改进现存的对 COM 组件和工具的投资，对各种各样组件需求的巨大市场使得将标准化的解决方案集成到一个普通的应用系统成为可能。许多熟悉 COM 的开发者能够很轻易地将他们在 COM 方面的经验运用到基于 DCOM 的分布式应用中去。任何为分布式应用开发的组件都有可能在将来被复用，围绕组件模型来组织开发过程使得用户能够在原有工作的基础上不断地提高新系统的功能并减少开发时间，基于 COM 和 DCOM 的设计使得组件在现在和将来都能被很好地使用。

3．．NET 框架

．NET Framework（又称 .NET 框架）是由微软开发，一个致力于敏捷软件开发、快速应用开发、平台无关性和网络透明化的软件开发平台。.NET 框架是一种采用系统虚拟机运行的编程平台，它以 CLR 为基础，支持多种语言（C#、C++）的开发，.NET 使得程序设计员可以同时进行 Windows 应用软件、网络应用软件、Web 服务、Windows Phone 开发。

．NET 框架是一个多语言组件开发和执行环境，它提供了一个跨语言的统一编程环境，其目的是便于开发人员更容易地建立 Web 应用程序和 Web 服务，使得 Internet 上的各应用程序之间可以使用 Web 服务进行沟通。从层次结构来看，.NET 框架包括六个组成部分，如图 4-4 所示。

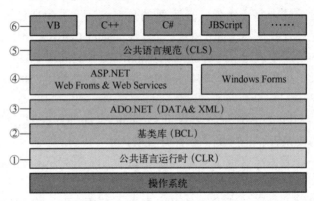

图 4-4　.NET 框架的层次结构

① 公共语言运行时（Common Language Runtime，CLR）：是一个运行时环境，管理代码的执行并使开发过程变得更加简单。CLR 是一种受控的执行环境，其功能通过编译器与其他工具共同展现。

② 基类库（Base Class Library，BCL）：在 CLR 之上，它提供了一套开发人员希望在标准语言库中存在的基类库，包括集合、输入/输出、字符串及数据类。

③ ADO．NET：为 .NET 框架提供统一的数据访问技术，与以前的数据访问技术相比，ADO．NET 主要增加了对 XML 的充分支持、新数据对象的引入、语言无关的对象的引入以及使用和 CLR 一致的类型等。

④ 应用模板：是 .NET 框架的主要界面技术，包括传统的 Windows 应用程序模板（Windows Forms）和基于 ASP．NET 的面向 Web 的网络应用程序模板（Web Forms 和 Web

Services）。

⑤ 公共语言规范（Common Language Specification，CLS）：定义了一组运行于 .NET 框架的语言特性，是一种语言规范。由于 .NET 框架支持多种语言，并且要在不同语言对象之间进行交互，因此就要求这些语言必须遵守一些共同的规则，CLS 就定义了这些语言的共同规范，包括数据类型、语言构造等。

⑥ 程序设计语言：凡是符合 CLS 的语言都可以在 .NET 框架上运行，目前包括 C#、VB、C++、Java Script 等。由于多种语言都运行在 .NET 框架之中，因此它们的功能都基本相同，只是语法有区别，各种语言经过编译后，先转变成为一种中间语言，执行时再由公共语言运行库载入内在，通过实时解释将其转换为 CPU 可执行代码。

4. J2EE 架构

J2EE（Java2 Platform Enterprise Edition）是一种利用 Java2 平台来简化企业解决方案的开发、部署和管理相关的复杂问题的体系结构。J2EE 技术的基础就是核心 Java 平台或 Java2 平台的标准版，它不仅巩固了标准版中的许多优点，同时还提供了对 EJB（Enterprise Java Bean）、Java Servlet API、JSP 以及 XML 技术的全面支持，其最终目的就是成为一个能够使企业开发者大幅缩短投放市场时间的体系结构。

J2EE 架构使用多层的分布式应用模型，它将传统的客户/服务器两层化模型中的不同层面划分成许多层，应用逻辑按功能划分为组件，各个应用组件根据它们所在的层分布在不同的机器上，以下是 J2EE 典型的四层结构。

1）客户层组件：运行在客户端机器上，主要用来与客户交互，并把来自系统的信息显示给客户。

2）Web 层组件：运行在 J2EE 服务器上，可以是 JSP 页面或 Servlets。Web 层可能包含某些 Java Bean 对象来处理客户输入，并把输入发送给运行在业务层上的 Enterprise Bean 来进行处理。

3）业务逻辑层组件：运行在 J2EE 服务器上，用来满足银行、零售等特殊商务领域的需要，由运行在业务层上的 Enterprise Bean 进行处理。如图 4-5 所示，Enterprise Bean 从客户端程序接收数据，必要时进行处理，然后发送到 EIS 层储存。

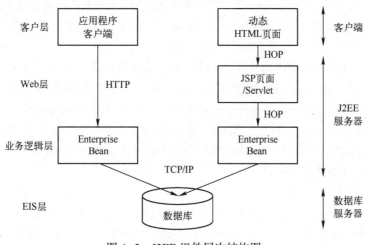

图 4-5　J2EE 组件层次结构图

4）EIS 层组件：运行在数据库服务器上，用于处理企业信息系统软件，包括企业资源计划、大型机事务处理、数据库系统和其他信息系统，如 J2EE 应用组件可能为了数据库连接需要访问企业信息系统。

J2EE 平台已经成为使用最广泛的 Web 程序设计技术，它主要支持两类软件的开发和应用，一类是做高级信息系统框架的 Web 应用服务器，另一类是在 Web 应用服务器上的 Web 应用程序。J2EE 实际上为 Web 应用系统提供了容器平台，用户所开发的程序组件在容器内运行，J2EE 为搭建具有可伸缩性、灵活性、易维护性的电子商务系统提供了良好的机制。

5. Struts 框架

Struts 是 Apache 软件基金会赞助的一个开源项目，它最初是 jakarta 项目中的一个子项目，并在 2004 年 3 月成为 ASF 的顶级项目。Struts 是一种面向对象的设计，它通过采用 JavaServlet 和 JSP 技术，实现了基于 Java 的 Web 应用的 MVC（Model-View-Controller，模型-视图-控制器）架构，并将 MVC 模式"分离显示逻辑和业务逻辑"的能力发挥得淋漓尽致，是 MVC 设计模式中的一个经典产品。Struts 对模型、视图和控制器都提供了相应的实现组件。

（1）Struts 控制器组件

控制器的作用是从客户端接受请求，并且选择执行相应的业务逻辑，然后把响应结果送回到客户端。在 Struts 中，控制器由 ActionServlet 和 ActionMapping 对象构成，其中 ActionServlet 负责接收客户端的请求，它创建并使用封装了具体处理逻辑的 Action 类、封装了用户通过表单所提交数据的 ActionForm 类和定义控制将被转发方向的 ActionForward 类来实现控制器的功能，而 struts-config. xml 文件被用于配置 ActionServlet，ActionMapping 用于帮助 ActionServlet 将请求映射到具体的操作处理对象。

（2）Struts 模型组件

Struts 模型组件代表 Web 应用的业务数据和逻辑，它包含了业务实体和业务规则，负责访问和更新持久化数据。Struts 的模型组件主要由 ActionForm Bean、系统状态 Bean 以及业务逻辑 Bean 组成。

（3）Struts 视图组件

视图代表页面表示部分，Struts 应用中的视图部分是通过 JSP 技术实现的。Struts 使用自定义标记来创建 JSP 表单，可以实现和 ActionForm 的映射，完成对用户数据的封装，同时这些自定义标记还提供了模板定制等多种显示功能。

Struts 框架的处理流程清楚地体现了 MVC 系统的特点，图 4-6 显示了简单的 Struts 组件结构及组件间的相互关系。Struts 控制器 ActionServlet 接收并处理客户端请求，通过配置文件 struts-config. xml 里的 ActionMapping 对象找到负责处理请求的 Action 对象和封装了客户数据的 ActionForm；Action 对象访问 ActionForm 中的数据并调用封装了具体业务逻辑的 JavaBean 模型组件来处理请求；Action 对象根据处理结果通知 ActionServlet，然后由 ActionServlet 决定下一步需要进行的处理。

Struts 框架具有以下一些优点：

1）实现了 MVC 模式，结构清晰，使开发者可以只关注业务逻辑的实现。

2）有丰富的 tag 可用，灵活运用 Struts 标记库（Taglib）能大大提高开发效率。

3）通过配置文件可把握整个系统各部分之间的联系，方便了后期的系统维护。

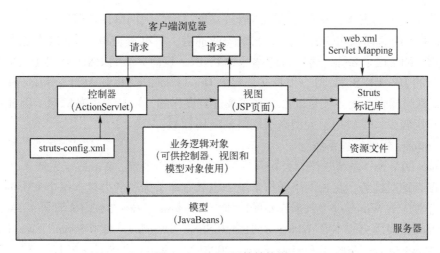

图 4-6　Struts 组件结构图

4）提供了一个灵活的体制来处理错误和异常。

Struts 是一种优秀的 MVC 架构方式，有效体现了 MVC 设计模式的特点，使用 Struts 还可以帮助开发人员减少在运用 MVC 设计模式来开发 Web 应用的时间，如果想混合使用 Servlet 和 JSP 的优点来扩建可扩展的应用，那么 Struts 是一个不错的选择。

4.2　电子商务系统开发平台

网络操作系统是计算机网络运行的基础，而各种网络应用又离不开数据库的支持，网络操作系统、Web 应用服务器和数据库管理系统构成了电子商务应用系统的开发平台，本节介绍了主要的网络操作系统、应用服务器以及常用的数据库管理系统软件。

4.2.1　网络操作系统

网络操作系统（Network Operation System，NOS）是能使网络上多个计算机方便有效地共享网络资源，为用户提供所需的各种服务的操作系统软件。网络操作系统通常运行在服务器计算机上，由联网的计算机用户共享，它除了具备个人操作系统（即单机操作系统）所需的内存管理、CPU 管理、输入输出管理、文件管理等功能外，还具有提供高效可靠的网络通信能力和提供多种网络服务的功能，如文件传输、电子邮件、远程打印等。

网络操作系统与运行在工作站计算机上的单用户或多用户个人操作系统因提供的服务类型不同而有差别。通常，个人计算机操作系统是以让用户与系统及在此操作系统上运行的各种应用之间的交互作用达到最佳为目的，而网络操作系统以使网络相关特性达到最佳为目的，如共享数据文件、软件应用、硬盘、打印机、调制解调器、扫描仪和传真机等。在 Internet 环境下，UNIX、Windows、Linux 是三大主流网络操作系统。

1. UNIX 网络操作系统

UNIX 系统是一个强大的多用户、多任务网络操作系统，它支持网络文件系统服务、数据提供等应用，最早由 Ken Thompson、Dennis Ritchie 和 Douglas McIlroy 于 1969 年在 AT&T 的贝尔实验室开发。UNIX 系统功能强大，拥有丰富的应用软件支持，且在稳定性和安全性方面都有非常突出的表现，其良好的网络管理功能已为广大网络用户所接受。

UNIX 系统的商标权由国际开放标准组织所拥有，只有符合单一 UNIX 规范的 UNIX 系统才能使用 UNIX 这个名称，否则只能称为类 UNIX，目前典型的 UNIX 和类 UNIX 系统版本有惠普公司的 HP-UX B. 11. 31、甲骨文公司的 Oracle Solaris 11. 3、IBM 公司的 AIX 7. 1 等。由于 UNIX 网络操作系统多数是以命令方式来进行操作的，用户不容易掌握，因此在中小型网络中的应用较少，一般用于大型高端网络的应用领域。

2. Windows 网络操作系统

Windows 网络操作系统是微软公司开发的服务器操作系统，Windows 系统不仅在个人操作系统中占有绝对优势，它在网络操作系统中也具有非常强劲的力量，每个 Windows 网络操作系统都有对应的 Windows 个人操作系统版本（Windows Server 2003 R2 除外）。Windows 网络操作系统的主要历史版本有 Windows NT 4. 0 Serve、Windows 2000 Server、Windows Server 2003、Windows Server 2008、Windows Server 2008 R2、Windows Server 2012、Windows Server 2016、Windows Server 2019，从 Windows Server 2008 R2 开始，Windows Server 不再提供 32 位版本。Windows 网络操作系统常见于局域网的配置中，由于它对服务器硬件的要求较高，且稳定性不强，因此一般用在中低档服务器中。

3. Linux 网络操作系统

Linux 系统是一套免费使用和自由传播的类 UNIX 网络操作系统，它最大的特点就是源代码开放，用户可以免费得到应用程序，并可方便地加上自己编制的扩充功能。Linux 继承了 UNIX 的优秀设计思想，与 UNIX 完全兼容，是一个多用户、多任务的操作系统，内置网络支持，能与 Windows 系统、UNIX 系统无缝链接。Linux 系统存在许多不同的版本，但它们都使用了 Linux 内核，目前主要的 Linux 发行版本有 Debian、RedHat、Slackware 等。Linux 对硬件要求较低，可安装在各种计算机硬件设备中，比如手机、平板电脑、路由器、视频游戏控制台、台式计算机、大型机和超级计算机。Linux 系统的稳定性和可靠性较高，具有很高的性能价格比，目前主要应用于中、高档服务器中。

总的来说，对特定计算环境的支持使得每一个网络操作系统都有适合于自己的工作场合，这就是系统对特定计算机环境的支持，对于不同的网络应用，需要我们有目的地选择合适的网络操作系统。

4.2.2　Web 应用服务器

Web 应用服务器是一个通过特定网络通道来传输数据并进行数据交互以实现预定功能的系统软件平台，它主要为应用程序提供运行环境，为组件提供服务。Web 应用服务器在操作系统之上将一些通用的、与企业核心商务应用无关的环境和软件包集成在一起，作为一个软件包向开发者提供。Web 应用服务器产品根据功能主要可分为 Web 服务器（Web Server）和应用服务器（Application Server），在现有的大多数应用服务器产品中这两类服务器都是合并在一起提供的。

- Web 服务器用于专门响应并处理 HTTP 请求，当 Web 服务器接收到一个 HTTP 请求时，会根据请求进行页面跳转或者把动态响应的产生委托给一些其他的程序，然后返回一个 HTTP 响应给浏览器。
- 应用服务器主要提供处理 HTTP 请求所需要的具体方法，它通过各种协议把业务逻辑展现给客户端的程序，提供了访问业务逻辑的途径以供客户端应用程序使用，应用程序使用此业务逻辑就像调用对象的一个方法一样。

目前常用的 Web 应用服务器有：

1. Microsoft IIS

Microsoft 的应用服务器产品为 Internet Information Server（IIS），是允许在公共 Intranet 或 Internet 上发布信息的 Web 服务器。IIS 是目前最流行的应用服务器产品之一，很多著名的网站都是建立在 IIS 的平台上。IIS 提供了一个图形界面的管理工具，称为 Internet 服务管理器，可用于监视配置和控制 Internet 服务。

IIS 是一组 Web 服务组件，其中包括 Web 服务器、FTP 服务器、NNTP 服务器和 SMTP 服务器，分别用于网页浏览、文件传输、新闻服务和邮件发送等方面，它使得在网络上发布信息成了一件很容易的事。它提供 ISAPI（Intranet Server API）作为扩展 Web 服务器功能的编程接口；同时，它还提供了一个 Internet 数据库连接器，可以实现对数据库的查询和更新。

2. IBM WebSphere

WebSphere Application Server 是一种功能完善、开放的 Web 应用服务器，是 IBM 电子商务计划的核心部分，它是基于 Java 的应用环境，用于建立、部署和管理 Internet 和 Intranet Web 应用程序。这一整套产品进行了扩展，以适应 Web 应用程序服务器的需要，范围从简单到高级直到企业级。

WebSphere 针对以 Web 为中心的开发人员，他们都是在基本 HTTP 服务器和 CGI 编程技术上成长起来的。IBM 提供 WebSphere 产品系列，通过提供综合资源、可重复使用的组件、功能强大并易于使用的工具以及支持 HTTP 和 IIOP 通信的可伸缩运行时环境，来帮助这些用户从简单的 Web 应用程序转移到电子商务世界。

3. BEA WebLogic

BEA Weblogic Server 是一种多功能、基于标准的 Web 应用服务器，为企业构建自己的应用提供了坚实基础。各种应用开发、部署所有关键性的任务，无论是集成各种系统和数据库，还是提交服务、跨 Internet 协作，起始点都是 BEA Weblogic Server。由于 BEA Weblogic Server 具有全面的功能、对开放标准的遵从性、多层架构、支持基于组件的开发，基于 Internet 的企业都选择它来开发、部署最佳的应用。

BEA Weblogic Server 在使用服务器成为企业应用架构的基础方面继续处于领先地位，它为构建集成化的企业级应用提供了稳固的基础，它们以 Internet 的容量和速度，在联网的企业之间共享信息、提交服务，实现协作自动化。BEA Weblogic Server 遵从 J2EE、面向服务的架构以及丰富的工具集支持，便于实现业务逻辑、数据和表达的分离，并提供开发和部署各种业务驱动应用所必需的底层核心功能。

4. Apache

Apache 源于 NCSA httpd 服务器，是 Apache 软件基金会的一个开放源代码的网页服务器，可以在大多数计算机操作系统中运行，因其多平台和安全性被广泛使用，是世界上最流行的 Web 服务器软件之一。Apache 是自由软件，因此不断有人来为它开发新的功能、新的特性并修改原来的缺陷。Apache 的特点是简单、速度快、性能稳定，并可作为代理服务器使用，本来它只用于小型或试验 Internet 网络，后来逐步扩充到各种 UNIX 系统中，尤其对

Linux 的支持相当完美。

Apache 是以进程为基础的结构，进程要比线程消耗更多的系统开支，不太适合于多处理器环境，因此，在一个 Apache Web 站点扩容时，通常是增加服务器或扩充群集节点而不是增加处理器。到目前为止，Apache 仍是世界上用得最多的 Web 服务器，很多著名的网站都是 Apache 的产物，它的成功之处主要在于其源代码开放、有一支开放的开发队伍、支持跨平台的应用以及可移植性等方面。

5. Tomcat

Tomcat 是 Apache 软件基金会的 Jakarta 项目中的一个核心项目，由 Apache、Sun 和其他一些公司及个人共同开发而成。Tomcat 服务器是一个免费的开放源代码的 Web 应用服务器，属于轻量级应用服务器，在中小型系统和并发访问用户不是很多的场合下被普遍使用，是开发和调试 JSP 程序的首选。对初学者来说，当在一台机器上配置好 Apache 服务器，可利用它响应对 HTML 页面的访问请求。实际上 Tomcat 部分是 Apache 服务器的扩展，但它是独立运行的，所以当运行 Tomcat 时，它实际上作为一个与 Apache 独立的进程单独运行。

当配置正确时，Apache 为 HTML 页面服务，而 Tomcat 实际上运行 JSP 页面和 Servlet。另外，Tomcat 和 IIS、Apache 等 Web 服务器一样，具有处理 HTML 页面的功能，它还是一个 Servlet 和 JSP 容器，独立的 Servlet 容器是 Tomcat 的默认模式。不过，Tomcat 处理静态 HTML 的能力不如 Apache 服务器。

Tomcat 技术先进、性能稳定、运行时占用的系统资源小、扩展性好、支持负载平衡与邮件服务等开发应用系统常用的功能，而且它还在不断的改进和完善中，任何一个感兴趣的程序员都可以更改它或在其中加入新的功能，因而深受广大程序员的喜爱，成为目前比较流行的 Web 应用服务器。

4.2.3　数据库管理系统

数据库管理系统（DBMS）是一种操纵和管理数据库的大型软件，用于建立、使用和维护数据库。DBMS 对数据库进行统一的管理和控制，以保证数据库的安全性和完整性，用户通过 DBMS 访问数据库中的数据，数据库管理员通过 DBMS 进行数据库的维护工作。DBMS 提供多种功能，允许多个应用程序和用户用不同的方法在同一时刻或不同时刻建立、修改和查询数据库，能让用户方便地定义和操作数据、维护数据的安全性和完整性以及进行多用户下的并发控制和数据库恢复。

目前市场上有许多数据库管理系统产品可供选择，如 Oracle、Sybase、MySQL、SQL Server、Access 等，它们都以自身特有的功能在数据库市场上占有一席之地，下面简要介绍几种常用的数据库管理系统。

1. Oracle

Oracle 数据库管理系统是美国 Oracle 公司提供的以分布式数据库为核心的一组软件产品，是目前最流行的客户/服务器或 B/S 体系结构的数据库之一。Oracle 数据库是使用最为广泛的数据库管理系统，作为一个通用的数据库系统，它具有完整的数据管理功能；作为一个关系数据库，它是一个完备关系的产品；作为分布式数据库它实现了分布式处理功能。只要在一种机型上学习了 Oracle 知识，便能在各种类型的机器上使用它。

Oracle 数据库最新版本为 Oracle Database 18c，它可以部署在内部或通用硬件上的 Oracle

云中或专门为数据库工作负载设计的工程系统中，如 Oracle Exadata 和 Oracle 数据库设备。Oracle Database 18c 对 Oracle Database 12c 进行了功能升级，并新增加了一些功能，包括：1）多功能架构，可节省大量成本，提高灵活性；2）内存中的列存储，极大提升了实时分析的性能；3）本地数据库切分，实现海量 Web 应用程序的高可用性；4）更多的关键性功能，增强了数据库性能、可用性和安全性。

2. SQL Server

SQL Server 是 Microsoft 公司推出的关系型数据库管理系统，具有使用方便、可伸缩性好、与相关软件集成程度高等优点，可在多种类型的、基于 Windows 操作系统的计算机平台上运行。SQL Server 是一个全面的数据库平台，使用集成的商业智能工具提供了企业级的数据管理，SQL Server 数据库引擎为关系型数据和结构化数据提供了更安全可靠的存储功能，可以构建和管理用于业务的高性能数据应用程序。

SQL Server 有多个版本，最早的版本是 SQL Server 6.5，后来出现了 SQL Server 2000、SQL Server 2005、SQL Server 2008、SQL Server 2012。目前最新版本为 SQL Server 2019。SQL Server 2017 是微软推出的首个公共预览版本，并持续带来更新和改进，微软同时向 Windows、Linux、Mac OS 以及 Docker 容器推出了 SQL Server 2017 RC1 的公共访问版，引入了图数据处理支持、适应性查询、面向高级分析的 Python 集成等功能。

3. Access

Access 是美国 Microsoft 公司发布的关联式数据库管理系统，它结合了 Microsoft Jet Database Engine 和图形用户界面两项特点，是 Microsoft Office 的系统程式之一。Microsoft Office Access 是微软公司把数据库引擎的图形用户界面和软件开发工具结合在一起的一个数据库管理系统，它是微软公司 Office 的成员之一，在包括专业版和更高版本的 Office 中被单独出售。2018 年 9 月 25 日，Office Access 2019 在 Office 2019 里发布。

软件开发人员和数据架构师可以使用 Microsoft Access 开发应用软件，"高级用户"可以使用它来构建软件应用程序。和其他办公应用程序一样，Access 支持 Visual Basic 宏语言，它是一个面向对象的编程语言，可以引用各种对象，包括 DAO（数据访问对象）、ActiveX 数据对象以及许多其他的 ActiveX 组件。可视对象用于显示表和报表，它们的方法和属性是在 VBA 编程环境下，VBA 代码模块可以声明和调用 Windows 操作系统函数。

4. Sybase

Sybase 是美国 Sybase 公司研制的一种关系型数据库系统，是一种典型的 UNIX 或 Windows 平台上客户机/服务器环境下的大型数据库系统。Sybase 提供了一套应用程序编程接口和库，可以与非 Sybase 数据源及服务器集成，允许在多个数据库之间复制数据，适于创建多层应用。Sybase 系统具有完备的触发器、存储过程、规则以及完整性定义，支持优化查询，具有较好的数据安全性，通常与 Sybase SQL Anywhere 用于客户机/服务器环境，前者作为服务器数据库，后者为客户机数据库，采用该公司研制的 PowerBuilder 为开发工具，在我国大中型系统中具有广泛的应用。

Adaptive Server Enterprise（ASE）是 Sybase 的旗舰式 RDBMS 产品，一直致力于以最低的系统总拥有成本为企业提供一个高性能的数据和事务处理系统。最新版 ASE 12.5.2 在继续保持以前版本的关键业务性能和高效计算的同时，在易用性、系统性能和支持新应用程序方面进行了增强和改进，并进一步提高了系统安全和 Linux 的可扩展性。

4.3 电子商务系统开发技术和工具

4.3.1 客户端系统开发技术

客户端技术是 Web 程序中最重要的技术之一，客户端技术主要用来描述在浏览器中显示的页面，以及利用 JavaScript 等技术对页面进行控制，与服务器端进行通信等。常用的客户端技术主要包括 HTML、JavaScript 等，通过学习这些客户端技术，可以很容易地编写具有丰富用户体验的 Web 程序。

1. HTML

HTML（Hypertext Markup Language），即超文本标记语言，是用于描述网页文档的一种标记语言，它通过标记符号来标记要显示的网页中的各个部分。

网页文件本身是一种文本文件，通过在文本文件中添加标记符，可以告诉浏览器如何显示其中的内容，如文字如何处理、画面如何安排、图片如何显示等。浏览器按顺序阅读网页文件，然后根据标记符解释和显示其标记的内容，对书写出错的标记将不指出其错误，且不停止其解释执行过程，编制者只能通过显示效果来分析出错原因和出错部位。需要注意的是，对于不同的浏览器，对同一标记符可能会有不完全相同的解释，因而可能会有不同的显示效果。

2. JavaScript

JavaScript 是一种基于对象和事件驱动并具有相对安全性的客户端脚本语言，同时也是一种广泛用于客户端 Web 开发的脚本语言，常用来给 HTML 网页添加动态功能，比如响应用户的各种操作。JavaScript 最初由网景公司（Netscape）的 Brendan Eich 设计，是一种动态、弱类型、基于原型的语言，内置支持类，完整的 JavaScript 实现包含三个部分：ECMAScript、文档对象模型和字节顺序记号。

JavaScript 主要应用在客户端浏览器与用户的交互上，一般不用在服务器端，不直接对文本和图形进行操作，不具有读写档案及网络控制等功能，只是完成一些与用户直接打交道的任务，如显示日期、表单检查、交互游戏等。

3. VBScript

VBScript 是 Microsoft 公司开发的一种解析型的脚本语言，可以看作是 Visual Basic 语言的简化版，它具有原语言容易学习的特性，目前被广泛应用于网页和 ASP 程序制作，同时还可以直接作为一个可执行程序，用于调试简单的 VB 语句。

用户可以在 HTML 文件中直接嵌入 VBScript 脚本，这能够扩展 HTML，使它不仅仅是一种页面格式语言，带有 VBScript 脚本的网页在每次下载到浏览器时都可以是不同的，而且可以对用户的操作做出反应。VBScript 和 JavaScript 都是为了提高网页的交互性，增强 HTML 的功能而开发的，因此它们很相似，掌握其中之一，便可轻松掌握另外一种。

4. JavaApplet

JavaApplet 是用 Java 语言编写的一些小应用程序，它们可以直接嵌入到网页中，并能够产生特殊的效果，当用户访问这样的网页时，Applet 被下载到用户的计算机上执行，但前提是用户使用的是支持 Java 的网络浏览器。由于 Applet 是在用户的计算机上执行的，因此它的执行速度不受网络带宽或者 Modem 存取速度的限制，用户可以更好地欣赏网页上 Applet 产生的多媒体效果。

在 JavaApplet 中，可以实现图形绘制、字体和颜色控制、动画和声音的插入、人机交互及网络交流等功能。Applet 还提供了名为抽象窗口工具箱（Abstract Window Toolkit，AWT）的窗口环境开发工具，AWT 利用用户计算机的 GUI 元素，可以建立标准的图形用户界面，如窗口、按钮、滚动条等。含有 Applet 的网页 HTML 文件代码中部带有 <applet> 和 </applet> 这样一对标记，当支持 Java 的网络浏览器遇到这对标记时，就将下载相应的小应用程序代码并在本地计算机上执行该 Applet。

4.3.2 客户端系统开发工具

由于使用 HTML 代码编写网页时的代码量比较大，而且编写和调试页面比较困难，因此在进行客户端页面设计时常使用一些可视化的网页编写工具，如 SharePoint 和 Dreamweaver 等工具软件，这些工具软件可以提供网站管理、编辑 HTML、发布网页、数据库集成、支持动态网页、所见即所得等功能，大大简化了页面设计和网站开发的工作。

1. SharePoint Designer

SharePoint Designer 是微软公司继 FrontPage（微软公司出品的一款网页制作入门级软件）之后推出的新一代网站创建工具，它提供了更加与时俱进的制作工具，可帮助用户在 SharePoint 平台上建立引人入胜的 SharePoint 网站。SharePoint 具有全新的视频预览功能，包括新媒体和一个 Silverlight（一种用于创建交互式 Web 应用程序的工具）的内容浏览器 Web 部件，通过 Silverlight Web Part 功能，用户可以在网页上设置一个视频显示框，给网站添加丰富的多媒体和互动性体验，从而轻松地建设自己的视频网站。SharePoint 还具有全新的备份和恢复功能，让用户能够更加方便地选择需要备份的组件，节省操作时间也缩短了复杂烦琐的过程。SharePoint 管理中心网站也经过了精心设计，能够提供更好的可用性，包括检测 SharePoint 服务器的工作状况这一功能。

SharePoint Designer 的当前版本是 SharePoint Designer 2013，图 4-7 是 SharePoint Designer 2013 的运行界面。SharePoint 2013 是可供选择用来快速开发 SharePoint 应用程序的工具，高级用户和开发人员可以根据业务需求快速创建 SharePoint 解决方案，其中高级用户可以利用 SharePoint 2013 中提供的构建基块在易于使用的环境中撰写无代码解决方案，包括各种常见方案，从协作网站和 Web 发布到业务线数据集成、商业智能解决方案以及有人参与的工作流，而开发人员可以使用 SharePoint 2013 快速开始 SharePoint 开发项目。

2. Dreamweaver

Dreamweaver 是美国 Macromedia 公司开发的集网页制作和网站管理于一身的所见即所得的网页编辑器，它是第一套针对专业网页设计师特别设计的视觉化网页开发工具，利用它可以轻而易举地制作出跨平台限制和跨越浏览器限制的充满动感的网页。Macromedia 公司于 2005 年被 Adobe 公司收购，Dreamweaver 8 是 Macromedia 公司被收购前的最后版本，当前 Dreamweaver 的最新版本是 Dreamweaver Creative Cloud 2019，图 4-8 是 Dreamweaver Creative Cloud 版本的运行界面。

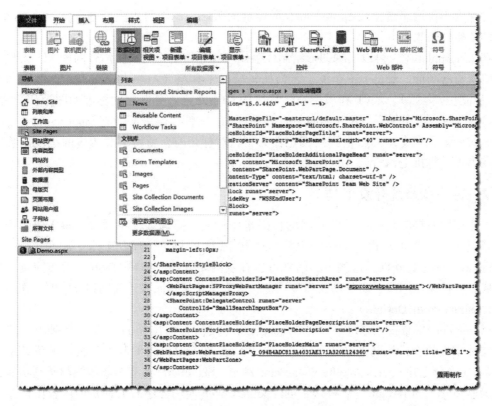

图 4-7 SharePoint Designer 2013 的运行界面

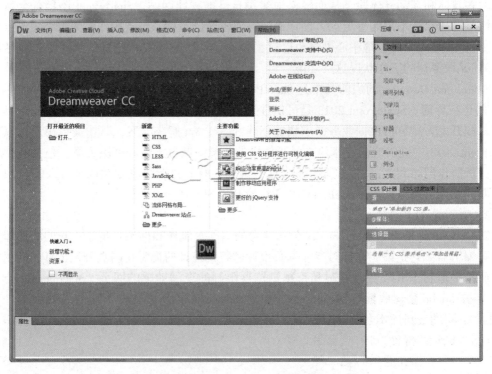

图 4-8 Dreamweaver Creative Cloud 的运行界面

Dreamweaver 强调的是更强大的网页控制、设计能力及创意的完全发挥，它开发了许多独具特色的设计新概念，诸如行为（Behaviors）、时间线（Timeline）、资源库（Library）等，还支持层叠式样表（CSS）和动态网页效果（DHTML），而动态 HTML 是 Dreamweaver 最令人欣赏的功能，是它最大的特色。

4.3.3 服务器端系统开发技术

服务器端开发技术是指 Web 服务器根据客户端浏览器的不同请求，动态地生成相应的内容，然后发送给客户端浏览器。使用服务器端技术，所有指令都先在服务器中进行处理，并根据不同浏览者的请求生成不同网页，然后传送到客户端的浏览器中，再由浏览器解析并显示出来。典型的服务器端开发技术主要有 JSP、ASP 和 PHP。

1. Java 和 JSP

Java 是一种可以撰写跨平台应用软件的面向对象的程序设计语言，是由 Sun 公司于 1995 推出的 Java 程序设计语言和 Java 平台（即 JavaSE、JavaEE 和 JavaME）的总称。Java 技术具有卓越的通用性、高效性、平台移植性和安全性，被广泛应用于个人 PC、数据中心、游戏控制台、科学超级计算机、移动电话和互联网，同时拥有全球最大的开发者专业社群。在全球云计算和移动互联网的产业环境下，Java 更具备了显著优势和广阔前景。

JSP 全名为 Java Server Pages，是由 Sun 公司倡导、许多公司参与一起建立的一种动态技术标准。在传统的网页 HTML 文件中加入 Java 程序片段和 JSP 标签，就构成了 JSP 网页。JSP 的根本是一个简化的 Servlet 设计，它实现了 HTML 语法中的 Java 扩张，与 Servlet 一样，JSP 也是在服务器端执行的，通常返回给客户端的就是一个 HTML 文本，因此客户端只要有浏览器就能浏览。Web 服务器在遇到访问 JSP 网页的请求时，首先执行其中的程序段，然后将执行结果连同 JSP 文件中的 HTML 代码一起返回给客户端。

JSP 页面由 HTML 代码和嵌入其中的 Java 代码所组成，其中 Java 程序段可以操作数据库、重新定向网页以及发送 E-mail 等，从而实现建立动态网页所需要的功能。服务器在页面被客户端请求以后对页面中的 Java 代码进行处理，然后将生成的 HTML 页面返回给客户端的浏览器。Java Servlet 是 JSP 的技术基础，而且大型的 Web 应用程序的开发需要 Java Servlet 和 JSP 配合才能完成，JSP 具备了 Java 技术的简单易用，完全的面向对象，具有平台无关性且安全可靠，主要面向因特网的所有特点。

自 JSP 推出后，众多大公司都支持 JSP 技术的服务器，如 IBM、Oracle、Bea 公司等，因此 JSP 迅速成为商业应用的服务器端语言。

2. ASP 和 ASP. NET

ASP 是 Active Server Page 的缩写，意为"动态服务器页面"。ASP 是微软公司开发的代替 CGI 脚本程序的一种应用，它可以与数据库和其他程序进行交互，是一种简单、方便的编程工具。ASP 的网页文件的格式是 . asp，现在常用于各种动态网站中。

ASP 是一种服务器端脚本编写环境，可以用来创建和运行动态网页或 Web 应用程序。ASP 网页可以包含 HTML 标记、普通文本、脚本命令以及 COM 组件等，利用 ASP 可以向网页中添加交互式内容，如在线表单，也可以创建使用 HTML 网页作为用户界面的 Web 应用程序。Web 服务器在遇到访问 ASP 网页的请求时，首先执行其中的程序脚本，然后将执行结果以 HTML 格式返回给客户，程序脚本可以实现操作数据库、重定向网页、发送电子邮件等建立动态网站所需要的功能。程序脚本的操作定义在服务器端执行，网络上传送给客户端的仅是得到的结果，对客户端浏览器的要求很低。

ASP 目前几乎只能运行在 Windows 平台上，无法实现跨操作系统的应用，它的适用对象是熟悉微软公司产品架构的技术人员和系统管理人员，对于一些希望用简单而且快速的方式完成设计的电子商务项目适合采用 ASP 技术。ASP 可以采用 Dreamweaver 作为开发工具，选择 Windows 系列操作系统，选择 IIS 作为应用服务器。

在 ASP 的基础上，微软公司又推出了基于 .NET 框架的 ASP.NET，尽管 ASP.NET 是在 ASP 的基础上发展起来的，但它并不是 ASP 的简单升级，而是重新构筑的一个全新的系统。ASP.NET 把基于通用语言的程序放在服务器上运行，与 ASP 的程序即时解释方式不同，ASP.NET 是将程序在服务器端首次运行时进行编译，大大提高了执行效率。

ASP.NET 可以运行在 Web 应用软件开发者的几乎全部的平台上，通用语言的基本库、消息机制、数据接口的处理都能无缝地整合到 ASP.NET 的 Web 应用中。ASP.NET 同时也是语言独立化的，用户可以选择一种最适合自己的语言来编写程序，或者把程序用很多种语言来写，已经支持的有 C#、VB.NET、JScript、managedC++、J#，将来这样的多种程序语言协同工作的能力保护基于 COM+ 开发的程序，能够完整地移植到 ASP.NET。

虽然 ASP.NET 向前兼容了 ASP，以前编写的 ASP 脚本几乎不做任何修改就可以运行于 .NET 平台上，但是 ASP.NET 与 ASP 技术还是具有一定的差别，如表 4-1 所示。

表 4-1　ASP 与 ASP.NET 的比较

ASP	ASP.NET
程序代码和页面标志混合在一个页面中，无法剥离	程序代码和页面标志可以完全剥离
程序员需要严格区分一个页面中客户端脚本程序与服务器端的程序，而且客户端的程序与服务器端的程序很难交互	使用 Web 控件，不再区分客户端程序与服务器端程序，可以直接进行数据交换
仅支持 HTML Element	支持 HTML、Element、Web Control
解释执行	第一次请求时自动编译执行，以后再次请求时不需要重新编译
支持 COM 组件	支持 COM 组件、Class Library 和 Web Service 组件
很难调试和跟踪	可以方便地调试和跟踪
支持 Visual Basic	支持 C++、Visual Basic 和 JScript
不支持面向对象编程	支持面向对象编程

3. PHP

PHP 是英文超文本预处理语言 Hypertext Preprocessor 的缩写，它是一种 HTML 内嵌式的语言，是一种在服务器端执行的嵌入 HTML 文档的脚本语言，语言的风格类似于 C 语言。PHP 是一种开源的通用计算机脚本语言，尤其适用于网络开发并可嵌入 HTML 中。PHP 的语法借鉴吸收了 C 语言、Java 和 Perl 等流行计算机语言的特点，易于一般程序员学习，其主要目标是允许网络开发人员快速编写动态页面，但 PHP 也被用于其他很多领域。

PHP 是一个应用范围很广的语言，特别是在网络程序开发方面。一般来说 PHP 大多在服务器端运行，通过运行 PHP 的代码来产生网页供浏览器读取，此外也可以用来开发命令行脚本程序和用户端的 GUI 应用程序。PHP 可以在多种不同的服务器和操作系统平台上运行，也可以和许多数据库系统结合，另外，使用 PHP 不需要任何费用，官方组织 PHP

Group 提供了完整的程序源代码，允许用户对其进行修改、编译或扩充。

PHP 具有以下特性：

- PHP 独特的语法混合了 C、Java、Perl 以及 PHP 自己创新的语法。
- PHP 可以比 CGI 或者 Perl 更快速地执行动态网页。
- PHP 是将程序嵌入到 HTML 文档中去执行，执行效率比完全生成 HTML 标记的 CGI 要高许多。
- PHP 具有非常强大的功能，可以实现所有的 CGI 功能。
- PHP 支持几乎所有流行的数据库以及操作系统，最重要的是 PHP 可以用 C、C++进行程序的扩展。

PHP 的适用对象是熟悉 UNIX 环境的技术人员以及需要以最少的投入快速完成开发的应用项目，PHP 的适用平台是 Linux/UNIX 操作系统、Apache 服务器，开发工具可以使用 Eclipse。

4.3.4 服务器端系统开发工具

采用不同的开发技术可以使用相应的开发工具，如使用 ASP. NET 技术可以使用 Visual Studio，使用 JSP 技术可以使用 JBuilder、Eclipse 等 Java 应用软件开发工具，现对这些常用的开发工具进行详细介绍。

1. Visual Studio

Visual Studio（简称 VS）是美国微软公司的开发工具包系列产品。VS 是一个基本完整的开发工具集，它包括了整个软件生命周期中所需要的大部分工具，如 UML 工具、代码管控工具、集成开发环境（IDE）等。所写的目标代码适用于微软支持的所有平台，包括 Microsoft Windows、Windows Mobile、Windows CE、. NET Framework、. NET Compact Framework 和 Microsoft Silverlight 及 Windows Phone。

Visual Studio 是目前最流行的 Windows 平台应用程序的集成开发环境，最新版本为 Visual Studio 2019 版本，基于. NET Framework 4. 5. 2。Visual Studio 2019 默认安装 Live Share 代码协作服务，帮助用户快速编写代码的欢迎窗口、改进搜索功能、总体性能改进；Visual Studio IntelliCode AI 帮助；更好的 Python 虚拟和 Conda 支持；以及对包括 WinForms 和 WPF 在内的. NET Core 3. 0 项目支持等。Visual Studio 2019 和 Visual Studio 2017 兼容同样的操作系统平台，包括 Windows7/8. 1，并且确认有 Visual Studio for Mac。图 4-9 是 Visual Studio 2019 版本的运行界面。

2. JBuilder

JBuilder 是 Borland 公司开发的针对 Java 的开发工具，使用 JBuilder 可以快速、有效地开发各类 Java 应用。JBuilder 的核心有一部分采用了 VCL 技术，使得程序的条理非常清晰，就算是初学者，也能完整地看完整个代码。JBuilder 的另一个特点是简化了团队合作，它采用的互联网工作室技术使不同地区，甚至不同国家的人联合开发一个项目成为可能。

JBuilder 是一个可视化 Java 开发工具，它是在 Java2 平台上开发商业应用程序、数据库、发布程序的优秀工具，它支持 J2EE，程序员可以快速地转换企业版 Java 应用程序。JBuilder 具有以下特点：

- JBuilder 支持最新的 Java 技术，包括 Applets、JSP/Servlets、JavaBean 以及 EJB 的应用。
- 用户可以自动生成基于后端数据库表的 EJB Java 类，JBuilder 同时还简化了 EJB 的自

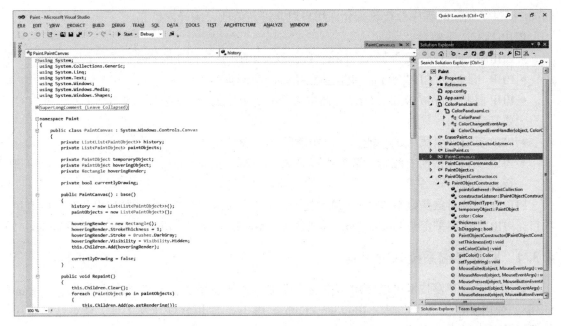

图 4-9　Visual Studio 2019 的运行界面

动部署功能，此外它还支持 CORBA，相应的向导程序有助于用户全面地管理 IDL（分布应用程序所必需的接口定义语言 Interface Definition Language）和控制远程对象。

- JBuilder 支持各种应用服务器，它与 Inprise Application Server 紧密集成，同时支持 WebLogic Server，支持 EJB 1.1 和 EJB 2.0，可以快速开发 J2EE 的电子商务应用。
- JBuilder 能用 Servlet 和 JSP 开发及调试动态 Web 应用。
- 利用 JBuilder 可创建纯 Java2 应用（没有专有代码和标记）。JBuilder 是用纯 Java 语言编写的，其代码不含任何专属代码和标记，因此支持最新的 Java 标准。
- JBuilder 拥有专业化的图形调试界面，支持远程调试和多线程调试，调试器支持各种 JDK 版本，包括 J2ME/J2SE/J2EE。JBuilder 环境开发程序方便，它是纯的 Java 开发环境，适合企业的 J2EE 开发，其缺点是开始时难于把握整个程序各部分之间的关系，且对机器的硬件要求较高，内存占用大，运行速度显得较慢。

JBuilder 从 2006 版开始使用 Eclipse 作为其核心开发，当前最新版本为 JBuilder 2008 R2，支持最新的 EJB3.0 规范，以及 JPA 技术。

3. Eclipse

Eclipse 是一个开放源代码的、基于 Java 的可扩展开发平台。就其本身而言，它只是一个框架和一组服务，用于通过插件组件构建开发环境，Eclipse 附带了一个标准的插件集，包括 Java 开发工具。

Eclipse 是著名的跨平台自由集成开发环境（IDE），它最初是由 IBM 公司开发的替代商业软件 Visual Age for Java 的下一代 IDE 开发环境，但它的目标不仅仅是成为专门开发 Java 程序的 IDE 环境，根据 Eclipse 的体系结构，通过开发插件，它能扩展到任何语言的开发，甚至能够成为绘制图片的工具，目前已经有人通过插件使其作为其他计算机语言如 C++和 Python 的开发工具。Eclipse 本身只是一个框架平台，但是众多插件的支持使得 Eclipse 拥有其他功能相对固定的 IDE 软件很难具有的灵活性，许多软件开发商都以 Eclipse 为框架开发自己的 IDE。

Eclipse 专注于为高度集成的工具开发提供一个全功能的、具有商业品质的工业平台，它主要由 Eclipse 项目、Eclipse 工具项目和 Eclipse 技术项目三个项目组成，具体包括四个部分：Eclipse Platform、JDT、CDT 和 PDE。JDT 支持 Java 开发，CDT 支持 C 开发，PDE 用来支持插件开发，Eclipse Platform 则是一个开放的可扩展 IDE，提供了一个通用的开发平台，它提供建造块和构造并运行集成软件开发工具的基础，Eclipse Platform 允许工具建造者独立开发与他人工具无缝集成的工具，从而无须分辨一个工具功能在哪里结束，而另一个工具功能在哪里开始。

Eclipse SDK（软件开发者包）是 Eclipse Platform、JDT 和 PDE 所生产的组件合并，它们可以一次下载，这些部分在一起提供了一个具有丰富特性的开发环境，允许开发者有效地建造可以无缝集成到 Eclipse Platform 中的工具。Eclipse SDK 由 Eclipse 项目生产的工具和来自其他开放源代码的第三方软件组合而成，Eclipse 项目生产的软件以 GPL 发布，第三方组件有各自自身的许可协议。

Eclipse 的最早版本是于 2001 年发布的 Eclipse 1.0，随后相继出现了以 Eclipse 2.0、3.0 为代表的多个版本，从 2006 年起，Eclipse 基金会每年都会安排同步发布 Eclipse 新版本，同步发布主要在 6 月进行，目前的最新版本是 Eclipse 4.7。

本章小结

电子商务应用系统是电子商务系统的核心，开发电子商务应用系统，需要确定系统的开发模式、搭建系统的开发平台、选择系统的开发技术和工具。

本章首先介绍了电子商务系统的开发模式，分为传统的 Web 开发模式和基于组件的开发模式，其中基于组件的开发模式是目前开发电子商务系统的主流模式，具有代表性的包括 CORBA、DCOM、.NET、J2EE 和 Struts；随后阐述了电子商务系统开发平台的组成结构，包括网络操作系统、Web 应用服务器和数据库管理系统三部分，并介绍了当前的主流网络操作系统、Web 应用服务器和数据库管理系统；最后按照客户端系统和服务器端系统分类介绍了常见的电子商务系统开发技术和开发工具。

习题

1. 组件是对_____和_____的简单封装，组件技术是应用级别的集成技术。
2. Struts 实现了 MVC 架构，即_____、_____、控制器。
3. 网络操作系统通常运行在_____上，由联网的计算机用户共享。
4. Web 应用服务器产品根据功能主要可分为_____和_____。
5. SQL Server 是一种_____数据库管理系统，可以在许多操作系统上运行。
6. HTML，即_____，是用于描述网页文档的一种标记语言。
7. 简述静态页面开发模式与动态页面开发模式的区别。
8. 简述网络操作系统和单机操作系统的区别。
9. UNIX、Windows、Linux 网络操作系统分别适用于哪种类型的服务器？

第5章　电子商务系统规划

学习目标

- 明确电子商务系统规划的概念和必要性。
- 熟悉电子商务系统规划的主要内容。
- 掌握电子商务系统规划各步骤的具体过程。
- 了解制定电子商务系统规划的两种常用方法。

电子商务系统的建设要服从企业的电子商务计划，在开发过程中要考虑到企业商务模式的变更、业务流程的更新，这就要求在建设电子商务系统的初期进行规划工作，即根据企业的目标和发展战略以及电子商务系统建设的客观规律，考虑企业面临的内外环境，科学地制订电子商务系统的发展战略和总体方案，合理安排电子商务系统建设的进程，为后期的分析、设计和实施工作提供一个清晰的思路。

5.1　电子商务系统规划概述

5.1.1　电子商务系统规划的定义

规划指制订比较全面的长远的发展计划，规划的目的是为完成未来的某个目标而设计相关的实施步骤，其主要内容是给出达到这一目标的行动计划，要求指明行动过程中的人员组织、任务、时间及安排，并论证其可行性。

电子商务系统规划是指以支持企业开发电子商务系统为目标，确定电子商务的发展战略，给定未来电子商务系统的商务模式和模型，设计电子商务系统的总体结构，说明解决方案各个组成部分的结构及其组成，选择构造这一方案的技术方案，给出方案建设的实施步骤及时间安排，说明方案建设的人员组织，评估方案建设的开销和收益。

5.1.2　电子商务系统规划的必要性

从电子商务的兴起至今，开展电子商务的企业成功与失败的都不在少数，这表明电子商务的实施过程是收益与风险并存的，并不是所有的电子商务活动都一定能获得成功。电子商务系统在企业电子商务活动中扮演着重要的角色，电子商务系统与电子商务计划同步、配套是企业成功开展电子商务活动的关键因素，这就要求在电子商务系统开发初期进行系统规划，形成系统的建设方案并进行收益和成本的评估分析。

首先，电子商务是企业依托网络、现代信息技术开展的商务活动，而技术环境的飞速发展，也使得电子商务系统的构造、企业电子商务的实施存在很大的挑战。企业电子商务的实施实际上意味着企业商务活动的转型，而这种变革不是一蹴而就的，需要经历一个过程，因此，需要对这一过程中的每个步骤的实施，何时实施进行统筹安排，从而降低企业实施电子商务中的风险。要做到这一点，就要求在电子商务系统的建造初期，就明确系统的目标、范围、规模、实施方式等内容，形成一个轮廓性、框架性的方案。

其次，成功开展电子商务的企业通过电子商务获得的收益大于投入的成本，这要求开发实施电子商务系统前要先进行成本和收益的分析，一方面要考察分析系统的市场前景、盈利方式以及对某些活动成本的降低等效益目标；另一方面要考虑系统的开发实施软硬件费用、开发人员的雇佣和训练费用以及系统的推广和维护费用等成本目标。在对电子商务系统的效益和成本进行分析、比较和评价后，就基本能推断出项目的开展是否能获得成功。

5.1.3 电子商务系统规划的特点

电子商务系统规划是从战略层或者决策层做出的，在规划中对未来电子商务系统的描述是概要性的、逻辑性的，并不阐述解决方案实现的细节和技术手段。电子商务系统规划不需明确指出未来系统具体怎么做，但一定要明确给出系统未来的目标与定位，即系统要完成的任务。明确电子商务系统规划的特点，有助于提高规划工作的科学性和有效性。电子商务系统规划工作具有以下特点：

1）电子商务系统规划强调从战略层做出，规划工作是面向长远的、根本性的、全局性的和关键性的问题。

2）电子商务系统规划强调企业间的协作，它不但强调内部环境，还强调和外部环境的信息交换和接口的规划。

3）电子商务系统规划工作不在于解决项目开发中的具体业务问题，而是为整个系统建设确定目标、战略、系统总体结构方案和资源计划，整个过程是一个管理决策的过程。

4）电子商务系统规划的工作环境是企业管理环境，规划工作的人员主体是高层管理人员，他们对管理与技术环境的理解程度、对管理与技术发展的见识及工作态度是规划工作的重要因素，需要与他们进行较好的沟通。

5）电子商务系统规划是对资金流、信息流和实物流的综合规划，规划工作的结果宜粗不宜细，它依据企业实施电子商务的目标来完成，服从于企业电子商务的整体战略。

6）电子商务系统规划必须纳入整个企业的发展规划，并应随企业的发展而定期更新。

5.2 电子商务系统规划的主要内容

电子商务系统规划的任务是在确定系统的目标和定位的基础上，制订企业电子商务系统的长期发展方向和战略，决定电子商务系统在整个过程中的发展方向、规模和发展进程。电子商务系统规划对于企业开展电子商务具有决定性的作用，规划的主要内容包含以下四个方面：

1. 制订电子商务系统的发展战略

电子商务系统的发展战略能够帮助企业的管理层建立以企业战略为导向、以外界环境为依据、以商务活动与互联网整合为重心的观念，从而正确定位信息技术部门在整个组织中的作用，保证电子商务系统的战略目标能够和企业发展目标相适应。

对于企业而言，其商务目标是最大限度扩大利润，增加企业收入。为了达到这项目标，就需要提高企业的核心竞争力，扩大市场份额，而企业电子商务系统的实施就是为了提高企业的核心竞争力，因此系统规划的目标和定位就应该同企业整体战略目标及企业定位一致。在规划电子商务系统之前，必须明确、完整地了解企业的战略目标，这就需要明确企业的目标和经营策略、评价现有信息系统、明确市场的各种特点和竞争对手的情况，然后在此基础上确定电子商务系统的发展战略。具体来说，制订电子商务系统发展战略的主要步骤为：

（1）分析市场的特点和竞争对手的情况

没有市场，产品和服务就卖不出去，企业也就没有了收入，没有了生存的基础。在网络时代，顾客的选择不受地域、时间等的限制，他们的选择越来越多，必然会选择性能好、服务好、价格低的产品，如果不考虑顾客的需求，产品和服务就不能满足顾客的需要，顾客就会选择竞争对手的产品，企业就会被竞争所淘汰。为了企业的生存，就必须分析企业的目标市场规模，了解顾客的购物特征，开发满足顾客需求的产品和服务。

1）分析目标市场规模。针对具体的电子商务目标市场，企业应该做针对性的研究，如果打算开辟一项地方性的业务，商会经常掌握着非常好的统计数据，如果瞄准的是一个大市场，则可以在网上找到必要的资料。除了分析统计资料之外，应该对具体的目标市场进行调查，包括对未来顾客的兴起以及购买偏好进行个别的评价。

2）了解顾客购物特征。对于不同的需要，顾客会显示出不同的购买偏好，顾客可能在服装上追求时髦，而不管其昂贵的价格，但是在汽车与电子产品方面对开支就较为理智；一个电脑迷可能会用最先进的电子产品，而对其他商品则比较随意。同时在不同的时期，顾客也会具有不同的需求及购买行为。企业可以通过与顾客进行交谈来了解其偏好，当市场规模较小时，企业可以自己来进行交谈，而当市场规模较大时，企业则可以委托市场调查公司来完成调查；企业还可以用统计方法来分析顾客的行为，即监控顾客的行为，再用统计方法进行分析。

为了开发一个成功的电子商务系统，设计出适当的产品和服务，除了分析市场规模和顾客特征外，还要了解竞争对手活动的领域及其采用的推销手段。企业可以通过考虑以下一些问题来帮助分析竞争对手。

- 谁是你的竞争对手？
- 你和竞争对手在哪些方面存在竞争，他的定位与你的有什么不同？
- 竞争对手的产品有哪些特点？
- 竞争对手的顾客是谁，他在哪个细分市场中活动，市场份额有多大？
- 竞争对手的研发部门、营销部门及预算规模有多大？
- 竞争对手下一个可能推出的产品是什么？
- 竞争对手的优势与劣势有哪些？

分析了竞争对手的特点后，就要考虑自己产品的策略。可以作为一种"模仿式"提供商，或者以一种改进的价值定位向他的策略提出挑战。例如，互联网上的图书市场，每一种业务是提供在线购买纸质图书，并开展送货上门服务，后来者有的模仿他的业务，有的高科技企业就利用自己的技术优势，开发了相应的阅读器，把纸质图书变成电子图书，利用它的阅读器就可以浏览，这样他们就在网上开展卖电子图书的服务，不需要物流成本，不需要物流环节，节约了成本，构成一种新的商务模式，并取得了成功。由此可见，如果能分析竞争对手的定位，再利用企业本身的优势，提供更好的服务或开发新的商业模式，这样的电子商务系统就能获得成功。

（2）分析企业的战略目标和经营策略

电子商务系统的发展战略目标要与企业发展战略目标一致，因此制订电子商务系统发展战略前要先了解企业的战略目标。企业战略是企业为所投入的资本获得较高的长期回报而制订的一系列计划，其目标是在一个较长的时期内在竞争环境中获得利润。为了实现这样的战略目标，企业必须让消费者在任何时候愿意为企业产品支付超过产品成本的价格，这样就能创造经济价值，获取利润。

当企业销售的产品是特有的，是同类产品中成本最低的，在世界各地具有一定的规模或服务在同类中做得最好时，顾客通常会愿意为产品支付比生产成本高的价格，为了使产品具有这样的竞争力，企业可以采取产品差异化、成本竞争、集中差异化或范围扩张竞争策略。竞争策略的精髓在于有所差别，这意味着仔细地选择一系列各异的活动，来传递一种特定的价值组合。针对自己的目标市场，企业需要思考自身拥有的核心能力及使顾客购买产品并保持忠诚的原因，然后以一种独特的方式将优势与经验组合起来融入产品和服务中，以提高顾客及供应商进行在线交互的可能性。全面地分析企业价值链，开发新产品，分析在哪些领域拥有独特的技术，这种技术能够转化为一种在线的产品，使顾客受益。

企业的商务活动是通过多种形式的商务手段实现的，电子商务环境中，企业能够具备很多新的商务手段，丰富自身的市场行为、销售方式和服务内容，从而提高自身的竞争力。在开展电子商务后，企业可能具有以下竞争优势：

- 更加具体的描述产品，顾客能更方便快捷地得到产品更详细的信息。
- 能把物流做得更好，能在规定的时间内把顾客需要的产品送到正确的地方。
- 能展开个性化的服务，如对顾客展开定制产品的服务。
- 能提供免费的产品、电子信息、电子游戏和电子邮箱来吸引顾客。
- 能提供更好的搜索引擎，方便顾客查找信息。
- 能提供以顾客忠诚度为目标的计划项目。

企业要想成功地开展电子商务，必须明确电子商务能带来的竞争优势，然后利用自己的优点开展各种独特的服务，并把它们组合起来支持特定的目标市场。

（3）确定电子商务系统的发展战略

在对市场的特点、竞争对手的情况、企业战略目标及竞争策略进行分析后，可以在此基础上确定电子商务系统的发展战略，主要包括明确企业电子商务的目标及利用电子商务系统提升企业竞争力的方式。

企业电子商务的目标就是企业通过电子商务可以达到的、可度量的目的，这一目标的确定实际上也就为未来的电子商务系统建设目标提供了最初的，也是最基本的起点。企业开展电子商务活动可能来自以下目的：

- 利用电子商务改善企业的销售方式和渠道，降低企业的分销成本。
- 利用电子商务变更企业的采购方式，降低企业的采购成本。
- 利用电子商务产生顾客需要的新增值服务或新产品，增加销售收入。
- 利用电子商务促进企业既有信息资源的整合，提升企业信息化的水平。
- 利用电子商务展开个性化服务，提高客户的忠诚度。
- 利用电子商务使企业的信息流、实物流和资金流的整合更加紧密、快捷。

- 利用电子商务与合作伙伴形成虚拟的、更为紧密的企业联盟或共同市场。

电子商务系统是企业进行电子商务活动的平台，它通过 Internet 和网络为企业实施竞争策略提供了新的方法，从而可有效提升企业竞争力，实现企业电子商务目标。

1）产品差异化策略。通过创造与竞争对手有明显区别的独一无二的新产品或服务，并确保不能被对手直接仿制，从而建立顾客对本企业产品的忠诚度。产品差异化特性构成了客户价值体现，电子商务系统为产品差异化策略提供了独特的方法：

- 利用网络使购物体验个性化。
- 利用电子商务系统根据每个消费者的特殊需要定制产品和服务。
- 利用 Web 的普遍存在性、全球性、丰富性、交互性以及信息密度来差异化产品。

2）成本竞争：直接降低成本或在同样的成本下提高生产效率。当企业发现了新的、更有效的业务流程时，就能获得超过竞争对手的成本优势，并通过降低价格来吸引消费者，此时仍然能获得可观的利润。电子商务系统为企业提供了一些进行成本竞争的新方法：

- 电子商务系统可以帮助企业降低订单的输入成本来发挥 Internet 的普遍存在性。
- 电子商务系统可以帮助企业建立一个单一的订单输入系统来发挥 Internet 的全球性和统一标准特性。
- 电子商务系统可以帮助企业建立在线消费者的档案，不需要花费巨大的销售队伍来完成这些事情。
- 电子商务系统可以帮助企业向消费者提供产品的详细信息，而不需要维护昂贵的产品目录、销售队伍来发挥 Internet 的信息密度特性。

3）集中差异化：在狭小的细分市场和产品市场进行竞争，是一种专业化经营战略，其目标是成为狭小市场上的主要供应商。电子商务系统通过 Internet 为实施集中差异化战略提供了可行性，企业可以利用网络的丰富性和交互性特征，建立区别不同细分市场的高度集中的信息；网络的信息密集使得在细分市场上进行电子邮件或其他形式的营销活动成为可能；个性化和定制化意味着一样的产品能够被定制和个性化，以满足特定细分市场的顾客需要。

4）范围扩张：在全球所有的市场进行竞争，而不仅仅是局限在本地、本区域或国内市场竞争。电子商务系统通过 Internet 的全球性、统一标准及普遍存在特性可用来帮助企业成为全球性竞争者。

2. 制订电子商务系统的总体开发方案

电子商务系统的总体开发方案也被称为电子商务系统的整体方案，包括确定企业的电子商务运作模式，从盈利的目标来决定企业采取怎样的模式来获得市场利益，明确企业的获得方式、服务对象和服务内容，不同商务模式直接关系企业实施电子商务系统所采取的策略和该方案的基本功能。在确定了电子商务运作模式后，需要结合企业电子商务特点，确定企业这一商务运作模式如何实现，即阐述电子商务系统的体系结构，说明其逻辑层次，界定各个部分的作用及其相互关系。

（1）确定企业的电子商务运作模式

电子商务运作模式是指企业利用电子化手段开展商务活动，谋取商业利润的基本方式。它是在传统的商务活动中引入电子化手段，革新企业传统商务过程中不同环节而形成的。电子商务运作模式决定了企业的获利方式、服务对象和服务内容，不同的商务模式直接关系企业构造电子商务系统所采取的策略和电子商务系统的基本功能，因此，开展电子商务系统需要确定企业的核心业务所适用的商务模式。

电子商务模式的分类多种多样，根据其服务可主要划分为 B2B、B2C、C2C 三种模式。企业通常根据其服务对象确定电子商务运作模式，例如，如果企业的服务对象以企业为主，那么其电子商务系统可能是 B2B 模式；如果企业的服务对象以个人为主，其商务模式就是 B2C。

需要注意的是，基本相似的模式可能会出现在多个领域中，如在线零售商模式和电子分销商就很相似，但是它们在各自所应用的领域中对于市场的关注点还是有些差别的，对于 B2C 的电子零售商来说，其业务模式主要关注的是向个体消费者销售，而对于电子分销商来说，其业务模式则主要关注于向另一个企业销售。另外，有些企业会同时采用几种业务模式，例如，淘宝网是国内深受欢迎的网购零售平台，随着规模的扩大和用户数量的增加，淘宝从最初单一的 C2C 网络集市变成了包括 C2C、团购、分销、拍卖等多种电子商务模式在内的综合性零售商圈，成为世界范围的电子商务交易平台之一，目前淘宝网的业务主要跨越 C2C 和 B2C 两大部分。在电子商务快速发展的环境下，企业需要根据其基本业务模式，变化出适应环境的与 B2B、B2C、C2C 密切相关的各种业务模式。

（2）确定电子商务系统的盈利方式

开展电子商务系统的一个重要目的就是盈利，企业必须确定采用什么样的商务运作模式来获取市场利益，具体的获利方式有哪些，这主要取决于企业的电子商务运作模式。企业电子商务主要分为 B2B、B2C、C2C 三种运作模式，不同模式采用不同的盈利方式。

1）B2B 电子商务系统的盈利方式。B2B 是企业与企业之间通过互联网进行产品、服务及信息的交换，是企业与企业之间的电子商务，B2B 电子商务系统的主要盈利方式为：

- 收取会员费：企业通过第三电子商务平台参与电子商务交易，必须注册为 B2B 网站的会员，每年要交纳一定的会员费，才能享受网站提供的各种服务，目前会员费已成为我国 B2B 网站最主要的收入来源，比如阿里巴巴网站收取中国供应商、诚信通两种会员费。

- 收取广告费：网络广告是门户网站的主要盈利来源，同时也是 B2B 电子商务网站的主要收入来源。阿里巴巴网站的广告根据其在首页位置及广告类型来收费，中国化工网有弹出广告、漂浮广告、BANNER 广告、文字广告等多种表现形式可供用户选择。但是海外平台的排名规则则更符合买家的要求，如 EC21 采用自然排名，同样级别的会员谁更新得快，谁的排名就更先，从而避免了不必要的开支，收费也从其他网站的捆绑套餐制变成了简单的会员制。

- 竞价排名：企业为了促进产品的销售，都希望在 B2B 网站的信息搜索中将自己的排名靠前，而网站在确保信息准确的基础上，根据会员交费的不同对排名顺序作相应的调整。阿里巴巴的竞价排名是诚信通会员专享的搜索排名服务，当买家在阿里巴巴搜索供应信息时，竞价企业的信息将排在搜索结果的前三位，被买家第一时间找到；中国化工网的化工搜索是建立在全球最大的化工网站上的化工专业搜索平台，对全球近 20 万个化工及化工相关网站进行搜索，搜录的网页总数达 5000 万，同时采用搜索竞价排名方式，确定企业排名顺序。

- 增值服务：B2B 网站通常除了为企业提供贸易供求信息以外，还会提供一些独特的增值服务，包括企业认证，独立域名，提供行业数据分析报告，搜索引擎优化等。比如现货认证就是针对电子这个行业提供的一个特殊的增值服务，因为通常电子采购商比较重视库存这一块；另外针对电子型号做的谷歌排名推广服务，就是搜索引擎优化的一种，如 seekic 这个平台就有这个增值服务，企业对此都比较感兴趣，因此可以根据行业的特殊性去深挖客户的需求，然后提供具有针对性的增值服务。

- 线下服务：主要包括展会、期刊、研讨会等。通过展会，供应商和采购商面对面地交流，一般的中小企业还是比较青睐这种方式，而期刊主要是关于行业资讯等信息，里面也可以植入广告。global-source 的展会现已成为重要的盈利模式，占其收入的三分之一左右，而盖世汽车网组织的线下小规模的采购会也已取得不错的效果。
- 商务合作：包括广告联盟、行业协会合作、传统媒体的合作等。广告联盟通常指网络广告联盟，它集合中小网络媒体资源（如中小网站、个人网站等）组成联盟，通过联盟平台帮助广告主实现广告投放，并进行广告投放数据监测统计，广告主则按照网络广告的实际效果向联盟会员支付广告费用。亚马逊通过这种方式为数以万计的网站提供了额外的收入来源，且成为网络 SOHO 族的主要生存方式，而目前国内做得比较成熟的广告联盟有百度联盟、阿里广告联盟等。

2）B2C 电子商务系统的盈利方式。B2C 是商家对消费者的电子商务，也就是通常所说的商业零售，直接面向消费者销售产品和服务，一般来说 B2C 电子商务系统主要是通过以下几个方面获得盈利：

- 销售本行业产品：通过网络平台销售自己生产的产品或加盟厂商的产品。商品制造企业主要是通过这种模式扩大销售，从而获取更大的利润，如海尔电子商务网站。
- 销售衍生产品：销售与木行业相关的产品，如中国饭网出售食品相关报告、就餐完全手册，莎啦啦除销售鲜花外，还销售健康美食和数字产品。
- 产品租赁：提供租赁服务，如太阳玩具开展玩具租赁业务。
- 拍卖：拍卖产品收取中间费用，如汉唐收藏网为收藏者提供拍卖服务。
- 销售平台：接收客户在线订单，收取交易中介费，如九州通医药网、书生之家。
- 特许加盟：运用该模式，一方面可以迅速扩大规模，另一方面可以收取一定加盟费，如当当、莎啦啦、E 康在线、三芬网等。
- 收取会员费：收取注册会员的会费，大多数电子商务企业都把收取会员费作为一种主要的盈利模式。
- 上网服务：为行业内企业提供相关服务，如中国服装网、中华服装信息网。
- 信息发布：发布供求信息、企业咨询等，如中国药网、中国服装网、亚商在线、中国玩具网等。
- 收取广告费：为企业发布广告，目前广告收益几乎是所有电子商务企业的主要盈利来源。这种模式成功与否的关键是其网页能否吸引大量的广告，能否吸引广大消费者的注意。
- 咨询服务：为业内厂商提供咨询服务，收取服务费，如中国药网、中药通网站等。

3）C2C 电子商务系统的盈利方式。C2C 电子商务系统是通过为买卖双方提供一个在线交易平台，使卖方可以主动提供商品上网拍卖，而买方可以自行选择商品进行竞价。通常 C2C 电子商务系统的盈利方式包括：

- 收取会员费：会员费也就是会员制服务收费，是指 C2C 网站为会员提供网上店铺出租、公司认证、产品信息推荐等多种服务组合而收取的费用。由于提供的是多种服务的有效组合，比较能适应会员的需求，因此这种模式的收费比较稳定。

- 交易提成：交易提成不论什么时候都是 C2C 网站的主要利润来源。C2C 网站是一个交易平台，它为交易双方提供机会，就相当于现实生活中的交易所、大卖场，从交易中收取提成是其市场本性的体现。
- 收取广告费：企业将网站上有价值的位置用于放置各类广告，根据网站流量和网站人群精度标定广告位价格，然后再通过各种形式向客户出售。如果 C2C 网站具有充足的访问量和用户黏性，广告业务会非常大，但是 C2C 网站出于对用户体验的考虑，均没有完全开放此业务，只有个别广告位不定期开放。
- 搜索排名竞价：C2C 网站商品的丰富性决定了购买者搜索行为的频繁性，搜索的大量应用就决定了商品信息在搜索结果中排名的重要性，由此便引出了根据搜索关键字竞价的业务。用户可以为某关键字提出自己认为合适的价格，最终由出价最高者竞得，在有效时间内该用户的商品可获得竞得的排位，只有卖家认识到竞价为他们带来的潜在收益，才愿意花钱使用。
- 支付环节收费：支付问题一向就是制约电子商务发展的瓶颈，直到阿里巴巴推出了支付宝才在一定程度上促进了网上在线支付业务的开展，买家可以先把预付款通过网上银行打到支付公司的个人专用账户，这样买家不用担心收不到货还要付款，卖家也不用担心发了货而收不到款，而支付公司就按成交额的一定比例收取手续费。

（3）确立电子商务系统的体系结构

电子商务系统的体系结构是指系统的外部环境和内部组成部分的集合，确定电子商务系统的体系结构有助于了解这一系统的运行环境、内部结构及它们之间的相互关系。根据第 1 章中的 1.4 部分，电子商务系统的体系结构包括电子商务系统本身、与企业内部系统的接口、与外部系统的接口以及与客户端的接口四部分。

1）确定电子商务系统的内部组成。电子商务系统内部从下至上由五个部分组成，需要根据各部分的性质分别加以确定。

- 选择基础平台，包括为电子商务应用提供运行环境和管理工具及内部系统连接的计算机网络和软硬件。
- 选择服务平台，它由一些向企业提供公共商务服务的软件产品组成，包括商务活动、系统优化、系统管理、系统应用集成软件。
- 设计应用系统，即建立实现企业应用逻辑所需要的各种功能。
- 选择应用表达平台，配置合适的服务器软件以传递应用系统给客户访问。
- 熟悉社会环境，即规范电子商务系统存在和发展的特定法律、税收、国家政策等。

2）确定与企业内部系统的接口。企业的商务活动是以企业内部的信息处理为背景的，企业电子商务系统依据的基础首先是企业内部的电子商务环境，在开展电子商务时，内部的信息化是完全必要的前提条件。在这一步骤中，需要着重从内部信息资源、内部信息系统的功能、企业内部工作流、内部信息系统管理企业生产及销售的流程四个方面分析内部信息系统的作用，然后需要达到以下目标：

- 归纳出企业的电子商务活动依赖的内部信息资源。
- 界定企业内部信息系统与电子商务系统之间的界限。
- 给出内部信息系统与电子商务系统之间的数据交换及接口关系。
- 明确电子商务系统与企业内部信息系统的相互影响。

3）确定与外部系统的接口。在企业转向电子商务的过程中，企业与其供应商之间形成更为紧密的协作关系，这种关系需要系统之间的接口支持企业共享信息，可以从以下三个方面分析企业电子商务系统和外部系统的接口。

- 确定企业电子商务系统和合作伙伴信息系统之间的接口，通过信息接口共享市场及客户信息，进而使企业之间形成以信息为纽带的商务自动化关系。
- 确定企业与供应商、企业与流通企业之间的信息接口。
- 确定企业与第三方服务商，如银行、认证、商务咨询等中介机构之间存在的信息交换接口及交换的信息内容。

4）确定与客户端的接口。确定客户端工具，即明确系统可以通过哪些客户端工具访问。

3. 制订系统开发方案的实施计划

在确定了电子商务系统的开发方案后，需要进一步结合企业自身的实际情况，安排企业实施电子商务系统的进度，完成各个阶段资源的分配计划，并形成实施进度表。一个切实可行的实施计划可以作为实施进度控制的依据，也可作为各项辅助工作的开展参考。

（1）确定方案实施的主要任务

系统开发方案阐明了系统的性质和组成结构，开发人员需要从总体上确定方案实施的基本流程，明确整个流程中要完成的主要工作。

（2）设计方案实施的各分阶段及目标

在了解电子商务系统的基本流程后，要具体设计系统开发的步骤和阶段，确定各个阶段的主要任务和预期达到的目标。

（3）制订各分阶段的资源分配计划

制订资源分配计划的目的是确定系统大致需要的资源，并在系统开发各阶段进行合理分配。资源分配计划的主要内容包括：制订各阶段所需的硬件和软件资源、可能采用的计算机系统和网络系统、所需要的人力和财力（包括系统开发人员、计算机软硬件技术人员、专业管理人员、基础数据统计人员等）、可借用的设备等，提出系统建设的总体和分项概算。

（4）形成方案实施进度表

根据系统实施计划形成实施进度表，清晰列出实施的各个阶段及各阶段的主要任务、预期目标和所需资源，如表5-1所示。

表5-1 电子商务系统实施进度表

	阶 段 名	预期目标	主要任务	所需资源
1				
2				
……				
N				

4. 对系统开发方案进行可行性分析

可行性分析是在确定电子商务系统开发方案的基础上，运用经济技术理论与方法，分析电子商务系统开发方案的可行性，最后做出是否继续开发的明确结论。可行性分析包括经济、技术、管理和环境可行性分析。

（1）经济可行性分析

经济可行性分析主要是从经济角度分析电子商务系统开发方案的价值，即分析电子商务系统所带来的经济效益是否能超过开发和维护的成本。

电子商务系统的成本包括固定成本和变动成本两个部分，其中固定成本一般能够比较精确的测定，包括计算机软硬件及网络设备的购买和维护费用、网站域名的注册费和年费、开发和维护电子商务系统的人工费用；而变动成本则需要根据历史资料加以预测，包括电子商务软件的开发费用、电子商务系统的管理维护费用、电子商务系统的宣传费用。

电子商务系统带来的效益可从直接经济效益和间接经济效益两方面进行分析，其中直接经济效益可以表现在降低纸张使用成本、降低库存成本、降低交易成本、降低采购成本、增强时效效益、扩大销售量、提高服务质量、销售广告版位等方面，间接经济效益则可能来自提高管理工作水平及企业知名度所带来的综合效益、快速充分利用信息所节约的成本或增加的收益、减少客服人员所节约的成本等。

（2）技术可行性分析

技术上的可行性主要是确定提出的开发方案在现有技术条件下是否有可能实现，可以从设备条件和技术力量两方面来进行。设备条件的分析主要是确定计算机内外存容量、联网能力、主频速度、输入输出设备、可靠性和安全性是否满足系统的性能要求。技术力量方面的分析主要是从信息基础机构、内外部技术力量、项目按时完工、获得所用软件等方面衡量所需技术，并考虑在系统开发、使用和维护各阶段能否获得所需要的各类专门人员。

（3）管理可行性分析

管理可行性分析是确定企业是否在管理方面具有电子商务系统开发和运行的基础条件和环境条件，主要从三个方面加以考虑：一是企业领导、部门主管以及与项目有直接关系的业务人员对电子商务系统开发的态度是否坚决、是否会充分配合；二是企业管理基础工作如何，现行商务系统的业务处理是否规范；三是新系统的开发运行给业务模式、数据处理方式、各部门职能、员工工作习惯带来的改变，员工及部门是否能接受并配合。

（4）环境可行性分析

由于电子商务系统是在社会环境中运行的，除了技术因素与经济因素外，还有许多社会环境因素对于项目的发展起着制约作用，因此还要从外部环境上分析电子商务系统开发的可行性，如股东、客户或供应商对准备开发的系统是否支持；系统开发是否符合法律法规或行业规范；外部环境的变化可能给系统开发带来什么影响；用户对系统提供的功能、性能和内容等诸多方面是否满意等。

可行性分析结束后，要对本阶段的工作进行总结，按照规范形式编写可行性分析报告，它是开发人员对企业准备开发的电子商务系统进行可行性分析后的结论。可行性分析报告采用书面的形式记录下来，作为论证和进一步开发的依据，大致由以下几个方面组成：

（1）系统概述

概要说明电子商务系统的名称、目标和功能，介绍系统建设的背景、必要性和意义，说明系统开发的组织机构、人员、设备及资金等情况。

（2）系统开发方案

说明初步调查的全过程，提出拟建系统的开发方案，包括系统应达到的目标、主要功能、资源配置、系统研制计划等，为进行资金预算、人员准备提出依据。

（3）系统可行性分析

对系统开发方案从经济、技术、管理和环境四个方面进行可行性分析。

（4）可行性分析结论

根据可行性分析的内容得出相应结论，可行性分析结论分为三种：结论一，条件成熟，可以立即进行开发；结论二，需要增加资源才能开始进行或对原系统进行改进，暂缓开发；结论三，条件不具备，不能开发。

5.3 电子商务系统规划的步骤

电子商务系统规划一般包括以下步骤，如图5-1所示。

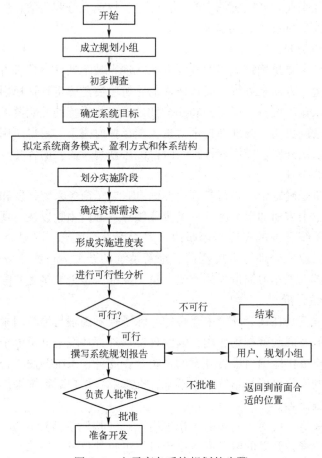

图5-1 电子商务系统规划的步骤

1）成立规划小组。

2）初步调查。初步调查的目的就是要事先了解开发系统的基本环境，为系统建设者构思并提出一个切实可行的系统开发方案奠定基础。初步调查的范围大致包括市场的规模、顾客的特征、竞争对手的情况、企业的运行现状和基本状况，如企业现有的计算机软硬件情况、产业人员的配备情况以及开发费用的投入情况等。

3）确定系统目标。根据初步调查的结果确定企业开展电子商务的目标，以及如何通过电子商务系统提高企业竞争力。

4）拟定系统商务模式、盈利方式和体系结构。电子商务系统体系结构阐述了系统的组成部分及各组成部分之间的关系。

5）划分实施阶段。将系统实施分成若干阶段分步完成，每个阶段设定预期达到的目标和要完成的任务。

6）确定资源需求。系统实施各阶段都需要一定的资源，确定各阶段需要的资源并进行合理分配是系统有效实施的重要因素。

7）形成实施进度表。实施进度表列出了系统实施的主要阶段，各阶段的目标、任务和所需资源，是实施系统的依据。

8）进行可行性分析。从经济、技术、管理、环境四个方面对系统开发进行可行性分析，如果可行则进一步撰写系统规划报告，如果不可行则不进行系统开发工作。

9）撰写系统规划报告。规划小组要不断地与用户进行交流沟通，形成双方都满意的规划方案。

10）批准规划书。电子商务系统规划必须经组织或企业的高层负责人批准后才能生效执行，这也标志电子商务系统规划任务的完成，可以准备开发系统。

5.4 电子商务系统规划的常用方法

电子商务系统是信息系统的一种，它的规划方法可采用传统信息系统规划的一些方法，现介绍两种常用的方法：关键成功因素法和企业系统规划法。

5.4.1 关键成功因素法

关键成功因素（Key Success Factors，KSF）法是信息系统开发中采用的规划方法之一，于1970年由哈佛大学 William Zani 教授提出。10年后，麻省理工学院的 John Rockart 教授把关键成功因素发展成制定信息系统战略规划的方法。关键成功因素指的是对企业成功起关键作用的因素，关键成功因素法就是通过分析找出使得企业成功的关键因素，然后围绕这些关键因素来确定系统的需求，并进行规划。

将关键成功因素法应用于企业电子商务系统的分析与建立上，主要包括四个步骤，如图 5-2 所示。

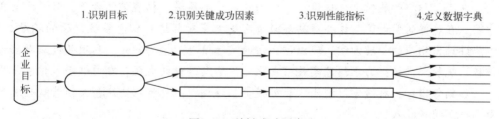

图 5-2 关键成功因素法

1）识别目标。确定企业或电子商务系统的战略目标。

2）识别关键成功因素。首先，识别所有的成功因素，主要是分析影响战略目标的各种因素和影响这些因素的子因素；其次，确定关键成功因素，不同行业的关键成功因素各不相同。

3）识别性能指标。识别各关键成功因素的性能指标和评估标准。

4）定义数据字典。根据性能指标定义数据字典。

关键成功因素法通过识别目标、识别关键成功因素和性能指标产生数据字典，关键成功因素就是要识别联系系统目标的主要数据类及其关系，识别关键成功因素所用的工具是树枝因果图。如图5-3所示，假设某企业的目标是提高产品竞争力，那么可以用树枝图画出影响它的各种因素，以及影响这些因素的子因素。

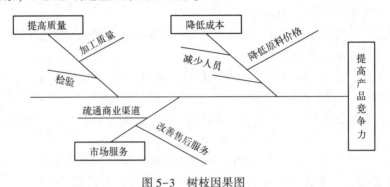

图 5-3　树枝因果图

在尽可能详细地列出所有的影响因素后，应判断图中所列出的因素中哪些是关键成功因素，不同企业对于如何从这些因素中找出关键成功因素有着不同的方法。如果企业是由高层管理者个人进行战略决策，则主要由高层管理者个人在此图中做出选择，而如果企业是由集体进行战略决策，则由参与决策的人们在此图中做出个人的选择，然后把不同的个人选择综合起来，得出关键成功因素。

通常，关键成功因素法应用于企业高层的效果较好，这是由于每一个高层决策者日常总在考虑什么是关键因素，而对于中层领导来说，由于他们所面临的大多数是自由度较小的结构化决策，一般不大合适采用关键成功因素法。

案例 5-1

某大型百货公司的信息系统规划——CSF法

案例背景

某市大型百货公司是一家以销售家用电器为主、日用百货为辅的大卖场，同时兼售一些自主日化产品，现拥有员工5000余人，在行业中遥遥领先。随着市场竞争日益激烈，该公司为适应发展，积极开展信息化建设，一方面提高产品质量、拓展销售渠道，另一方面狠抓内部管理。在这样的背景下，该公司高层邀请有关专家对其进行信息系统建设的指导工作，同时希望设计出相应的管理方案。现以该公司的实际情况为主要背景，利用关键成功因素法进行信息系统规划设计，力求通过实施信息化建设达到这样的成效：在内部导入信息化平台管理，改善销售模式，打造学习型团队和加强员工培训，对外可以快速扩大销售规模和市场占有率，提高销售收入。

解决方案

第一步，针对公司现状和背景，明确该百货公司现阶段实施信息系统规划的战略目标是：快速扩大销售规模，提高销售收入；提高产品品牌，扩大市场占有率；导入信息化平台管理，改善销售模式等。

第二步，利用树枝因果图将该企业的战略目标层层分解下去，以协助企业清晰地界定所要创造的战略成果，及促成该成果的所有因素，并把这些因素串成具有逻辑型的因果关系链，再完整地呈现出来。将企业的每个战略重点以因果图的形式表示出来，这样每个战略目标重点都形成了一个逻辑型的因果关系链。

图 5-4 是第一个战略目标"快速扩大生产规模，提高销售收入"的树枝因果图。

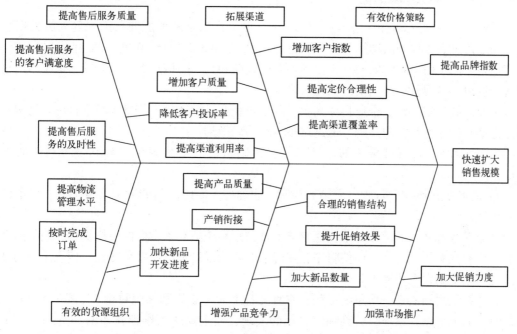

图 5-4　"快速扩大销售规模"目标的树枝因果图

第三步，利用德尔菲法确定图 5-4 中影响"快速扩大销售规模"这个战略目标的所有成功因素中的关键因素为：市场推广、销售渠道、物流管理水平、售后服务、产品竞争力。（德尔菲法依据系统的程序，采用匿名发表意见的方式，即专家之间不得互相讨论，不发生横向联系，只能与调查人员进行联系，通过多轮次调查专家对问卷所提问题的看法，经过反复征询、归纳、修改，最后汇总成专家基本一致的看法，作为最终结果。）

第四步，确定各关键成功因素的性能指标。针对以上五个关键成功因素，分别提取出衡量它们的性能指标如下：宣传力度、促销效果；销售结构、渠道覆盖率、利用率、客户数量；配货速度、产品数量；售后服务及时性、客户满意度、客户投诉率；产品定价、新品研发、质量。

第五步，针对关键成功因素，提出实现"快速扩大销售规模"战略目标的相应策略。

总结与讨论

该百货公司进行系统规划，为其信息化发展和信息系统建设指明了方向，有利于明确各个业务单元信息系统建设的先后顺序，并最终帮助提高该公司的核心竞争力。通过 CSF 法进行信息化规划，有助于其较快地从信息化建设中取得收益。

CSF 法的重点和难点在于识别关键成功因素，而识别关键成功因素，就是要识别联系于组织目标的主要数据类型及其关系。本案例中的百货公司的战略目标不止一个，为了便于读者理解，只选取了其中一个战略目标来进行分析，读者可以尝试对其他战略目标进行分析。

CSF 法比企业系统规划法的工作量要小，但是主观性也更大。应用关键成功因素法需要注意的是，当关键成功因素解决后，又会出现新的关键成功因素，就必须再重新开发系统。

资料来源：管理案例研究与评论，作者略有删改。

5.4.2 企业系统规划法

企业系统规划（Business System Planning, BSP）法是一种能够帮助规划人员根据企业目标制定信息系统规划的结构化方法，这种方法是 IBM 公司在 20 世纪 70 年代提出的，旨在帮助企业制定信息系统的规划，以满足企业近期和长期的信息需求，它较早运用面向过程的管理思想，是现阶段影响最广的方法之一。

企业系统规划法是从企业目标入手，逐步将企业目标转化为信息系统的目标和结构，从而更好地支持企业目标的实现，通过这种方法可以做到：

1）确定出未来信息系统的总体结构，明确系统的子系统组成和开发子系统的先后顺序。

2）对数据进行统一规划、管理和控制，明确各子系统之间的数据交换关系，保证信息的一致性。

企业系统规划法的优点在于利用它能保证信息系统独立于企业的组织机构，使信息系统具有对环境变更的适应性，即使将来企业的组织机构或管理体制发生变化，信息系统的结构体系也不会受到太大的冲击。

企业系统规划法是一项系统工程，它首先自上而下地识别系统目标、业务过程和数据，然后自下而上地设计系统，直到系统目标的实现，其主要的工作步骤如图 5-5 所示。下面介绍企业系统规划法的几个主要步骤。

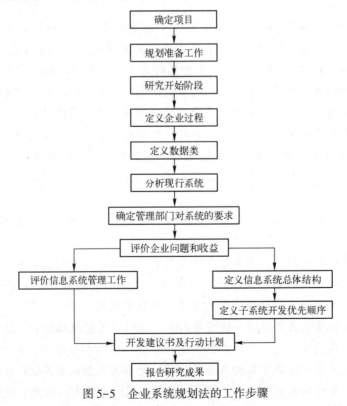

图 5-5 企业系统规划法的工作步骤

1）研究开始阶段。开发项目一经立项，就需要进行前期的准备工作，成立由最高领导牵头的委员会，下设一个规划研究组，并提出工作计划。规划组成员通过查阅资料，深入各级管理层，了解企业有关决策过程、组织职能和部门的主要活动以及存在的主要问题。

2）定义企业过程。定义企业过程是 BSP 方法的核心，企业过程指的是企业管理中必要且逻辑上相关的、为了完成某种管理功能的一组活动，如产品预测、材料库存控制等业务处理活动或决策活动。任何企业的活动均由三方面组成：计划和控制、产品和服务以及支持性资源，识别企业过程要依靠现有材料来分析研究，但更重要的是要和有经验的管理人员讨论商议。识别产品与服务过程与此稍有不同，任何一种产品均有生命周期，即由需求、获取、使用、回收四个阶段组成，要针对生命周期的不同阶段分别管理。支持性资源的识别过程方法类似于产品和服务，可以由资源的生命周期出发列举识别企业过程，通常企业资源包括资金、人事、材料和设备四个方面，表 5-2 列出了企业支持性资源的典型业务过程。

表 5-2　企业支持性资源典型业务过程

过程 周期　资源	生命周期			
	需求阶段	获取阶段	使用阶段	回收阶段
资金	财务计划 成本控制	资金获得 资金接收	公文管理 银行业务 会计总账	分配管理 应付款项
人事	人事计划 工资管理	人员招聘 人员调动	人员培训 人事管理	终止合同 解雇退休
材料	需求生产	采购接收	库存控制	订货控制 材料运输
设备	设备计划	设备采购 建设管理	设备维修	设备折旧 设备报废

3）定义数据类。数据类是指支持企业过程所必需的逻辑上相关的数据，对数据进行分类是按业务过程进行的，即分别从各企业过程的角度将有关的输入和输出数据按逻辑相关性整理出来归纳成数据类。定义数据类的方法有两种，分别为实体法和功能法，通过两者的相互参照归纳出数据类。

- 实体法。实体法以企业实体为线索，通过其生命周期各阶段相关的数据类型识别出数据类。与企业有关的可独立考虑的事物都可以定义为实体，如产品、客户、设备、材料、资金和人员等，每个实体可用四种类型的数据来描述，即计划型、统计型、文档型和事务型，把实体与相应的数据类列在一张表上，就得到组织的实体/数据类矩阵，如表 5-3 所示。

表 5-3　实体/数据类矩阵

数据 实体　类型	产品	客户	设备	材料	资金	人员	其他
计划型	产品计划 质量计划	销售计划 市场计划	设备计划 能力计划	需求计划 采购计划	财务计划	工资计划 培训计划	工作计划
统计型	产品汇总	销售历史	设备利用	库存汇总 消耗汇总	负债表 财务报表	人数统计 生产率	事故统计

数据 类型 实体	产品	客户	设备	材料	资金	人员	其他
文档型	质检报告	客户档案	使用数据 维修数据	质量日报	会计报表 成品价格	职工档案	规章制度
事务型	订货合同	发运记录	购买记录	采购记录 出入单据	收付业务	调动记录	样品调拨单

- 功能法。系统中每个功能都有相应的输入和输出的数据类，功能法是按资源生命周期的顺序，构造一系列如图 5-6 所示的数据/信息转化图（输入-处理-输出数据类图），并与实体法得到的数据类比较后进行调整，归纳出系统的数据类。

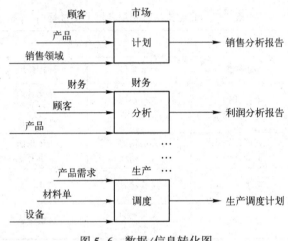

图 5-6　数据/信息转化图

4）定义信息系统总体结构。定义信息系统总体结构的目的是刻画未来信息系统的框架和相应的数据类，其主要工作是划分子系统。

BSP 法是根据信息的产生和使用来划分子系统的，它尽量把信息产生的企业过程和使用的企业过程划分在一个子系统中，从而减少子系统之间的信息交换，具体可利用 U/C 矩阵来实现。图 5-7 所示的 U/C 矩阵中，最左边一列是企业过程，最上面一行是数据类，如果某过程产生某数据，就在相应的交叉格处填上"C"，表示产生；如果某过程使用某数据，则在对应在交叉格处填上"U"，表示使用。开始时数据类和过程是随机排列的，U、C 在矩阵中的排列也是分散的，通过调换过程和数据类的顺序尽量使 U、C 集中到对角线上排列，然后把 U、C 比较集中的区域用粗线条框起来，由此形成的框就对应了一个个子系统。粗线条框外的 U 表示子系统之间的数据使用关系，在图中用带箭头的线表示，这样就完成了子系统的划分，确定了系统的总体结构。

5）定义子系统开发优先顺序。即对信息系统总体结构中的子系统按先后顺序排出开发计划。一般而言，对企业贡献大的、需求迫切的、容易开发的则优先开发，此外，还要根据企业的问题和收益来评价信息系统管理工作。

6）提交开发建议书和行动计划，并据此完成 BSP 研究成果报告，规划工作结束。

子系统	企业过程＼数据类	计划	财务	产品	零件规格	材料表	原材料库存	成品库存	工作令	设备负荷	材料供应	加工路线	客户	销售区域	订货	成本	职工
经营计划子系统	经营计划	C	U												U	U	
	财务规划	U	U													U	U
产品工艺子系统	产品预测	U		U									U	U			
	产品设计开发			C	C	U							U				
	产品工艺			U	U	C	U										
生产制造子系统	库存控制						C	C	U		U						
	调度			U					C	U							
	生产能力计划									C	U	U					
	材料需求			U		U					C						
	作业流程								U	U	U	C					
销售管理子系统	销售区域管理			U									C		U		
	销售			U									U	C	U		
	订货服务			U									U		C		
	发运			U				U							U		
财务会计子系统	财务会计			U									U			U	U
	成本会计			U											U	C	
人事管理子系统	人员计划																C
	人员招聘考核																U

图 5-7　U/C 矩阵

5.5　电子商务系统规划报告

在初步调查和分析的基础上，基于服从和服务于企业战略使命和长期目标的要求，即可初步拟定电子商务系统的规划报告，对企业电子商务系统的商务模式、盈利方式、体系结构等进行阐述，具体包括以下内容：

1. 系统背景描述

阐述电子商务系统规划涉及的企业及其外部环境基本情况，包括企业的性质、实施电子商务的范围和规模、计划的项目周期、市场和竞争对手的情况及其他一些特殊情况说明。

2. 企业需求描述

描述企业实施电子商务的动机和基本设想，阐述企业的核心商务逻辑以及企业对未来电子商务的一些基本认识，主要包括对企业核心业务、现行组织结构、主要协作伙伴、核心商务流程、商务活动中存在的问题、电子商务对企业商务活动的影响、未来企业业务的增值点和业务延伸趋势、企业实施电子商务存在的困难的描述和分析。

3. 系统建设原则及目标

阐述企业实现电子商务的基本思路，即建设电子商务系统所要达到的目标、决定采取的基本策略、规划过程中需要遵循的原则。

4. 系统商务模型

描述企业未来的商务模式和通过电子商务系统进行盈利的方式。

5. 系统体系结构

在某些情况下，这一部分也被称为电子商务系统整体方案，其目标是阐述电子商务系统的体系结构、说明其逻辑层次、界定各个部分的作用及其相互关系，其特征是侧重于从逻辑上阐述系统各部分的关联关系，而不是说明构造系统的技术产品，但是这种体系为系统的集成提供了依据。

6. 系统实施方案

说明实施电子商务系统的基本过程及相关保障措施，主要内容如下：

1）系统实施的主要任务。

2）系统实施过程的分阶段及目标。

3）系统实施各阶段的资源分配计划。

4）系统实施进度安排。

7. 系统可行性分析结论

说明开发电子商务系统在经济、技术、管理和环境方面的可行性，评述为了合理地达到开发目标而可能选择的开发方案，说明并论证所选定的方案。

8. 其他说明

电子商务系统建设不仅仅是技术问题，还涉及组织、管理，甚至法律、人文环境等因素，因此还应阐述相关配套措施。

5.6 电子商务系统规划案例

"享阅书屋"图书销售网是一个为读者提供图书购买和图书交流平台的电脑网站，读者通过该平台可以搜索并购买想要的图书，在平台建立的图书社群向其他读者推荐图书并相互交流，还可以在线报名参加平台定期举办的线下读书会。现以"享阅书屋"图书销售网为例介绍电子商务系统规划过程。

1. 系统开发背景

书籍是表达思想、传播知识、积累文化的物质载体，凝聚着人类的智慧，传递着文化的薪火。图书行业不仅创造着商业价值，也传承着社会文明，坚守着文化信仰。从结绳记事到印刷术再到数字媒体，科技进步催生着图书行业的变革，经济昌盛孕育着文化的繁荣。在新时期，图书行业面临着新的变革与更广阔的发展空间：全球化、互联网、影音娱乐模糊了文化的边界；电子商务、大数据、现代物流改变着图书流通市场；粉丝经济、微电影、新媒体激发出文化消费的无限遐想。在新的时代背景下，图书行业的挑战与机遇并存。

随着 QQ、微信等社交 App 的盛行，社交网络已成为人们生活中的一部分，社群营销应运而生。社群营销是指将一群具有相似或相同兴趣爱好的人聚集在一块，以搭建平台为手段，以产品或服务为核心将自身的产品及品牌推广给受众，从而达到一定的营销目标。随着自媒体时代的到来，社群营销成为当前品牌传播及商品销售的热门方式，相对于传统营销，社群营销的优势在于：社群营销针对的是整个群体，而不是某一个人，在众人高涨的附和声中，极易产生冲动型消费行为，而产品与消费者、消费者与消费者之间的联系也更加紧密，促使"旁观者"向"参与者"转变。

目前，我国图书主要通过图书馆、实体书店、网上书店、教学订购等渠道销售，在互联网背景下，这些传统的图书销售渠道显然不能满足广大消费者的要求，社群营销逐渐成为图书销售的新渠道。在当今的图书销售市场，一本通过传统渠道销售的图书可能销量平平，而在某社群平台却可能销出数万本，信息的精准传播使得图书的营销推广得以发挥，而社群便是实现精准营销的有利通道。图书社群营销渠道的主要类型有"图书微信公众号+微信群聊""书籍直播社群""高质量读书协会"等，它们借助互联网与移动互联网向顾客及时传达信息，以内容引爆人与人之间的紧密联系，让图书信息得以"病毒式"扩散，为图书的推广起到了很大的助力作用。图书社群营销有着明显的优势，但相对于传统营销，图书社群营销也存在明显的缺陷：一是社群稳定性低，读者加入某个图书社群花费的成本较低，当他们对推广的图书不感兴趣或在某段时间里对图书不感兴趣时，他们就很可能随时退出社群；二是社群管理难度大，创建一个图书社群是较为简单的，但维持和管理该社群所要花费的精力与时间却难以衡量，图书的发布频率、图书的内容、社群成员素质、社群成员间的关系都给管理带来了较大难度；三是社群信任值低，社群内分布着形形色色的读者，无效信息的刷屏和某些读者的利己链接会引起其他读者的厌烦，而有时候管理者为吸引读者所使用的吹嘘图书的华丽辞藻又会让读者感官前后落差大，让读者对社群产生信任危机。

"享阅书屋"是一个兼具传统营销与社群营销的图书销售网，它既具有网上书店的查询图书、购买图书等基本功能，又增加了"享阅书室""享阅书播""享阅书会"三个社群版块。"享阅书室"和"享阅书播"是由一个个不同主题的聊书室和播书室组成的，网站管理员和会员读者都可以创建并管理聊书室和播书室，既丰富了社群内容又减轻了管理员的工作量，当然管理员也会定期审查各聊书室和播书室内容，保证社群的规范。"享阅书会"展示的是网站定期举办的线下读书会信息，只限会员读者参加，会员登录网站后在该版块线上报名参与。无论是"享阅书室""享阅书播"还是"享阅书会"，其社群成员都是网站会员，极大提高了社群的稳定性。

2. 系统开发意义

"享阅书屋"是一个融入了社群的图书销售平台，读者在该平台既可以买到想要的图书，又可以和其他读者分享读书的心得和乐趣。鉴于网上书店已成为图书零售市场增长的主要推动力，该平台无疑将助力扩大图书零售市场的销售量；而平台中的图书社群又如同一个功能强大的导购，不但能帮助目标明确的读者快速找到想要的图书，还能为目标尚不明确的潜在读者推荐引导，帮助他们找到自己的阅读目标，将其转化成现实读者，为图书零售市场争取更多的顾客，促进图书市场的发展；此外，读者在具有特定主题的图书社群中针对感兴趣的图书相互交流，可以更好地提高他们对网上书店的满意度和忠诚度，也有利于促进网上书店以及整个图书零售市场的发展。

3. 市场分析

据前瞻产业研究院发布的《图书零售连锁行业市场前瞻与投资战略规划分析报告》数据显示，2017 年中国图书零售市场总规模达到 803.2 亿元，同比增加 14.55%；动销品种数 189.36 万，比 2016 年增长了 8.19%；新书 1% 创造 49.34% 码洋，较 2016 年 1% 新书拉动 46.75% 码洋提升了约 2.6 个百分点；新书品种数为 20.4 万，从 2012 年到 2016 年维持在 20 万~21 万种，已连续 6 年保持稳定。随着中国互联网的快速发展和人们消费习惯的改变，我国图书线上销售渠道从 2008 年开始崛起，随后一直呈现快速增长的发展态势。2016 年，网上书店销售规模首次超越线下实体店销售规模；2018 年网上书店销售规模达 573 亿元，同比增长 24.8%，对图书零售市场的增长贡献超过 125%。网上书店的快速增长和总动销品种的增加，使得整个图书零售市场中的畅销书贡献加大，网上书店已经成为图书市场增长的主要推动力，其中第三方平台业务是网上书店中规模较大部分。

目前我国图书零售市场上访问量较多的网上书店有当当、京东商城、文轩网等。

相较于国内图书零售市场上的众多网上书店，"享阅书屋"的主要特点是在传统网上书店平台中融入图书社群，利用社群吸引潜在读者，激发他们的阅读兴趣和消费需求，同时为目标读者创造交流平台，提高他们对书店的满意度和忠诚度。大众传播时代已基本结束，未来将走入社群传播时代，利用社群营销的优势，"享阅书屋"必将在图书零售市场占有一席之地。

4. 系统基本模式

（1）系统商务模式

"享阅书屋"图书销售网主要为读者提供图书查询、图书购买、图书交流等功能，其商务模式为典型的 B2C 模式。

（2）系统盈利方式

"享阅书屋"图书销售网主要是面向读者销售图书，并为图书供应商提供广告发布平台，其盈利方式为销售图书和收取广告费。

5. 可行性分析

现结合"享阅书屋"图书销售网的特点及要求，从经济、技术、管理和环境四个方面对该系统进行可行性分析：

1）经济可行性：本网站主要是为读者提供图书查询、图书购买、图书交流等功能，是一个相对简单的 B2C 系统，在资金方面没有太高的要求，系统网站的开发费用相对较低，只需配备基本的硬件设施和相关软件就可以了。

2）技术可行性：本网站对软硬件的要求不高，准备采用 JSP+Tomcat+SQL Server 作为开发平台，其中的各项技术都已相当成熟，利用这些技术，该系统的功能可以在规定的期限内完成。用户只需要了解基本的数据库知识，能看懂用户手册并正确熟练操作系统即可。

3）管理可行性：本网站的用户读者和系统管理员，采用设置权限和密码的方式提高系统的安全性。系统功能相对简单，使用方便，且能帮助用户处理大量的信息，提高工作效率，因此在管理方面是可行的。

4）环境可行性：本网站的运行能够提高图书销售量，促进图书零售市场的发展，具有较大的实用价值，且符合国家政策、相关的法律法规，因此在社会环境方面是可行的。

根据以上可行性分析的结果，得出"享阅书屋"图书销售网的开发是可行的。

本章小结

电子商务系统规划是指根据企业的目标和发展战略，以及电子商务系统建设的客观规律，科学地制订电子商务系统的发展战略和总体方案的过程，它是企业成功开展电子商务活动的关键因素，是后期电子商务系统开发工作的基础。

本章首先介绍了电子商务系统规划的定义、系统规划的必要性和特点，然后详细阐述了电子商务系统规划的主要内容，包括制订系统发展战略、制订系统总体开发方案、制订系统开发方案的实施计划、对系统开发方案进行可行性分析四个方面，其中可行性分析的结论决定了是否可以立即进行系统的开发。

随后，在此基础上归纳总结了系统规划的具体步骤，并介绍了电子商务系统规划常采用的两种方法——关键成功因素法和企业系统规划法。使用关键成功因素法能够帮助企业找出成功的关键因素，围绕这些关键因素可以有针对性地确定系统需求；而利用企业系统规划法能保证系统独立于企业的组织机构，使系统具有更强的环境适应性。

最后，描述了电子商务系统规划报告的基本格式，它是对系统规划过程的记录和总结。

习题

1. 电子商务系统规划的常用方法有_____和_____。
2. 电子商务系统带来的效益可从_____和_____两方面进行分析。
3. 企业系统规划法的核心是_____。
4. U/C 矩阵中的 U 表示_____，C 表示_____。
5. 在企业系统规划法中，定义信息系统总体结构这一步骤的主要工作是_____。
6. 简述电子商务系统规划的必要性。
7. 简述可行性分析的主要内容。
8. 列出关键成功因素法的优缺点。

第6章 电子商务系统分析

学习目标

- 熟悉电子商务系统分析的内容和步骤。
- 熟悉各类电子商务系统的基本需求。
- 了解电子商务系统常用的调查方法。
- 掌握结构化系统分析法的主要建模工具。
- 掌握面向对象系统分析法的主要建模工具。

电子商务系统规划阶段明确了开发电子商务系统的目标和开发方案,接下来就要充分理解和表达用户的要求,明确系统要做什么,通过系统分析准确、完整地了解企业电子商务系统的需求,掌握企业中各个商务过程的数据及其处理过程,确定企业的详细需求定义,为系统设计奠定基础。

6.1 电子商务系统分析的任务

6.1.1 系统分析的内容

电子商务系统分析就是在系统规划确定的目标和开发方案的指导下,结合电子商务系统的特点,使用诸如面谈、观察等方法进行调查,深入研究及描述现行系统的活动和各项工作及用户的需求,总结归纳出企业未来电子商务系统的需求,描绘出未来系统所应实现的功能。

电子商务系统分析的目的是要明确新系统将要做什么,通过对原系统各项资源的调查建立新系统的逻辑模型,它不涉及具体的物理实现。系统分析的主要任务是了解用户需求、建立系统逻辑模型并形成系统分析报告,即通过调查和分析得出新系统的功能需求,采用一系列图表和文字给出新系统功能的逻辑描述,形成系统逻辑模型,最终完成系统分析报告,为系统设计提供依据。

6.1.2 系统分析的步骤

在系统分析阶段,需要全面、准确地了解企业现状和对未来系统的要求,其主要步骤为:

(1)掌握企业商务活动的特点

这一步的内容主要是了解企业商务运作过程中都有哪些基本商务环节,其基本特点是什么,开展电子商务活动的重点和要点是什么。这一任务的目的是在系统调查之前,让系统分析人员对系统的基本功能需求做到心中有数，进而在调查过程中有针对性地和系统用户进行交流，并对调查的重点有的放矢。

（2）系统调查

这一步的内容主要是通过对企业组织结构、主要业务、各项业务活动的数据流程和相关的处理过程等进行调查，以至能详细了解每个业务过程和业务活动的工作流程及信息处理过程，理解用户对系统功能、性能方面的特定需求。

（3）建立系统逻辑模型

根据企业商务活动的特点，在系统调查的基础上，整理用户需求并确定系统应具有的逻辑功能，再选择相应的系统分析方法，用一系列图表和文字将系统逻辑功能表示出来，形成系统的逻辑模型。

（4）形成系统分析报告

撰写系统分析报告，为下一步进行系统设计及具体实现提供依据。

6.2 电子商务系统基本需求

企业的电子商务可以分为 B2B、B2C、C2C 等运作模式，不同运作模式具有不同的商务特点，但属于同一种运作模式的电子商务系统具有一些共同的业务需求。由于目前电子商务对于很多企业来说仍是一种较新的商务模式，许多时候企业并不能完全清楚地描述自己对系统的需求，因此系统分析员在进行用户需求分析时，需要先了解各种运作模式的基本业务需求，在此基础上再与用户沟通交互，进一步获取用户对系统的特定需求，这样才能真正做到结合企业的实际情况，充分掌握用户对系统的需求。

6.2.1 B2B 电子商务系统的基本需求

B2B 是企业与企业之间通过互联网进行产品、服务及信息的交换，即企业与企业之间的电子商务。在 B2B 的电子商务活动中，主要参与的用户包括卖方企业、买方企业、物流企业、银行及认证机构（CA）和支付网关，B2B 电子商务系统的基本需求有：

1）会员管理：所有参加交易的企业都必须先注册成为会员，并可对自身资料进行管理。

2）信息发布：会员可在网上进行产品信息的发布，包括创建新的产品信息、设置交易方式、修改产品信息和删除产品信息等。

3）信息查询：会员可查询浏览系统中的商品、招标、广告等信息。

4）在线交易：买卖双方可通过系统进行商品的交易。

5）订单管理：买卖双方的每一笔交易都会生成相应订单，可对订单进行查询、浏览、修改、删除操作。

6）拍卖与投标采购。

7）网上洽谈：买卖双方可以就交易的商品价格数量等进行洽谈协商，并签订电子合同。

8）商务论坛。

9）广告宣传。

6.2.2　B2C 电子商务系统的基本需求

B2C 是商家对消费者的电子商务，即商家直接面向消费者销售产品或服务，B2C 电子商务系统的基本需求可以分为消费者需求和商家需求两种。

消费者需求：

1）用户注册、登录。

2）商品查询。

3）购物车。

4）为购买商品下订单。

5）查看、撤销和修改订单。

6）跟踪订单状态。

7）在线支付。

8）新手导航。

9）信息反馈。

商家需求：

1）商品信息发布。

2）检查客户的注册信息。

3）发布和管理网络广告。

4）处理客户订单。

5）商品库存管理。

6）能够和物流配送系统建立接口。

7）能够和银行之间建立接口。

8）客户关系管理。

9）售后服务。

6.2.3　C2C 电子商务系统的基本需求

C2C 电子商务系统通过为买卖双方提供一个在线交易平台，使卖方可以主动提供商品上网出售，买方可以自行选择商品进行购买。C2C 电子商务系统的基本需求有：

1）会员注册、认证。

2）卖家管理：包括店铺设置管理、商品发布、商品下架、商品删除、发货、退款等。

3）买家管理：包括商品搜索、浏览、了解卖家、购买商品、在线支付、交易投诉等。

4）论坛。

5）新手导航。

6）客户服务。

6.3　电子商务系统调查

在确定电子商务系统的基本需求后，系统分析员要对系统进行详细的业务调查，进一步获取用户对系统的特定需求。在电子商务系统的开发中，常见的系统调查方法有面谈法、问卷调查法、观察法和抽样法。

6.3.1 面谈法

面谈法是指系统分析人员通过同系统各类用户谈话获取所要的信息，对于通过观察不能获得或证实的信息，可通过面谈来获得或证实。面谈的形式可分为个人面谈、集体面谈和管理人员面谈三种，由于有些工作可能主管与现职人员的说明不同，系统分析人员必须把双方的资料合并在一起，予以独立的观察与证实的权衡。这不仅需要运用科学的方法，还需要有可被人接受的人际关系技能，因此，应该把这三种方式加以综合运用，这样才能对分析工作真正做到透彻了解。

面谈是一个有计划的会面，必须事先进行执行计划，然后执行并将面谈结果整理成文档，面谈法的过程主要包括下面几个步骤：

1）确定要进行面谈的人。为了得到准确的信息，系统分析员必须选择合适的人进行交谈，在系统规划阶段，主要和企业领导及部门经理进行谈话，在系统分析阶段，则需要和各个阶层的人进行面谈。

2）确定谈话的目标。在确定了谈话的人员后，还需要明确谈话的目标。面谈的目标应根据面谈的人员有所区别，系统的宏观蓝图应从高层管理人员处获取，而企业日常运作的业务过程细节则要从业务层的工作人员处获取。

3）提出面谈的问题。正式面谈前，系统分析员应拟定面谈时要提出的问题列表，以提高面谈的效率并避免面谈时出现不必要的离题，此外，问题列表还可用于比较分析面谈人员的答案。面谈问题分为鼓励面谈人员自发自主回答的开放式问题，以及提供答案范围，要求面谈人员选择的封闭式问题。

4）进行面谈。在确定了面谈人员、设定了面谈目标并准备好了面谈问题后，就进入正式的面谈阶段。面谈应从自我介绍、描述项目及说明面谈目的开始，面谈过程中，系统分析员按照问题列表向面谈人员提出问题，并给予其充分考虑的时间，然后得到答案。面谈完成后，系统分析员陈述对面谈过程及结果的理解，面谈人员进行确认或纠正。

5）整理面谈结果。面谈结束后，系统分析员应及时将面谈结果整理成文档，并对面谈进行评价。

6.3.2 问卷调查法

问卷调查法也称"书面调查法"或"填表法"，是用书面形式间接搜集信息的一种调查手段，通过向被调查者发放简明扼要的调查表，请示填写对有关问题的意见和建议来间接获取信息。当需要从很多人处获得信息时，可以采用问卷调查的方式。调查表可以是传统的书面形式，也可以使用相关工具创建电子文档，通过 Internet、公司内部网或 E-mail 等来收集数据。

调查问卷一般由卷首语、问题和回答方式、编码和其他资料四个部分组成。

1）卷首语。卷首语是问卷调查的自我介绍部分，通常放在问卷第一页的上面或单独作为一封信放在问卷的前面。卷首语的内容包括：调查的目的、意义和主要内容，选择被调查者的途径和方法，对被调查者的希望和要求，填写问卷的说明，回复问卷的方式和时间，调查的匿名和保密原则，以及调查者的名称等。

2）问题和回答方式。这是问卷的主要组成部分，一般包括调查询问的问题、回答问题的方式以及回答方式的指导和说明等。

3）编码。编码是对每一份问卷和问卷中的每个问题、每个答案编写一个唯一的代码，即把问卷中的问题和被调查者的回答，全部转变成为 A、B、C 或 a、b、c 等代号和数字，以便运用计算机对调查问卷进行数据处理。

4）其他资料。其他资料包括问卷名称、被访问者的地址或单位、访问员姓名、访问开始时间和结束时间、访问完成情况、审核员姓名和审核意见等。这些资料是对问卷进行审核和分析的重要依据。

此外，问卷还可以有一个结束语，用简短的几句话对被调查者的合作表示真诚感谢，也可以再顺便征询被调查者对问卷设计和问卷调查的看法，如"您填写完这份问卷后感到还有什么需要补充的吗？请写在下面，谢谢！"。

6.3.3 观察法

观察法是指系统分析员根据一定的研究目的、提纲或观察表，用自己的感官和辅助工具去直接观察被研究对象，从而获得信息的一种方法。由于人的感官具有一定的局限性，观察者往往要借助各种现代化的仪器和手段，如照相机、录音机等来辅助观察。

当研究对象无法进行控制，或在控制条件下可能影响某种行为出现的时候，可以使用观察法。观察法的具体步骤如下：

1）准备阶段。确定工作的使命、主要职责和任务、工作流程，形成工作的总体概念，并准备一个初步的观察任务清单，作为观察的框架。

2）进行观察。在观察目标部门主管的协助下，对员工的工作进行观察并适时地做记录。

3）进行面谈。根据观察情况，考虑选择一个主管或有经验的员工进行面谈，以了解目标部门工作的整体情况以及各项工作任务是如何配合起来的。

4）合并工作信息。检查最初的任务或问题清单，确保每一项都已经被回答或确认，再把所收集到的各种信息合并为一个综合的工作描述，这些信息包括主管、工作者、现场观察者、有关工作的书面材料。在合并阶段，系统分析员应该随时获得补充材料。

5）核实工作描述。把工作描述分发给主管和工作的承担者，并附上反馈意见表。系统分析员根据返回的反馈意见表，逐步逐句地检查整个工作描述，并在遗漏和含糊地方做出标记，然后召集所有观察对象进行面谈，补充工作描述的遗漏和明确其含糊的地方，最后形成完整和精确的工作描述。

6.3.4 抽样法

当调查的目标群体很大时，可以使用一个称为抽样的过程进行实际样本的收集，样本可能包括记录、报表、操作日志、数据输入文档、意见汇总、工作请求以及各种类型的表格。抽样的主要目标就是确保样本能够准确地代表总体，例如，当分析库存问题时，就应该选择一个真正库存操作的交易样本而不包括异常的或者不相关的例子；当进行日常业务操作调查时，就不能选择企业进行特定处理的营业日作为抽样样本。此外，为了更合理地代表所有数据，样本必须具有一定的规模。抽样的一般程序为：

1）界定总体。在具体抽样前，对抽取样本的总体范围与界限作明确的界定。

2）制定抽样框。这一步骤的任务是依据已经明确界定的总体范围，收集总体中全部抽样单位的名单，并通过对名单进行统一编号来建立起供抽样使用的抽样框。

3）决定抽样方案。

4）实际抽取样本。在上述几个步骤的基础上，严格按照所选定的抽样方案，从抽样框中选取一个个抽样单位构成样本。

5）评估样本质量。对样本的质量、代表性、偏差等进行初步的检验和衡量，其目的是防止由于样本的偏差过大而导致的失误。

案例 6-1

网站建设客户需求分析调研表

尊敬的客户：

十分感谢您选择 xxxx 有限公司作为贵网站建设的服务提供商，为了方便我们高质量、快捷地做好服务，请您协助我们做好以下问题的确认，以便我们的设计和开发人员开始网站的制作，谢谢！

基本信息：

您的姓名：　　　　　　　　　　　您的部门与职位：

贵企业名称：　　　　　　　　　　地址：

邮编：　　　　　　　　　　　　　固定电话：

传真：　　　　　　　　　　　　　手机号码：

一、企业信息化状况

1. 您是否进行过网上购物？

□ 否　□ 是，经常使用的购物网站有：＿＿＿＿＿＿＿＿＿＿＿＿＿＿＿＿＿＿

2. 新建电子商务网站，你希望

□只是进行在线直销　　　　　　　　□做一个集成公司所有商务活动的信息平台

3. 对于用户权限的分配，你希望

重要客户拥有：＿＿＿＿＿＿＿＿＿　　　一般客户拥有：＿＿＿＿＿＿＿＿＿

A 搜索商品	B 预览商品	C 在线询问	D 下订单	F 选择支付方式
G 在线支付	H 退换货申请	I 在线评论	J 在线积分	K 在线注册
L 预写订单	M 折扣优惠	N 延迟付款申请	O 申请会员	P 其他＿＿＿＿

管理者拥有：＿＿＿＿＿＿＿＿＿　　　在职员工拥有：＿＿＿＿＿＿＿＿＿

A 权限管理	1）添加/删除权限	2）查看操作记录	3）填写个人信息	4）其他＿＿＿
B 库存管理	1）仓库划分	2）商品分类	3）商品信息修改	4）查看库存
	5）库存报表管理	6）库存成本管理	7）库存调整	8）库存盘点
C 入货管理	1）供应商设置	2）计划入库	3）收货验收确认	4）代加工、包装
	5）智能上架	6）入库历史查询	7）收货报表汇总	
D 出货管理	1）订单管理	2）配送发货	3）出库历史	4）订单退货管理

4. 是否可以越权操作　□不可以　　　□可以，但需提交申请表经相关部门审核

5. 图书管理功能应包含：＿＿＿＿＿＿＿＿＿＿＿＿＿＿＿＿＿＿＿＿＿＿

A 商品分类　　　　B 商品类型　　　　C 商品品牌　　　　D 商品回收站

E 图片批量处理　　　　F 商品批量上传　　　　G 商品批量修改　　　　H 生成商品代码
I 标签管理　　　　　　J 商品批量导出　　　　K 商品自动上下架　　　L 商品冻结/解冻
M 商品转移　　　　　　N 商品缺货处理　　　　O 其他 _____

6. 图书分类你希望按照

顶级分类：_____　　　　　　二级分类：_____

三级分类：_____　　　　　　四级分类：_____

五级分类：_____

A 以图书内容为标准划分　　　　　　　　　B 以图书基本学科属性为标准划分
C 以图书的功能属性划分　　　　　　　　　D 以出版时间划分
E 以图书特征为标准划分　　　　　　　　　F 其他 _____

二、新建网站功能系统

1. 网站采用的服务器是
□建立自己的独立站点　　　□服务器托管　　　　□租用服务器　　　　□租用虚拟机

2. 服务器主机类型为
□PC 服务器　　□PC 服务器群集系统　　□小型机　　　□中型机　　　□大型机

3. 服务器软件来源是
□自行开发　　　　　　　　□外购　　　　　　　　□免费使用

4. 网络系统维护方式为
□自行维护　　　　　　　　□外包

5. 操作系统采用
□Windows NT/2000/XP　　　□UNIX　　　　　□Netware　　　　□Linux

6. 选用 Web 服务器比较看重的性能是（多选）
□响应能力　　　　　　□与后端服务器的集成度　　□管理的难易程度
□信息开发的难易程度　□稳定性　　　　　　　　　□可靠性
□安全性　　　　　　　□与其他系统的搭配　　　　□可拓展性
□其他 _____

7. 数据库选用
□Oracle 数据库　　□MySQL 数据库　　□SQL Server 数据　　□其他 _____

8. 程序语言要求
□ASP　　　　□PHP　　　　□ JSP　　　　□. NET　　　□其他 _____

9. 您公司对于新网站的开发建设，哪些网络功能认为是很有必要的？

系 统 名 称	详细功能说明	备　注
□ 网站多用户管理系统		
□ 信息发布系统		
□ 产品展示系统		
□ 在线订单管理		
□ 企业内部办公系统		
□ 会员管理系统		

系 统 名 称	详细功能说明	备　注
□ 留言反馈系统		
□ 网站管理系统		
□ 在线调查系统		
□ 全站搜索系统		
□ 仓库管理系统		
□ 入货管理系统		

10. 您希望开展电子商务活动主要在哪些领域?

□企业之间（B2B）□ 企业对客户（B2C）　　□ 企业对政府（B2G）　　□ 客户对客户（C2C）

三、网站页面的设计与制作

1. 网站的面向人群

□儿童　　　□青少年　　　□青年　　　□老年　　　□学生　　　□白领　　　□家庭主妇

2. 网站名称是＿＿＿＿＿＿＿＿＿＿＿＿，网站标题是＿＿＿＿＿＿＿＿＿＿＿＿＿＿＿

3. 网站标志　□有＿＿＿＿＿＿＿＿＿＿　　　　　　□需重新设计

4. 网站首页版面结构图

5. 确定网站的风格，您希望网站有怎样的设计特色

□ 严谨、大方，内容为本，设计专业（适用于办公或行政企业)

□ 浪漫、温馨，视觉设计新潮（适用于各类服务型网站，如酒店)

□ 清新、简洁（适用于各类企业单位)

□ 热情、活泼，大量用图和动画（适用于纯商业网站或产品推广网站)

□ 视觉冲击力强、独特、新颖

□ 其　　他（请在下面填写设计风格的其他要求)

6. 网站的色调

□ 冷色调（蓝、紫、青、灰，有浪漫、清新、简洁等特点)

□ 暖色调（红、黄、绿，有活泼、大方、视觉冲击力强等特点)

□ 简洁、雅致　　　　　□ 综合型（按不同类型由设计师设计）

□ 其　　他（请在下面填写其他参考色调）

7. Flash 欢迎页面：□有　　□没有　　　要求说明：＿＿＿＿＿＿＿＿＿＿＿＿＿

8. 是否要求在网站首页放置广告位？□是　　　　□否

9. 是否有完整的网站栏目内容？

□完　　整（指各栏目图文资料齐全）　　　□较完整（1～2个栏目资料暂无）

□部　　分（3～5个栏目资料暂无）　　　□较　　少（5个以上栏目资料暂无）

□很　　少（只有少部分资料）　　　　　□暂无，需整理

四、网站维护推广服务

1. 是否需要网站维护培训

□FTP 软件的使用　　　□数据的更新　　　□静态页面的修改　　　□否

2. 网站建设成后的维护

□自行维护　　□委托专业服务来做，自己定期指导　　□设定要求、目标，完全由别人代劳

3. 您希望的维护内容

□页面更新　　　　　□Flash 动画更新　　　□系统优化、升级　　　□网站内容更新

4. 网站首页更新频率：（更新在于表现一个新面貌，有新鲜感，可根据企业特殊时段更新）

□一月一次　　　□一季度一次　　　□半年一次　　　□一年一次　　　□一年以上

5. 希望应用的推广手段

□利用传统的广告宣传媒体　　　　　□在搜索引擎上登记　　　　□搜索引擎优化

□网上广告　　　□论坛、BBS、新闻组　　□交换链接　　　□竞价排名

□邮件推广　　　□免费资源下载　　　□软文推广　　　□其他＿＿＿＿＿＿＿＿＿

资料来源：百度文库 http://wenku.baidu.com，作者略有删改。

6.4　电子商务系统逻辑模型

在充分获取系统用户需求后，需要采用系统分析方法整理用户需求以确定系统逻辑功能，并用一系列图表和文字将系统逻辑功能表示出来，形成系统的逻辑模型。在软件工程领域，常用的系统开发方法有结构化开发方法和面向对象开发方法，现介绍这两种方法在系统分析阶段的具体应用。

6.4.1　结构化系统逻辑模型

结构化开发方法是按照功能来划分系统的结构，它把系统看作是由功能组成的，通过描述功能结构及其之间的数据流动关系来解释系统的运作过程。结构化系统分析方法主要使用功能层次图、数据流程图、数据字典和处理逻辑描述工具来建立系统逻辑模型，其核心思想是分解化简问题，将物理与逻辑表示分开，对系统进行数据与逻辑的抽象。

1. 功能层次图

功能是完成某项工作的能力，为了实现系统的目标，系统必须具有各种功能，功能层次图描述了从系统目标到各项功能的层次关系。图 6-1 是某图书销售网前台系统的功能层次图，图中各功能是通过整理用户需求得出的。

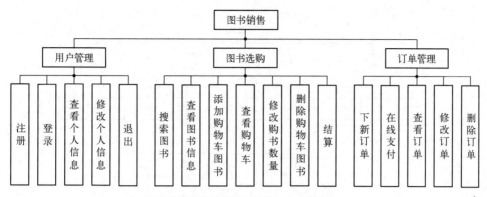

图 6-1　图书销售网前台系统——功能层次图

2. 数据流程图

数据流程是指数据在系统中产生、传输、处理、使用和存储的过程，数据流程图（Data Flow Diagram，DFD）反映了系统中数据流动、处理和存储的逻辑关系，它是一种能全面描述并分析系统逻辑模型的主要工具。

数据流程图有四种基本元素，其图形符号如图 6-2 所示。

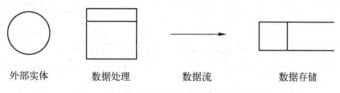

图 6-2　数据流程图的基本图形符号

1）**外部实体（S）**：指系统以外又与系统有联系的人、事物或其他软件系统。外部实体不参与系统内部的操作，只与系统有数据的交互，它们通常是系统数据的来源或终点。通常用一个圆表示外部实体，圆内写上外部实体的名称，且可以用字母 S1、S2、S3 等来对外部实体编号。

2）**数据处理（P）**：是对数据的逻辑处理，它接收一定的输入数据，对其进行变换，并产生输出数据。数据处理通常用两栏矩形表示，矩形第一栏写上数据处理的编号，可以用字母 P1、P2、P3 等来表示，矩形第二栏写上数据处理的名字。

3）**数据流（F）**：是指数据处理的输入或输出，它可以是一项数据，也可以是一组数据，还可用来表示对数据文件的存储操作。数据流用一条带箭头的直线表示，箭头指出数据的流动方向，线条上方注明数据流的名称。

4）**数据存储（D）**：用于表示数据的静态存储，可以是实际的账簿、文件夹、登记表等手工文件，也可以是某个计算机文件或数据库等。数据存储通过数据流与数据处理发生联系，当数据流的箭头指向数据存储时，表示将数据流的数据写入存储文件；反之，则表示从数据存储读取数据流的数据。数据存储用右边开口的两列矩形表示，第一列写上数据存储的编号，可以用字母 D1、D2、D3 等来表示，第二列写上数据存储的名字。

数据流程图是对系统功能的详细说明，它以功能层次图为基础，是对功能层次图的展开，因此，数据流程图也呈现层次结构。数据流程图的绘制以结构化分析原则为指导思想，利用相关符号自顶向下、逐层分解、由外向里地展现系统的数据流动过程。图 6-3a 和图 6-3b 反映了功能层次图和数据流程图之间的对应关系，绘制数据流程图的步骤如下：

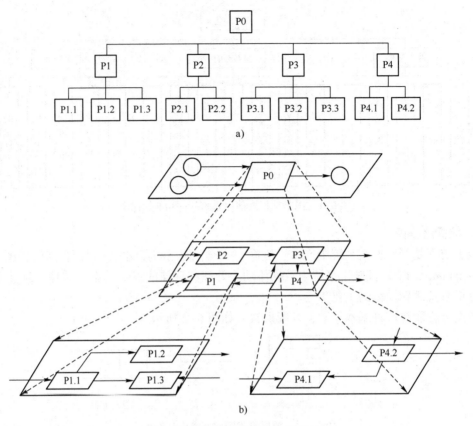

图 6-3　数据流程图的基本画法

a) 功能层次图　b) 数据流程图

1）画出顶层数据流程图。首先，顶层数据流程图只包含一个数据处理，用以表示被开发的系统。其次，考虑系统有哪些主要的外部实体、输入输出数据流和数据存储，明确它们之间的关系并形成流程图。顶层数据流程图的作用在于表明被开发系统的范围以及它和周围环境的数据交换关系。

2）逐层分解数据流程图。首先按照系统功能逐层分解上层的数据处理，分解时应尽量将一个大的数据处理分解为几个相对独立的处理，以减少它们之间的联系；其次确定分解后的每个数据处理的输入、输出及相关的数据存储，将外部实体、各处理过程、数据存储用数据流连接起来，形成相应的数据流程图。当所有数据处理都不能再分解时，数据流程图分解完毕，不能再分解的数据处理称为基本处理。

根据图 6-1 的功能层次图，可画出图书销售网前台系统的数据流程图，如图 6-4～图 6-6 所示。

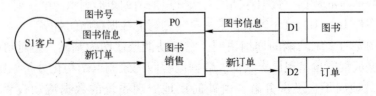

图 6-4　图书销售网前台系统——顶层数据流程图

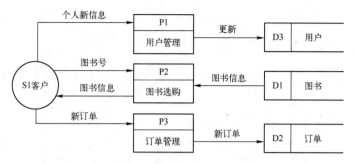

图 6-5　图书销售网前台系统——第一层数据流程图

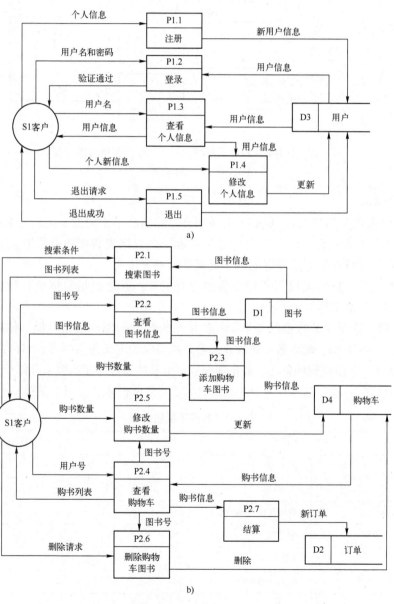

a)

b)

图 6-6　图书销售网前台系统——第二层数据流程图

a）用户管理"数据流程图"　b）图书选购"数据流程图"

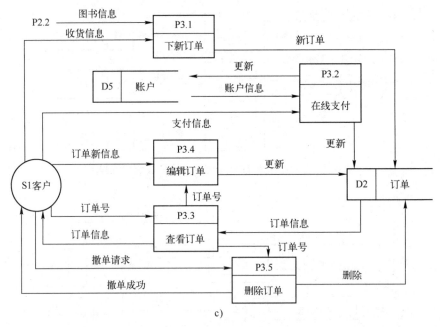

图 6-6　图书销售网前台系统——第二层数据流程图（续）

c）订单管理"数据流程图"

3. 数据字典

数据流程图描述了系统的组成部分及各部分之间的联系，但没有说明各个成分的具体含义，如图书销售系统中的"订单"包括哪些内容，在数据流程图中并没有具体描述，因此还需要采用其他工具对数据流程图的各类元素进行补充说明。

数据字典就是对数据流程图进行说明的主要工具，通常包括数据项、数据流、数据存储、数据处理、外部实体五个部分。

1）数据项。数据项是数据的基本单元，用来构成数据流和数据存储，如数据存储"订单"的订单号、顾客 ID、顾客名、联系方式等。数据项的定义包括编号、名称、别名、简述、数据类型、长度、取值范围和备注。数据项编号可由其所属数据流或数据存储编号和顺序号组成，表 6-1 中"图书号"的编号为 D1-01，表示它是数据存储"图书"的第一个数据项。

表 6-1　数据项描述实例

编号	D1-01
名称	图书号
别名	Book-Id
简述	系统所售图书的编号
数据类型	字符型
长度	4 位
取值范围	0000 ~ 9999
备注	

2）数据流。数据流是某一数据处理的输入或输出，其定义包括数据流编号、名称、简述、数据流来源、数据流去向、数据流组成、流量。数据流编号可由其所对应的子系统编号和顺序号组成，表6-2中"客户信息"的编号为F3-02，表示它是第三个子系统"订单管理"中的第二个数据流。

表6-2　数据流描述实例

编号	F3-02
名称	收货信息
简述	客户下订单时填写的收货信息
数据流来源	客户
数据流去向	P3.1：下新订单
数据流组成	收货人+收货地址+联系电话+邮编
流量	10 份/小时

3）数据存储。数据存储是处理过程需要保存的数据集合，也是数据流的来源和去向之一。数据存储的定义包括编号、名称、简述、组成、主关键字、相关处理，如表6-3所示。

表6-3　数据存储描述实例

编号	D1
名称	图书
简述	存储图书的基本信息
组成	图书号+图书名+作者+书号+出版社+出版日期+简介
主关键字	图书号
相关处理	P2.1：搜索图书；P2.2：查看图书信息

4）数据处理。数据处理描述了数据流程图中的基本处理过程，其定义包括编号、名称、简述、输入数据流、处理过程、输出数据流，如表6-4所示。

表6-4　数据处理描述实例

编号	P3.2
名称	在线支付
简述	客户下订单后在线支付图书购买费用
输入数据流	支付信息，账户信息
处理过程	客户填写支付账号、密码等信息，系统根据支付信息从账户表里读取数据进行核对，核对无误后就更新账户余额并将支付信息存储于订单内
输出数据流	支付信息，余额更新信息

5）外部实体。外部实体主要说明传送给系统的数据流和从系统接收到的数据流，外部实体的定义包括编号、名称、简述、输入数据流、输出数据流，如表6-5所示。

表 6-5　外部实体描述实例

编号	S01
名称	客户
简述	购买图书的用户
输入数据流	客户使用系统时输入的数据，如 F3-02：客户信息
输出数据流	系统按要求返回给客户的数据，如 F3-12：订单信息

需要注意的是，由于数据流程图是逐层分解、逐步细化的，最底层图是最详细全面的，因此数据字典的描述必须以最底层数据流程图为依据，另外，通常只需要为一些较复杂或不易理解的元素编写数据字典，并不需要对每个元素都加以说明。

4. 处理逻辑描述工具

数据处理是数据流程图中的重要元素，简单的数据处理可以用数据字典描述，而对于复杂的数据处理，其处理过程往往较长，编写数据字典形成的文字描述就不易于阅读理解，此时可采用决策树、决策表等更为清晰易懂的处理逻辑描述工具来说明。

1）决策树。决策树是采用树型结构来表示数据处理的一种方法，适合描述具有多个决策、每个决策与若干条件相关的数据处理。用决策树进行描述时，应该从问题的文字描述中识别出决策条件和方案，然后根据描述材料中的连接词找出决策条件的从属关系、并列关系、选择关系，据此构造决策树。

案例 6-2

某订货处理的过程为：订货处理人员根据用户手册、库存台账将订货单分类处理，首先查看信用手册。

① 如果欠款时间在 30 天以内（包括 30 天），则查看库存台账，若需求量小于或等于库存量，则立即发货；若需求量大于库存量，则先按库存量发货，等进货后再补发。

② 如果欠款时间在 30 天以上，100 天以下（包括 100 天），则查看库存台账，若需求量小于或等于库存量，则先付款再通知发货；若需求量大于库存量，则不发货。

③ 如果欠款时间在 100 天以上，则通知对方先付款。

根据上述处理过程可画出订货处理的决策树，如图 6-7 所示。

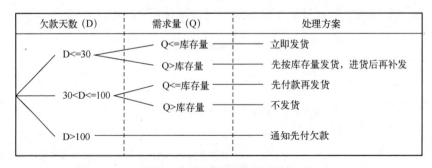

图 6-7　"订货处理"决策树

2）决策表。决策表是一种呈现表格状的图形工具，适用于描述处理决策条件较多且各条件相互组合、有多种决策方案的情况。决策表能够精确而简洁地描述复杂数据处理，能够将多个条件与满足条件后要执行的方案相对应。决策表分为四个部分：左上部是决策条件名称，右上部是所有条件的组合（Y即Yes，表示具备；N即No，表示不具备），左下部是决策方案的名称，右下部标明条件组合和方案的对应关系，表6-6是订货处理逻辑的决策表。

表6-6 "订货处理"决策表

	条件组合号	1	2	3	4	5	6
条件	欠款天数<=30	Y	Y	N	N	N	N
	欠款天数>100	N	N	N	N	Y	Y
	需求量<=库存量	Y	N	Y	N	Y	N
	决策规则号	1	2	3	4	5	6
处理方式	立即发货	√					
	先按库存量发货，进货后再补发		√				
	先付款再发货			√			
	不发货				√		
	通知先付欠款					√	√

6.4.2 面向对象系统逻辑模型

面向对象开发方法的基本原则是尽可能模拟人类习惯的思维方式，它把系统看成是对象的集合，系统的每个功能都是通过一些相关对象及其之间的交互来实现的，通过描述这些对象间的交互关系来解释系统实现过程。面向对象开发方法常利用 UML 建模语言来建立系统模型，在系统分析阶段，主要使用 UML 用例图、活动图和分析类图来建立系统逻辑模型，其中用例图用于描述系统功能需求，分析类图和活动图分别以不同方式解释用例实现过程。

1. 用例图

用例是系统的功能需求，用例图从用户角度描述了系统功能，同时指出了各功能的操作者。图6-8是图书销售网前台系统的用例图，该系统执行者为"未登录客户"及"已登录客户"，它们之间存在泛化关系，根据执行者即用户需求得出系统用例，并指出各执行者和用例间的关系。用例图通过一种可视化的方式直观地帮助开发团队理解系统的功能需求，并配上用例文档以结构化叙述的文本来描述用例的细节和处理流程，为系统分析的后续工作打好基础，表6-7是图书销售网前台系统"下新订单"的用例文档。

表6-7 "下新订单"的用例文档

用例名称：下新订单
执行者：已登录客户
简要说明： 客户查看并选中图书后，下订单购买图书
基本事件流： 1. 客户选中图书后，在图书信息界面填写购买数量，然后点击"购买" 2. 系统转到下新订单界面并提示客户输入收货信息 3. 客户核对购书信息 　若客户改变主意不想购买或购书信息有误，则执行其他事件流 O1 　否则客户输入收货相关信息并点击"提交订单" 4. 系统显示订单提交成功，然后转到在线支付界面，提示客户选择支付银行

若客户选择其他支付方式或暂不想支付，则执行其他事件流 O2 否则客户选择在线支付的银行 5. 系统连接在线支付银行的网站 　若连接失败，则执行异常事件流 E1 　否则跳转到支付银行网站 6. 客户在银行网站界面输入支付相关信息并点击"支付" 7. 系统显示支付成功并在规定时间后跳转到订单详情界面
其他事件流： O1：客户不想购书或购书信息有误 客户点击"返回"，系统转回到图书信息界面 O2：客户当前不进行在线支付 客户关闭在线支付界面
异常事件流： E1：在线支付银行网站连接失败 系统提示"银行网站连接失败"，会员点击"确认"，系统返回到在线支付界面

图 6-8　图书销售网前台系统——用例图

2. 活动图

活动表示用例执行过程中的某个动作或步骤，活动图描述了实现用例所要进行的各项活动的顺序安排，它以流程图的形式展示了系统用例内部的工作过程，图 6-9 是"下新订单"用例的活动图。

3. 分析类图

在面向对象开发方法中，对象是系统的基本组成单元，类是创建对象的模板，发现类及类之间的关系是面向对象系统分析的基本任务。UML 分析类图就清楚地指出了参与用例的各个类及类之间的关系，它从对象的角度描述了系统用例的执行过程，图 6-10 是"下新订单"用例的分析类图。

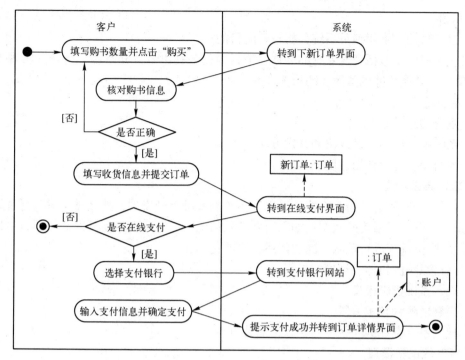

图 6-9 "下新订单"用例活动图

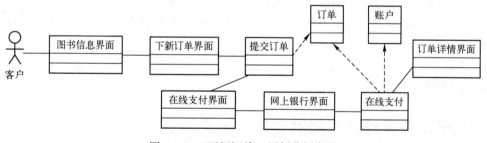

图 6-10 "下新订单"用例分析类图

用例文档、活动图、分析类图分别采用文字或图形的方式解释了系统用例的执行过程，其中用例文档和活动图主要是展现用例工作流程，可根据用例的性质、复杂程度等确定是否需要为其编写用例文档和绘制活动图。分析类图主要是展现参与用例执行的类及其之间的关系，由于对象是系统的基本组成单元，找出系统中的类是系统运行的重要前提，因此需要为每一个基本用例绘制分析类图。

6.5 电子商务系统分析报告

在建立系统逻辑模型后，系统分析员还需要撰写系统分析报告，系统分析报告是系统分析阶段工作的总结，也是进行下一步系统设计及实现的基础。不同的组织给出的系统分析报告可能有所区别，但一般来说，系统分析报告主要包括以下几个方面的内容。

1. 引言

1）编写目的：阐明编写系统分析报告的目的。

2）项目背景：包括开发系统的名称、项目的任务提出者、开发者、用户及实现系统的单位、项目与其他软件或其他系统的关系等。

2. 系统目标

1）系统的总目标。

2）系统拟采用的开发战略和开发方法。

3）人力、资金及计划进度安排。

3. 现行系统状态

如果所要开发的电子商务系统是在现行系统的基础上开发的，那么需要对现行系统进行详细调查，了解现行系统的状态；如果所要开发的电子商务系统是新开发的，那么可以对国内外现行的同类系统进行现状及问题阐述，主要包括：

1）现行系统的目标、规模、界限。

2）现行系统逻辑模型。

3）现有的各种技术手段。

4）现行系统存在的问题、需要改进的地方。

4. 新系统逻辑模型

这部分反映所要开发的电子商务系统分析结果，包括：

1）新系统的需求分析：描述用户对新系统的基本及特定需求。

2）新系统的逻辑模型：采用结构化系统分析法或面向对象系统分析法所建立的新系统逻辑模型。

5. 总结

系统分析报告的总结。

6.6 电子商务系统分析案例

在第 5 章电子商务系统规划案例部分，阐述了"享阅书屋"图书销售网的系统规划过程，现继续采用面向对象系统分析法对该图书销售网进行系统分析。

1. 系统功能需求

"享阅书屋"图书销售网的用户有非会员读者、会员读者和系统管理员，非会员读者可以搜索图书、查看图书信息、添加图书至购物车、管理购物车图书、搜索查看图书社群信息；当注册成为会员读者后，则可以进一步购买图书、管理个人订单、创建管理图书社群、参与图书讨论、在线报名参加线下读书会；系统管理员负责定期发布线下读书会通知、管理网站各类信息，并对整个网站进行管理维护。

2. 系统用例图

根据上述功能需求分析得出"享阅书屋"图书销售网的执行者包括非会员读者、会员读者和系统管理员，分析执行者和系统功能之间的关系，可画出本系统的用例图，如图 6-11 所示。

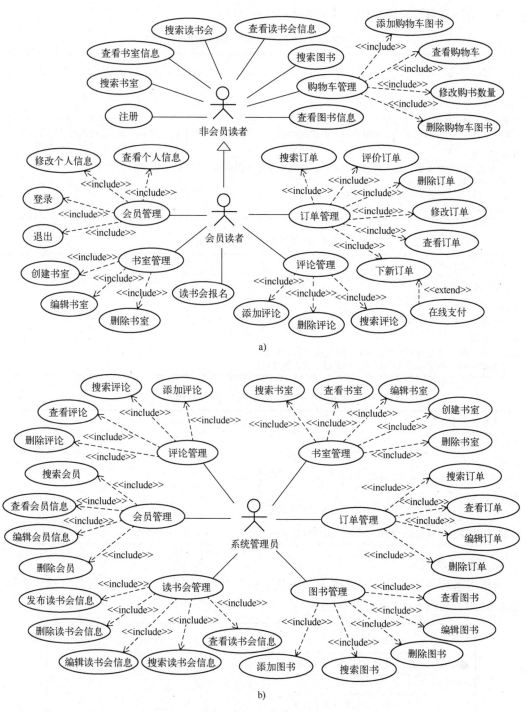

图 6-11 "享阅书屋" 图书销售网——用例图

a) "读者管理" 用例图   b) "系统管理" 用例图

3. 系统用例文档

分析本系统各用例的特点和复杂程度，确定为"创建书室""添加评论""读书会报名"这三个用例编写用例文档，如表 6-8 ~ 表 6-10 所示。

表 6-8　"创建书室"用例文档

用例名称：创建书室

执行者：会员读者

简要说明：
　　会员读者在聊书室或播书室版块可创建有明确主题的书室，创建后需通过系统管理员审核才能在网站显示，上线后第一个星期统一在这两个版块的新书室区域展示，根据创建时间依次排列，一星期后转入普通区域，根据访问量依次排列

基本事件流：
1. 读者在"享阅聊书室"或"享阅播书室"版块页面点击"创建聊书室"或"创建播书室"
2. 系统转到创建新书室页面
3. 读者填写书室相关信息后点击"提交"
4. 系统提示"创建成功，等待管理员审核"

表 6-9　"添加评论"用例文档

用例名称：添加评论

执行者：会员读者

简要说明：
会员读者可以在聊书室或播书室里写下意见、发表评论、参与图书讨论

基本事件流：
1. 读者在某聊书室或播书室详情页面的评论区填写评论后提交
2. 系统提示提交成功，并在评论区显示读者刚发表的评论

表 6-10　"读书会报名"用例文档

用例名称：读书会报名

执行者：会员读者

简要说明：
会员读者可以在读书会版块在线报名参加网站举办的线下读书会

基本事件流：
1. 读者在"享阅读书会"版块页面的报名区点击"我要报名"
2. 系统提示"报名成功"
3. 读者在报名区可看到自己的账号名称，表明报名成功

4. 系统活动图

　　分析本系统各用例后确定继续为"创建书室""添加评论""读书会报名"这三个用例绘制活动图，如图 6-12 ~ 图 6-14 所示。

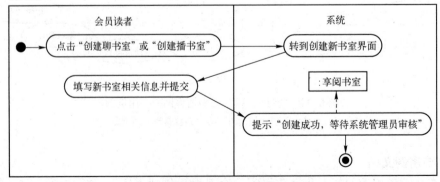

图 6-12　"创建书室"用例活动图

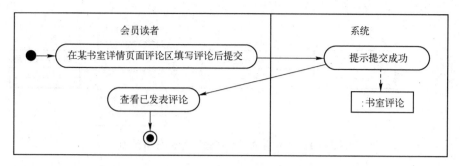

图 6-13 "添加评论"用例活动图

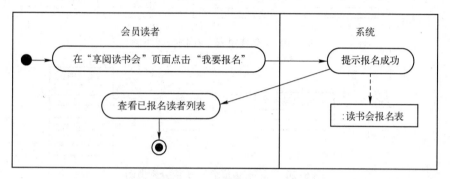

图 6-14 "读书会报名"用例活动图

5. 系统分析类图

对象是构成系统的基本元素，需要为系统的每个用例绘制分析类图，现列出"享阅书屋"图书销售网的部分用例分析类图，如图 6-15~图 6-22 所示。

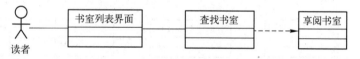

图 6-15 "搜索书室"用例分析类图

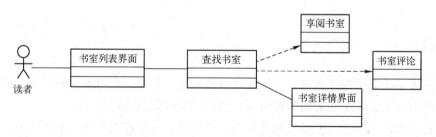

图 6-16 "查看书室信息"用例分析类图

图 6-17 "搜索读书会"用例分析类图

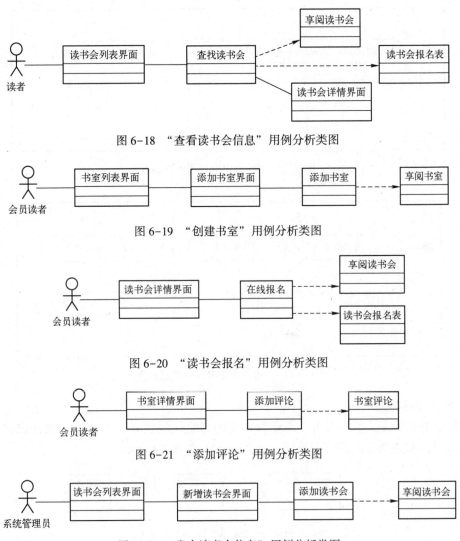

图 6-18 "查看读书会信息"用例分析类图

图 6-19 "创建书室"用例分析类图

图 6-20 "读书会报名"用例分析类图

图 6-21 "添加评论"用例分析类图

图 6-22 "发布读书会信息"用例分析类图

本章小结

电子商务系统分析的任务是在系统规划的基础上，获得用户对系统的需求，明确系统要做什么，并形成表达系统功能的逻辑模型，为系统设计提供依据。

本章首先阐述了电子商务系统分析的内容和步骤，主要包括掌握企业商务活动的特点以获得系统基本需求、进行系统调查以获得用户特定需求、采用某系统分析方法将用户需求转换成逻辑模型、撰写系统分析报告四个方面的内容。接着以 B2B、B2C、C2C 电子商务系统为典型代表，描述了电子商务系统的基本需求，并介绍了四种常用的获取用户特定需求的系统调查方法，即面谈法、问卷调查法、观察法和抽样法。随后结合实例重点介绍了结构化系统分析方法和面向对象系统分析方法的主要建模工具和使用步骤。最后描述了系统分析报告的基本格式。

习题

1. 电子商务系统分析的目的是要明确新系统将要_____，通过对原系统各项资源的调查建立新系统的_____。

2. 掌握企业商务活动特点的主要目的是获得系统_____需求，而系统调查的主要目的是获取用户对系统的_____需求。

3. 在电子商务系统分析阶段，系统调查的常用方法有面谈法、_____、_____、抽样法。

4. 数据流程图的四种基本元素分别是外部实体、数据流、_____和_____。

5. 数据字典的描述必须以_____数据流程图为依据，且通常只需要为一些_____的元素编写数据字典。

6. 在面向对象系统分析阶段，主要使用 UML 用例图、_____和_____来建立系统逻辑模型。

7. 简述数据字典与处理逻辑描述工具的联系与区别。

8. 请分别描述四种系统调查方法的适用情况。

9. 某书店预订系统的基本流程如下：顾客向书店发订单，订单交由系统处理，系统首先对订单进行检查并只对合格的订单进行处理，处理过程中，根据订单数目和顾客情况将订单分为优先订单和正常订单，随时处理优先订单，定期处理正常订单，系统根据所处理的订单进行汇总，最后发给出版社。画出以上业务的数据流程图。

10. 某公司的折扣政策如下：1) 若年交易额 4 万元以上，且最近 3 个月无欠款的顾客，可享受 10% 的折扣；若近 3 个月有欠款，是本公司 5 年以上老顾客，可享受 5% 的折扣；若不是老顾客，只有 2% 的折扣；2) 年订货量不足 4 万元者无折扣。请画出此问题的决策表。

11. 结合自己的理解，编写新用户"注册"用例的用例文档，并画出该用例的分析类图和活动图。

第 7 章　电子商务系统设计

学习目标

- 熟悉电子商务系统设计的内容和原则。
- 明确电子商务系统总体结构设计的主要内容。
- 掌握电子商务系统运行平台的设计原则。
- 了解电子商务系统中间件的作用及其选择标准。

电子商务系统设计是指在系统规划和分析的基础上，界定系统的外部边界，说明系统的组成及其功能和相互关系，描述系统的处理流程，目标是给出未来系统的结构。完成电子商务系统设计后，对未来电子商务系统的整体构成能够有一个清晰的理解，为后续的系统开发工作奠定基础。

7.1　电子商务系统设计的任务

7.1.1　系统设计的内容

电子商务系统设计的主要任务是从电子商务系统的总体目标出发，根据系统规划阶段产生的文档，同时考虑到经济、技术和系统所实现的内外部环境和主客观等方面的条件，确定电子商务系统的总体结构和系统各组成部分的技术方案，合理选择计算机和通信的软硬件设备，确保总体目标的实现。系统设计阶段要细化系统规划阶段给出的系统体系结构中各层次的内容，所要完成的主要工作如下：

1）系统总体结构设计。根据系统分析的要求和企业的实际情况，确定整个系统由哪些部分组成，以及各部分在物理和逻辑上的相互关系。

2）系统运行平台设计。根据新系统的目标，在各种技术手段和实施方法中权衡利弊，合理利用各种资源，选择适当的计算机软硬件、网络通信设备及其他辅助设备。

3）应用系统设计。应用系统是电子商务系统的核心，它是在系统逻辑模型的基础上，针对每个不同的电子商务系统分别设计的，主要包括应用程序模块设计、系统数据库设计、系统网站界面设计、支付系统设计、安全系统设计等。

4）系统接口设计。提出系统集成所需的内部、外部接口要求，从技术集成的角度，明确各分系统间的内部数据接口及外部软硬件接口。

7.1.2　系统设计的原则

电子商务系统设计的结果是后续开发实施的基础，因此系统设计是非常重要的。电子商务系统设计受到很多因素的影响，如技术条件、业务规模、设计人员对系统的理解程度等，在明确了系统的目标、功能和规模的前提下，出于不同的考虑，系统设计人员给出的系统结构可能是有所差异的，但是一般而言，电子商务系统设计应当遵循以下原则：

（1）技术的先进性

电子商务是利用现代信息技术开展的商务活动，技术因素在电子商务中所占的地位是非常重要的。技术先进性是指系统设计应立足先进的技术，采用最新的技术成果，使系统具有一个较高的技术起点。

电子商务系统的实现技术发展很快，而系统的建造过程则需要一定时间，当技术成为企业保持竞争优势的一个重要因素时，如果设计初始没有在技术方面领先，那么将产生对电子商务竞争力不利的影响。

（2）符合企业信息化的整体技术战略

电子商务系统是企业信息化建设的一部分，在开发电子商务系统之前，企业为了提高内部生产和管理的需要，已经制定或建立了信息技术政策，规划了信息化建设的发展蓝图，开发并应用了相关的信息系统。在这样的情况下，进行系统设计时，必须把电子商务系统作为企业信息化的有机组成部分来考虑，使其符合企业信息化的整体技术战略。

（3）与现行系统具有良好的兼容性

目前，很多企业已经完成了信息化建设，并发挥着效益。电子商务系统要充分利用企业已有的信息化成果，节约投资，尽量发挥它们现有的功能，考虑把它们集成到电子商务系统中。兼容现有的资源意味着电子商务系统可以有效地利用自己的信息资源，节约投资，并更大程度上实现信息的增值。

（4）开放性

如果设计的系统满足开放性的要求，不仅意味着电子商务系统可以独立于硬件、操作系统，系统开发建设中能够获得更多的技术支持，容易升级，便于对开放的系统结构和企业已有信息资源的集成。

（5）可扩展性

互联网具有巨大的商务潜能，往往很难准确预计系统的最终访问量和最佳的商务运行模式，因此系统设计的原则之一是可扩展性。随着企业网上平台业务量的扩展和平台访问量的增长，系统应该能够具有很强的扩展能力，以适应新业务的发展。

（6）安全性

安全性是指要求系统运行稳定可靠，具有较高的平均无故障率，发生故障时能快速恢复系统，同时要有技术手段确保数据和交易过程的安全。由于电子商务活动涉及企业的交易、支付和客户信息等敏感数据，因此保证系统的安全是非常重要的，关系到企业能否为客户、合作伙伴所信任。

在进行电子商务系统设计时，通常要从两个方面考虑系统的安全：一方面是从物理实体安全方面考虑主机系统、操作系统、网络、数据存储与备份等安全问题，以保证系统本身的安全；另一方面是从电子交易方面考虑身份认证、数据加密等安全措施，目的是保证交易过程的安全。

（7）实用性

实用性是指在特定的产品环境下，用户所获得的效果、效率和满意度，是对用户最基本的承诺。电子商务系统设计应充分考虑各业务层次、各环节管理中数据处理的便利性和可行性，在人机交互方面要考虑不同用户的实际需求，在用户接口及界面设计应考虑人体结构特征及视觉特征的优化设计。

（8）完整性

系统是一个有机的整体，应该具有一定的整体性，在系统设计时，必须保持其功能完整、联系密切。要使整个系统有统一的信息代码、统一的数据组织方法、统一的设计规范和标准，以此来提高系统的设计质量。

7.2 电子商务系统总体结构设计

电子商务系统的总体设计是系统设计的一个重要组成部分，是在系统体系结构的基础上，针对企业电子商务的目标，界定系统的外部边界和接口，刻画系统的内部组成及其相互关系，确定未来电子商务系统的逻辑结构。

系统规划阶段确定了电子商务系统的体系结构，指出了系统的组成部分，包括网络、主机设备、支持平台软件、应用软件等，这些组成部分位于不同的层次，并对系统有不同的贡献。电子商务系统总体结构设计则是在系统规划的基础上，进一步明确系统体系结构中各组成部分的具体内容，都有什么样的作用，其相互关系是什么。如果说系统规划中给出的体系结构是一个宏观的战略层次上的说明，那么系统总体结构设计则是一个战术层次上的描述。

图 7-1 电子商务系统总体结构

图 7-1 是电子商务系统总体结构图，电子商务系统总体结构设计主要包括以下四个方面的内容设计。

1. 基础层

基础层包括系统的网络支撑平台及系统支撑平台，是系统的基础。

网络平台是与用户系统的互连，应用系统的通信、管理系统的远程管理都必须通过网络实现。在基础层进行相应的网络系统的设计，包括 IP 地址和域名的管理、子网划分、网络安全控制等。

系统平台是建设在网络平台之上的计算机系统，它通过网络相互通信，并最终为用户提供服务。不同的应用由于其相对安全性和可靠性的要求不同，对硬件平台的要求也不尽相同：一般的应用和数据，只要进行系统和数据的备份即可；重要的应用和数据，除了一般的系统和数据备份外，还需要进行双机或多机间的相互备份；核心的应用及数据，除了本地备份外，还要进行灾难备份，防止火灾、地震等小范围的自然灾害导致系统不能正常运行。

2. 服务层

服务层包括应用服务平台和管理平台，其中应用服务平台又包含了通用中间件产品，将业务逻辑和与之相关的数据库放在服务层进行处理，可充分利用系统资源，大大提高系统的效率和扩展性。服务层的设计主要包括支付、认证、安全等方面。

由于电子商务系统是用电子方式通过网络进行商务活动，通常参与各方是互不见面的，因此身份的确认与安全通信变得非常重要。解决方案就是建立中立、权威、公正的电子商务认证中心——CA认证中心，它所承担的角色类似于网络上的"公安局"和"工商局"，它给个人、企事业单位和政府机构签发数字证书——"网上身份证"，以此确认电子商务活动中各自的身份，并通过加密方法实现网上信息的安全交换与安全交易。

支付网关的角色是信息网与金融网的连接中介。它承担双方的支付信息转换工作，其解决的关键问题是让传统的封闭的金融网络能够通过网关面向互联网的广大用户，提供安全方便的网上支付功能。

3. 应用层

应用层由各种电子商务应用系统组成，它涉及企业的各个领域，其系统建设将实现企业各种商务活动的电子化、信息化、数字化和无纸化的目标。电子商务应用系统主要以应用软件形式实现，分为两个部分：一部分是完成企业内部的业务处理和向企业外部用户提供服务，如用户可以通过互联网查看商品目录、商品资料、订购商品等；另一部分是安全的电子支付系统，它使得用户可以通过互联网在网上安全的购物、支付，真正地实现电子商务。

4. 内外部环境接口

企业商务活动发生于企业及客户、合作伙伴之间，因此电子商务系统并不是一个封闭系统，而是一个开放系统，与其他系统相关之间存在着数据交换和接口。一般来说，电子商务系统与其内外部环境的接口包括以下几个方面。

1）与企业内部既有信息系统的接口。这类接口存在于电子商务系统与企业内部既有的信息系统之间，通常可由企业单方面界定。

2）与企业合作伙伴之间的接口。该类接口主要存在于企业与其商务合作、业务往来的商务伙伴之间，目标系统将与这些企业之间发生数据交换。这类接口一部分可能是标准化的，也有相当一部分是不标准的，需要企业与其伙伴之间进行协商确定。

3）与交易相关的公共信息基础设施之间的接口。这类接口主要指企业电子交易过程中，介于企业与商务中介和公共信息环境（如CA认证机构、银行）之间的接口。这类接口一般具有标准化的形式，常常由对方（如CA认证机构、银行）来提供标准，企业需要满足相关标准的要求。

4）其他接口。主要是指企业与政府或其他机构之间的接口，如企业与政府的电子政务之间实现网络保税、网络通关等，这一类接口一般遵循政府机构实施电子政务时确定的规范。

系统总体结构设计完成后，需要继续对系统各组成部分进行细化设计，包括系统运行平台设计、应用系统设计及系统接口设计。

7.3 电子商务系统运行平台设计

系统运行平台是指系统运行所依赖的硬件和软件，系统运行平台的设计主要包括网络通信平台、硬件平台和软件平台的设计及相关设备的选择，这一部分主要对应电子商务系统体系结构中的基础层，对企业而言，这一部分主要通过选择合适的产品来实现。

7.3.1 网络通信平台设计

计算机网络是电子商务的重要组成部分，系统内外信息传递和共享必须通过计算机网络来完成。电子商务系统网络通信平台设计原则为：均衡配置，避免出现网络瓶颈，充分考虑未来发展，实用高效，性能价格比优异，技术成熟、先进，带宽及实时性较好，可扩展性好，有安全和容错能力。

电子商务系统网络通信平台包括系统局域网、Internet、Intranet 和 Extranet 几个组成部分，其基本网络结构如图 7-2 所示。

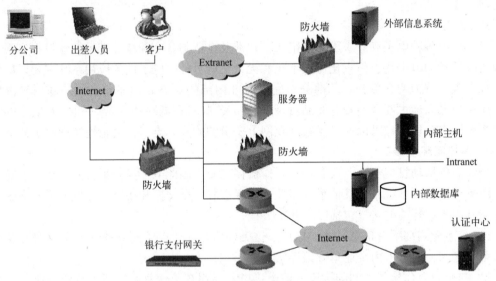

图 7-2　电子商务系统网络结构图

1. 支持电子商务系统的局域网

服务器是承载电子商务系统的介质，一个电子商务系统往往包括多台服务器，如 Web 服务器、应用服务器、事务服务器、数据服务器等，这些服务器一般是在一个分布环境下运行的系统，它们本身的运行需要一个局域网环境来支持。电子商务系统局域网的基本结构如图 7-3 所示，该网络的设计一般要满足以下一些要求。

1）由于局域网中计算机主机设备的用户访问流量是难以估计的，且用户透过 Internet 访问服务器上的服务时，要求比较高的响应速度，除配置高性能的服务器外，网络能够具备较高的带宽是非常必要的，因此，该局域网一般通过 LAN Switch 构造，以实现较高的速度。

2）电子商务系统的局域网不仅和 Internet 互联，且为了存取企业内部数据，该局域网还和企业的内部网络连接。在这种情况下，局域网上的主机设备、应用系统和企业内部信息系统理论上都存在被非法用户入侵的可能，当商务应用系统一旦遭到恶意攻击，那么企业的商务活动就可能受到影响，因此强化网络的安全是非常必要的。

2. Internet 部分

Internet 部分是企业电子商务系统的用户访问接口，是企业与客户之间相互交流的通道。建设电子商务 Internet 部分的主要目的是实现企业 Intranet 和 Internet 之间的互联，它的主要

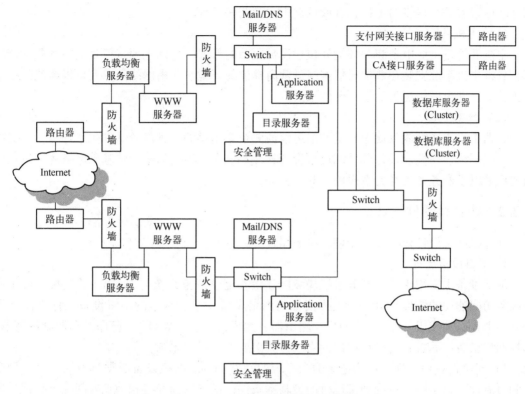

图 7-3　电子商务系统局域网结构图

内容是完成接口方式、接口规格的设计，实现两个部分的连接，因此这一部分涉及的主要技术是网络互联技术和网络互联设备。

电子商务系统与 Internet 的互联方式很多，目前常见的方式是通过数字数据网 DDN、CABLE MODEM、超高速数字用户线路 VDSL、光纤、无线等方式将企业电子商务系统接入 Internet。

3. Intranet 和 Extranet

Intranet 和 Extranet 都不是指具体的物理网络，Intranet 是企业内部需要和电子商务系统局域网互联的计算机网络的总称，而 Extranet 则是企业外部需要与电子商务系统进行互联的其他网络的集合。

Intranet 和 Extranet 设计的关键都是互联问题，但这种互联体现在两个方面：

1）低层互联。低层互联是指企业内部信息系统或外部系统与电子商务系统之间通信子网络连通。Extranet 互联的通信子网是一个 VPN（Virtual Private Network，虚拟专用网），可以在多种数据通信网（如 DDN、VDSL）的基础上构造。

2）高层互联。高层互联是指 Intranet 或 Extranet 上的应用系统和电子商务系统的应用之间能够相互通信、交换数据，主要涉及的是应用的互操作及数据共享问题。

一般来说，电子商务系统网络通信平台的设计通常有两种方案可以选择：一种是依靠自身的力量建立自己的完整的计算机网络环境；另一种是通过租用的方式或者以 VPN 的方式来实现网络环境的建设，即外包给网络运营服务商来建立网络环境。

现实中，电子商务系统的网络环境很多情况下都是采用外包方式实现的，它可以使用基础网络运营服务商提供的主机托管或数据中心模式来实现。

（1）主机托管

主机托管是企业电子商务环境外包建设最原始的形式，它的主要特征是电子商务系统的拥有者将主机系统安装在数据通信网络运营商提供的环境中，由网络运营商提供高速网络及维护接口，并由网络运营商进行硬件维护。

（2）数据中心

数据中心或者智能数据中心是网络运营商向企业提供的一种新的基础网络环境，数据中心将宽带网络、高性能设备及系统运行管理软件集成在一起，为需要将基础网络环境进行外包建设的电子商务系统经营者提供一揽子服务。

7.3.2 计算机硬件设计

计算机硬件设计包括网络设备和服务器设备的选择。

1. 网络设备选择

网络设备主要用于电子商务系统局域网建设、电子商务系统与 Internet 的连接，电子商务服务访问速度的快慢与否，很大程度上与网络设备有关。基本的网络设备有计算机（无论其为个人电脑或服务器）、交换机、路由器、无线接入点（WAP）、打印机和调制解调器，选择网络设备产品首先要满足用户的需求，其次要考虑以下原则：

1）安全性和稳定性。作为电子商务系统的硬件基础，网络设备必须具备安全性、稳定性和可靠性，这是网络系统稳定运行的最基本条件，最好选择经过相当长时间在世界范围内被广泛应用的网络产品。

2）技术先进性。作为高科技的产品，网络设备应该具有技术的先进性，能够保持在相当长的一段时间内不会因为技术落后而被淘汰。

3）便于扩展性。为避免不必要的重复投资，所选的设备应具有一定的扩展能力，尽可能做到在网络技术进一步发展、现有模块不支持新技术的情况下，只需要更换相应模块，而不是更换整个设备。

4）服务支持原则。系统运行的稳定性离不开供应商的服务支持，供应商应当有完善的维护和服务支持途径，提供长期可行的技术支持，以降低系统硬件的风险。

5）经济合理原则。经济合理是指综合初期投资和今后运行费用，不但要考虑前期投入，还要考虑系统运行、维护费用，在符合需求原则、技术原则和服务保证的前提下，所选设备应具有较高的性价比。

2. 服务器设备选择

服务器是网络环境中的高性能计算机，它侦听网络上的其他计算机（客户机）提交的服务请求，并提供相应的服务，因此，服务器必须具有承担服务并且保障服务的能力。考虑服务器配置时，可以从以下几个方面来衡量服务器是否达到了其设计目的：

1）可扩展性。可扩展性体现在硬盘是否可扩充、CPU 是否可升级或扩展、系统是否支持多种可选主流操作系统等方面。在信息时代，企业网络不可能长久不变，这就要求服务器必须具有一定的可扩展性，以保持前期投资为后期充分利用，否则，当用户数量增多时，高价的服务器可能在短时间内就要被淘汰，这是任何企业都无法承受的。为了保持可扩展性，通常需要服务器具备一定的可扩展空间和冗余件，如磁盘阵列架位、PCI 和内存条插槽位等。

2）易使用性。易使用性主要体现在服务器是不是容易操作，用户导航系统是不是完善、机箱设计是不是人性化、有没有关键恢复功能、是否有操作系统备份以及有没有足够的培训支持等方面。服务器需要全面的软件支持以实现众多的功能，而大量的软件又可能造成服务器的使用性能下降，因此选择服务器时要充分考虑其易使用性。

3）稳定性。对于一台服务器而言，其所面对的是整个网络的用户，在大中型企业中，通常要求服务器是永不中断的，必须持续地为用户提供连接服务，这就要求服务器能满足长期稳定工作的要求。为了确保服务器具有较高的稳定性，除了要求各配件质量过关外，还可采取必要的技术和配置措施，如硬件冗余、在线诊断等。

4）易管理性。在服务器的主要特性中，还是一个重要特性，那就是服务器的易管理性。服务器虽然在稳定性方面有足够保障，但也应有必要的避免出错的措施，以及时发现问题，且出故障时也能及时得到维护，这不仅可减少服务器出错的机会，同时还可大大提高服务器维护的效率。另外，服务器的易管理性还体现在有没有智能管理系统、有没有自动报警功能、是不是有独立于系统的管理系统等方面。

7.3.3 应用软件设计

1. 网络操作系统选择

网络操作系统主要是指运行在各种服务器上的操作系统，目前比较流行的用于电子商务系统的主要有 UNIX、Linux、Windows 网络操作系统，这些网络操作系统所面向的服务领域不同，在很多方面有较大的差异，用户可以结合系统的需求适当选择。

首先，选择网络操作系统时要考察以下几点：

1）该网络操作系统的主要功能、优势及配置，看能否与用户需求达成一致。

2）该网络操作系统的生命周期。用户总是希望网络操作系统正常发挥作用的周期越长越好，这就需要了解其技术主流、技术支持及服务等方面的情况。

3）该网络操作系统能否顺应网络计算潮流。若当前的潮流是分布式计算环境，则选择网络操作系统时最好以此方向为准则。

4）该网络操作系统平台的性能和品质，如速度、可靠性、安装与配置的难易程度等。可对当前市场流行的各网络操作系统进行综合比较，从中选择性能价格比最优者。

其次，所选择的网络操作系统要尽量满足以下标准：

1）良好的安全性。操作系统安全是计算机网络系统安全的基础，一个健壮的网络必须具有一定的防病毒及防外界侵入的能力。从网络安全性来看，Linux 和 UNIX 网络操作系统的安全保护机制较为完善和科学，而 Windows 网络操作系统的安全性则稍逊一筹，但无论安全性能如何，各网络操作系统都自带有安全服务。

2）较高的可靠性。对网络而言，稳定性和可靠性的重要性是不言而喻的，网络操作系统的稳定性及可靠性将是一个网络环境得以持续高效运行的有力保证。Windows 网络操作系统一般适用于中低档服务器中，这是由于其在稳定性和可靠性上要稍差一点，而 UNIX 网络操作系统的主要特性则是高稳定性和可靠性。

3）可集成性。可集成性就是对硬件及软件的容纳能力，硬件平台无关性对系统来说非常重要，现在构建网络一般都对应多种不同应用的要求，因而具有不同的硬件及软件环境，而网络操作系统作为这些不同环境集成的管理者，应该具有尽可能多地管理各种软硬件资源的能力，如 UNIX 对 CPU 的支持比 Windows 要好。

4）开放和可扩展性。网络是一个开放的环境，因此现在的系统应当是开放的，只有开放才能兼容并蓄，才能真正实现网络的功能。可扩展性就是对现有系统的扩充能力，当用户应用的需求增大时，网络处理能力也要随之增加、扩展，这样才可以保证用户在早期的投资不至于浪费，也为以后的发展打好基础。

5）对应用程序的开发支持。开展电子商务，需要在操作系统上开发软件，如果有应用程序编程接口，开发商和用户就能高效地开发出需要的网络应用程序。

6）易于管理和维护。网络操作系统应易于管理，能让网络管理员方便地管理网络、查询问题和最佳地设置服务器，这就要求网络操作系统提供相应的管理工具，帮助电子商务系统网站的管理和维护。从用户界面和易用性来看，Windows 网络操作系统明显优于其他网络操作系统。

2. Web 服务器软件选择

Web 服务器也称为 WWW 服务器，是指驻留于因特网上某种类型计算机的程序。当 Web 浏览器（客户端）连到服务器上并请求文件时，服务器将处理该请求并将文件反馈到该浏览器上，附带的信息会告诉浏览器如何查看该文件（即文件类型）。由于服务器使用 HTTP（超文本传输协议）与客户机浏览器进行信息交流，因此人们也常把它们称为 HTTP 服务器。

在选择 Web 服务器时，不仅要考虑目前的需求，还要考虑将来可能需要的功能，因为更换 Web 服务器通常要比安装标准软件困难得多，会带来一系列问题，如页面脚本是否需要更改，应用服务器是否需要更改等，大多数 Web 服务器主要是为一种操作系统进行优化的，有的只能运行在一种操作系统上，所以选择 Web 服务器时，还需要和操作系统联系起来考虑。一般来说，需要考虑以下几个方面：

1）与网络操作系统的配合。首先，Web 服务器软件应该能在选定的网络操作系统下使用，其次，该 Web 服务器软件最好还能在其他网络操作系统下使用，以适应网络操作系统环境的变化。

2）响应能力。指 Web 服务器对多个用户浏览信息的响应速度，响应速度越快，单位时间内可以支持的用户访问量就越多，对用户要求的响应就越快。Web 服务器响应能力主要由系统的硬件配置、网络出口带宽和应用复杂性等方面决定。

3）对标准和应用的支持。选择 Web 服务器时要考虑其对系统中采用的开发技术、语言、网络通信协议等标准和应用是否支持，例如，当 Web 站点的网页主要是 ASP 动态类型或使用的数据库系统是 SQL 时，则不适宜选择不支持 ASP 和 SQL 的 Apache 服务器软件。此外，有的网站需要 Web 服务器具有一些特殊的功能，如便捷的用户认证、多媒体的递送、SSL、支持某种脚本语言等，选择 Web 服务器时，要确定其能支持所需的功能，或可以加载第三方的软件进行支持。

4）与后端服务器的集成。Web 服务器除直接向用户提供 Web 信息外，还担负服务器集成的任务，这样客户机就只需要一种界面来浏览所有后端服务器的信息。Web 服务器可以说是 Internet 中的信息中转站，它将不同来源、不同格式的信息转换成统一的格式，供具有同一界面的用户浏览器浏览。

5）安全性。由于 Web 服务器通常是放在防火墙之外或 DMZ 区，因此 Web 服务器的安全问题显得特别重要。它主要考虑两个方面：一是保护 Web 服务器机密信息；二是要防止黑客的攻击。要具备这两项安全功能，除了要配备一些安全策略和工具软件外，还需要减少并简化在服务器本身上所安装的应用。

6）稳定可靠性。Web 服务器的性能和运行都需要非常稳定，如果 Web 服务器经常发生故障，将对整个系统产生非常严重的影响。

7）管理的难易程度。Web 服务器的管理包含两种含义：一是管理 Web 服务器是否简单易行；二是利用 Web 界面进行网络管理。管理 Web 服务器的界面一般有命令行、Telnet、HTML 和基于窗口的应用程序，易管理的 Web 服务器应具有图形用户界面和完善的向导系统或帮助文档，复杂的管理界面可能会引起问题，且浪费时间，并可能导致配置错误和安全漏洞。经验丰富的 Web 站点管理员能够配置一个安全有效的服务器，迅速解决出现的问题。

8）技术支持。这就涉及 Web 服务器厂商的售后服务体系和技术实力。Web 服务器系统应用是非常复杂的，特别是对于那些平常很少接触的 UNIX 或 Linux 服务器系统，一旦出现了问题，如果不能得到厂商及时、可靠的技术支持，那么将很可能影响到企业电子商务的正常运转。

3. 应用服务器软件选择

应用服务器是三层/多层体系结构的组成部分，位于中间层。应用服务器也称为应用程序服务器，运行于浏览器和数据资源之间，它通过各种协议，把商业逻辑暴露给客户端应用程序。Web 服务器专门处理 HTTP 请求，而应用程序服务器通过很多协议来为应用程序提供商业逻辑。例如，一个在线商店提供实时定价和有效性信息，这个网站通常会提供一个表单供顾客选择产品，当顾客提交查价请求后，Web 服务器会响应请求并委托给相应的处理程序，而应用程序服务器则会提供用于查询产品定价信息的商业逻辑，完成后由 Web 服务器把结果内嵌在 HTML 页面中返回。

在企业级应用中，应用程序服务器是位于企业数据和访问企业数据的客户之间的中间件，它提供了业务代码的存储和运行的环境，从物理上把业务逻辑同客户端和数据资源分离开来。应用程序服务器可使一个商业系统得以快速简便的开发和部署，也可以适应商业系统的用户增加而无须重构系统，这一切都是源于它处于一个相对独立的结构层。

应用服务器的作用除了管理客户端请求与数据库之间的通信外，还具有跨系统平台（数据库、操作系统）的能力，因此，基于应用服务器系统开发的各种客户应用，就可以完全不考虑底层数据库与操作系统，实现跨平台的开发，通过采用应用服务器将应用与系统进行了有效隔离。此外，应用服务器还能够实现动态负载均衡，使得系统性能发挥到最高水平，保障客户端与服务器端数据的一致性。

选择应用服务器，用户需要仔细评估对应用服务器功能的需要，以选择最适于解决问题的软件，可以参考以下几个因素。

1）性能和技术指标。性能是最关键的因素之一。

2）可扩展性。可扩展性也是选型的很重要的因素之一，可以采用第三方的测试数据。

3）外部工具的支持。选择应用服务器，不仅需要考虑的是应用服务器，同时也应该考虑能够获得的额外工具或者框架支持。比如 BEA 的 Workshop、Oracle 的 jDeveloper 等，这些工具能帮助我们整合开发环境，写出良好的编码，加速开发过程。

4）产品定位。不同的应用服务器产品有着不同的定位，如 iPlanet 将其 iPlanet 应用服务器 6.0 定位于网络和应用服务提供商以及超大型企业；如果用户的 Web 网站上有大量的购物消费中预期出现高速的增长，对负载平衡和集群支持要求比较高，那么可首选 BEA 的 Weblogic 或 IBM 的 Websphere；如果用户的业务依赖于 Oracle 数据库，则 Oracle 的配置内置 Apache Web 服务器的 Internet 应用服务器是很好的选择；如果用户要选择易用的产品，则 Silver Stream 应用服务器的集成开发环境和工具可以成为选择之一。

5）独立性。合适的应用服务器应该具有独立性以及拥有相当的可移植性，不应被绑定在某个特定的数据库或开发工具上，否则会限制用户的选择权利，同时也为将来的移植带来困难。

6）价格。价格总数上，参考电子商务系统应用需要最高并发处理多少事务，计算需要多少个 CPU，然后根据每个 CPU 的价格再计算价格总数并进行比较，当然售后服务的收费也要考虑。

4. 数据库管理系统选择

数据库是电子商务系统中不可缺少的核心组成部分，电子商务系统对数据存取设备的容量、性能、安全性以及灾难恢复能力方面有更高、更快、更强的要求。在电子商务系统中，常选择的数据库管理系统的主流产品有 Microsoft SQL Server、Oracle、Sybase 等，选择数据库管理系统时应从以下几个方面予以考虑：

1）构造数据库的难易程度。需要分析数据库管理系统有没有范式的要求，即是否必须按照系统所规定的数据模型分析现实世界，建立相应的模型；数据库管理语句是否符合国际标准，从而便于系统的维护、开发和移植；有没有面向用户的易用的开发工具；所支持的数据库容量。

2）系统的成熟度和先进性。这两个因素是矛盾的，保守稳健的策略是选用成熟的产品，开拓性的策略是选用技术先进、但未必很成熟的产品。目前大部分文件系统和关系数据库管理系统都属于比较成熟的产品，而面向对象数据库管理系统从总体看还不够成熟，但比较先进。

3）对分布式应用的支持。包括数据透明与网络透明程度，数据透明是指用户在应用中不需指出数据在网络中的什么节点上，数据库管理系统可以自动搜索网络，提取所需数据；网络透明是指用户在应用中无须指出网络所采用的协议，数据库管理系统自动将数据包转换成相应的协议数据。

4）对多媒体的支持。电子商务系统处理的数据经常包括一些多媒体数据，如声音、图像等，尤其是电子商务系统向客户提供服务时，充分利用了计算机网络、电视网、无线广播等网络技术整合的特点，开展视频点播、远程教育、视频会议等形式的服务。这种情况下，就要考虑数据库是否支持多媒体的功能。

5）对全文检索的支持。在电子商务系统中，除了结构化的数据外，还大量存在着许多非结构化的数据，如网页、声音、图像、图形甚至于一些脚本，这些数据一般采用文件的方式进行存储和管理。在设计这类数据的管理方式时，应当注意其检索问题，一般电子商务系统中大量采用全文检索或者全文数据库的方式，来处理这类数据的查询和检索，在这种情况下，就需要数据库支持全文检索。

6）可移植性和可扩展性。可移植性指垂直扩展和水平扩展能力，垂直扩展要求新平台能够支持低版本的平台，数据库客户机/服务器机制支持集中式管理模式，这样可以保证用户以前的投资和系统不致浪费；水平扩展要求满足硬件上的扩展，支持从单 CPU 模式转换成多 CPU 并行模式。

7）并发控制能力。对于分布式数据库管理系统，并发控制功能是必不可少的，因为它面临的是多任务分布环境，可能会有多个用户点在同一时刻对同一数据进行读或写操作，为了保证数据的一致性，需要由数据库管理系统的并发控制功能来完成。

8）容错能力。指异常情况下对数据的容错处理，评价标准包括硬件的容错、有无磁盘镜像处理功能软件的容错、有无软件方法异常情况的容错功能。

5. 开发语言及工具选择

在电子商务系统的设计中，应根据所选择的体系结构、操作系统类型、数据库管理系统以及网络协议等选择开发语言及相应开发工具。

目前，开发电子商务系统常用的开发语言是 PHP、JSP 和 ASP，每种开发语言都有自身的优点和缺点，选择开发语言，要结合开发语言的特点，同时根据开发团队、需求、经济能力来确定。

- PHP 具有免费、开源、安全、开发成本低、负载强的特点，并且支持丰富的使用平台，目前国内的主机基本上都支持 PHP。PHP 开发快、易于维护，如果构建中小型电子商务系统，PHP 是不错的选择；但是 PHP 对 OOP 的支持不如 .NET 和 Java，且缺少一些标准的架构和命名空间，代码重用率也不高，因此对于快速开发，稍有欠缺。目前使用 PHP 开发的一些电子商务网站有淘宝、shopnc 等。
- JSP 具有跨平台性、有标准的架构，能够支持高度复杂的基于 Web 的大型应用，是较为理想的开发语言，但是其开发成本较高。目前使用 JSP 开发的一些电子商务网站有亚马逊、拍拍、易趣等。
- ASP.NET 具有强大的 IDE 开发工具与调试功能，使得快速开发成为可能。另外，由于 ASP.NET 本身支持企业技术，例如消息队列、事务、SNMP 和 Web 服务，因而可以很容易地开发具有高度可缩放性的强大的应用程序。使用 ASP.NET 开发的一些电子商务网站有京东、当当、携程等。

对于开发工具，其本身要尽可能开放，符合开放系统标准，独立于硬件平台及系统软件平台的选择，甚至能够独立于数据库的选择，这样才有利于系统的扩展。此外，开发工具要有与高级语言的接口，便于系统特殊功能的开发，还要尽可能支持系统开发的整个生命周期。当然，开发工具的比较没有绝对的标准，选择一种开发工具，不仅要看它对设计模式、对象结构以及管理的支撑情况，更重要的是要针对具体的使用环境、开发方法、结构体系、开发群体以及使用群体来评价一种工具的适宜程度。

7.4 电子商务系统中间件设计

中间件是一种独立的系统软件或服务程序，它指的是一些在互联网环境下运行的一些有关通信软件、交易软件、数据库访问软件和互联网有关的安全软件，以及为了在互联网条件下能够很好地开发应用所提供的许多面向应用的开发工具等。电子商务系统中间件位于系统体系结构中的服务层，在客户机/服务器操作系统、网络和数据库之上，应用系统的下层，其作用是为处于自己上层的电子商务应用系统提供运行与开发的环境，帮助用户灵活、高效地开发和集成复杂的应用系统。

- 在通信方面，电子商务系统中间件要支持各种通信协议和通信服务模式，传输各种数据内容，数据格式翻译、流量控制、数据加密、数据压缩等。
- 在电子商务系统中间件的核心，要解决目录服务、安全控制、并发控制、可靠性和效率保证等。
- 在电子商务应用系统开发方面，要能提供基于不同平台的丰富的开发接口，支持流行的开发工具和异构互连接口标准（如 IIOP、IDL、DCOM）等。
- 在管理方面，要解决电子商务系统中间件本身的配置、监控、调谐，为电子商务应用系统的易用易管理提供保证。

电子商务系统中间件是一种电子商务应用集成的关键件，不管电子商务应用系统分布在什么硬件平台上、使用了什么数据库系统、透过了什么复杂的网络，中间件都能够屏蔽操作系统和网络协议的差异，为应用系统提供多种通信机制，并提供相应的平台以满足不同领域的需要，从而为应用系统提供一个相对稳定的高层应用环境。然而，网络世界是开放的、可成长的和多变的，分布性、自治性、异构性已经成为电子商务系统的固有特征，在选择电子商务系统中间件时，要根据电子商务应用系统的特点和具体需要，从以下方面进行考虑：

1）可成长性。Internet 是无边界的，中间件必须支持建立在 Internet 之上的网络应用系统的生长与代谢，维护相对稳定的应用视图。

2）适应性。环境和应用需求不断变化，应用系统需要不断演进，作为企业计算的基础设施，中间件需要感知并适应变化，提供对各种环境的支持，包括：支持移动、无线环境下的分布应用，适应多样性的设备特性以及不断变化的网络环境；支持流媒体应用，适应不断变化的访问流量和带宽约束；在 DRE（Distributed Real-time Enbeded）环境下，适应强 QoS 的分布应用的软硬件约束；能适应未来还未确定的应用要求。

3）可管理性。领域问题越来越复杂、IT 应用系统越来越庞大，其自身管理维护则变得越来越复杂，中间件必须具有自主管理能力，简化系统管理成本。面对新的应用目标和变化的环境，中间件要能支持复杂应用系统的自主再配置、自我诊断和恢复、自主优化和自我防护。

4）高可信性。中间件要求提供安全、可信任的信息服务，支持大规模的并发客户访问，提供 99.99% 以上的系统可用性，提供安全、可信任的信息服务。

5）负载均衡。负载均衡是当一个应用的负载过大，超出自己的负载，就会把相应的进程分发给与之共同承担任务的服务器，从而不影响应用进程的运行。中间件必须支持负载均衡，以大大降低系统的崩溃现象，从而减少对企业带来的损失。

7.5 电子商务应用系统设计

应用系统是电子商务系统的核心部分，是针对每个不同的电子商务系统分别设计的，在系统设计阶段，电子商务应用系统的设计主要包括以下内容。

（1）应用程序模块设计

从计算机实现的角度入手，将整个应用系统分解为不同的、功能相对独立的子系统，在此基础上，进一步将每个子系统细化，最终到可编程的应用程序模块。

（2）数据库设计

数据库设计主要针对应用系统中要进行处理的数据对象，其内容主要是对数据的逻辑结构、存取方式等方面进行设计，目的是使应用程序中用到的数据能够根据其性质、用途、要求等特征，组织成为有效的形式。

（3）电子商务网站设计

电子商务系统多采用 B/S 结构，在很多情况下数据是通过在浏览器上显示的网站与系统后台服务器之间的交互实现的，网站就成为电子商务系统设计的重要内容。网站是企业实施电子商务的基础设施和信息平台，电子商务网站设计主要包括确定网站功能、设计网站整体风格和页面结构、完成页面内容的组织和编写。

（4）支付系统设计

支付是电子商务活动的重要环节，电子商务支付系统设计就是要确定网上支付活动的参与主体、支付方式及遵循的支付协议等内容。

（5）安全系统设计

电子商务发展的基础是网络，网络的开放性和数据的敏感性、保密性等要求，使得电子商务的安全问题显得尤为重要。设计电子商务安全系统要首先清楚系统的安全威胁，确定系统的安全要求，然后根据不同安全要求设计相应的安全措施。

电子商务的种类很多，电子商务应用系统的功能差异也是很大的，典型电子商务应用系统的设计将在第 8 章做详细介绍。

7.6 电子商务系统接口设计

7.6.1 内部系统接口设计

企业的商务活动是以企业内部的信息处理为背景的，企业内部信息系统是企业开展电子商务的前提条件。设计电子商务系统与企业内部信息系统间的接口，需要先分析内部信息系统的作用，包括：

1）内部信息资源（包括内部电子化和非电子化的数据、组织方式及作用）。

2）内部信息系统的功能。

3）企业的组织结构及内部工作流。

4）内部信息系统管理企业生产及销售的流程。

5）企业的数据流。

在分析以上内容后，再进一步明确电子商务活动依赖的内部信息资源，界定企业内部信息系统与电子商务系统之间的界限，归纳内部信息系统和电子商务系统相互之间的信息需求，最后分析内部信息系统与电子商务系统之间的数据交换及接口关系。

7.6.2 外部系统接口设计

企业通过电子商务系统和外部环境进行信息沟通，开展电子商务活动。在设计电子商系统时，要分析其外部环境，设计和外部环境的信息接口。分析企业的电子商务系统具体与外部环境进行哪些信息交换、向外部环境提供哪些功能是系统设计的重要工作。

设计电子商务系统与其外部环境信息系统之间的接口，首先需要明确电子商务系统的外部环境，图7-4给出了电子商务系统外部环境中的主要部门和单位。

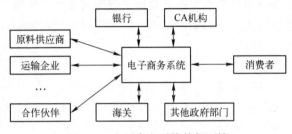

图7-4　电子商务系统外部环境

其次要分析电子商务系统与外部环境之间的关系，可以从这两个方面来考虑：

1）电子商务系统欲从外部环境获得哪些信息和功能的支持。

2）电子商务系统应向外部环境提供哪些信息和功能。

接下来要确定电子商务系统和外部环境之间的界限，明确它们之间的相互信息需求。

最后确定电子商务系统与外部环境信息系统之间的数据交换及接口，包括与合作伙伴、基础设施、政府部门及其他机构之间的接口。

1）和合作伙伴之间的接口主要用来表示企业与其有商务合作、往来的伙伴之间的数据交换，这类接口有一部分可能是标准化的。例如企业之间采用EDI方式实现数据交换，或用XML的形式展开交易；也有一部分是不标准的，需要企业与其合作伙伴之间进行协商确定。

2）和交易相关的公共信息基础设施之间的接口指的是企业电子交易过程中，企业与在Internet上提供服务支持的商务中介和公共信息环境之间的接口。如企业与CA机构和银行之间的接口，这类接口的标准化常常由CA机构、银行等来提供标准，企业需要满足相关标准的要求，接口的数据交换时序、流程等同时也具有标准的规范要求。

3）电子商务系统与政府或其他机构之间也可能有接口，如企业与政府的一些部门之间通过Internet实现网络纳税、网络通关等，这一类接口一般遵循政府机构实施电子政务时确定的规范。

本章小结

电子商务系统设计的任务是确定系统的组成和各组成部分的技术方案，目标是给出未来系统的结构。系统设计阶段所要完成的主要工作包括系统总体结构设计、系统运行平台设计、应用系统设计和系统接口设计，在设计过程中需要注意一些如技术先进性、开放性、可扩展性、安全性等一般性原则。

在电子商务系统设计中，首先需要设计系统总体结构，即在系统规划的基础上，进一步明确系统体系结构中的基础层、服务层、应用层、内外部环境接口这四个组成部分的具体内容，然后再对各组成部分进行详细设计。

基础层构成了系统的运行平台，设计的主要内容包括网络通信平台、硬件平台和软件平台的设计，这一部分主要通过选择合适的产品来实现；服务层的中间件是一种独立的系统软件或服务程序，它的作用是为处于自己上层的应用系统提供运行与开发的环境，在选择中间件软件时要考虑其可成长性、适应性、可管理性、高可信性和负载均衡能力；应用层的应用系统是电子商务系统的核心，包括应用程序模块、数据库、网站、支付系统和安全系统的设计；内外部环境接口是电子商务系统与企业内部系统及外部相关系统交互的途径，分为内部系统接口和外部系统接口两部分内容，良好的接口设计是系统有效运行的前提条件。

习题

1. 电子商务系统的网络环境在很多情况下都是采用外包方式实现的，它可以使用基础网络运营服务商提供的＿＿＿＿＿或＿＿＿＿＿模式来实现。

2. 计算机硬件设计包括＿＿＿＿＿和＿＿＿＿＿的选择。

3. Web 服务器专门处理＿＿＿＿＿，而应用程序服务器是通过很多协议来为应用程序提供＿＿＿＿＿。

4. 描述电子商务系统设计的主要内容。

5. 电子商务系统与其内外部环境的接口包括哪些部分？

6. 描述电子商务系统网络通信平台的组成。

7. 什么是中间件，它有什么作用？

第8章 电子商务应用系统设计

学习目标

- 熟悉常见的电子商务应用系统体系结构。
- 掌握结构化系统数据库设计和面向对象系统数据库设计的步骤和工具。
- 熟悉电子商务网站设计的主要内容。
- 熟悉三种常见的电子支付系统的业务流程。
- 了解电子商务系统面临的主要安全威胁及相应的安全保障技术。

电子商务应用系统位于系统应用层，是电子商务系统的核心部分，它直接和企业的商务活动相关，负责实现客户对系统的功能需求。电子商务的具体应用情况千差万别，但典型的电子商务应用系统的业务和功能需求却是有一些共性的，比如从系统构成角度上看，一个电子商务系统往往包含商品动态展示和管理、商品交易、交易双方管理、在线反馈和汇总统计功能，还包括网上支付、物流配送、个性化服务、电子社区等辅助功能。

电子商务应用系统的设计主要包括系统体系结构选择设计、应用程序模块的设计、系统数据库设计、电子商务网站设计以及电子商务支付系统和安全系统的设计。

8.1 系统体系结构设计

体系结构是具有一定形式的结构化元素的集合，包括处理构件、数据构件和连接构件，其中处理构件负责对数据进行加工，数据构件是被加工的信息，而连接构件负责把体系结构的不同部分连接起来。电子商务应用系统大多数是分布式应用系统，对这类系统而言，系统的体系结构就显得非常重要。常见的电子商务应用系统体系结构一般有客户/服务器体系结构、三层体系结构、多层体系结构和 MVC 体系结构。

8.1.1 客户/服务器体系结构

客户/服务器（Client/Server，C/S）体系结构，简称 CS 结构，是大家熟知的客户机和服务器结构，客户机和服务器通常分别处在相距很远的两台计算机上，处理被分散在两台机器上进行：客户机程序完成数据处理、数据表示及用户接口功能，它将用户的要求提交给服务器程序，再将服务器程序返回的结果以特定的形式显示给用户；服务器程序完成对数据的存储和管理，它接收客户机程序提出的服务请求，进行相应的处理，再将结果返回给客户程序，如图 8-1 所示。

C/S 结构充分利用两端硬件环境的优势，将任务合理地分配到客户端和服务器端来实现，其优点是能充分发挥客户机的处理能力，客户端响应速度快，很多工作在客户端处

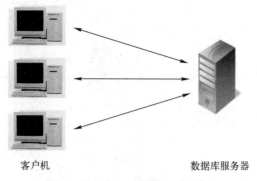

客户机   数据库服务器

图 8-1 客户/服务器体系结构

理后再提交给服务器，应用服务器运行数据负荷较轻，同时减少了网络上交换的数据量，降低了系统的通信开销。

随着互联网的飞速发展，移动办公和分布式办公越来越普及，大量的远程访问需要专门的技术，同时要对系统进行专门的设计来处理分布式的数据，C/S 体系结构开始暴露出它的一系列缺点：

- 客户机维护和升级成本高。C/S 结构中的客户机需要安装专用的客户端软件，不仅安装工作量很大，并且当任何一台电脑出现病毒、硬件损坏等问题时，都需要进行安装或维护。当系统软件升级时，每一台客户机都需要重新安装，将带来高昂的升级费用。
- 客户机管理难度大。随着系统的发展，程序设计越来越复杂，客户机将业务逻辑和表示逻辑混合在一起，为日常管理、日后升级维护增加了难以想象的难度。
- 系统扩展难。C/S 结构是单一服务器且以局域网络为中心的，因此难以扩展到大型企业广域网或 Internet。
- 系统维护成本高、任务量大。采用 C/S 架构，要选择适当的数据库平台来实现数据库数据的真正"统一"，使分布于两地的数据同步完全交由数据库系统去管理，但逻辑上两地的操作者要直接访问同一个数据库才能有效实现。如果需要建立"实时"的数据同步，就必须在两地间建立实时的通信连接，保持两地的数据库服务器在线运行，这样网络管理工作人员既要对服务器维护管理，又要对客户端维护和管理，就需要高昂的投资和复杂的技术支持，系统维护成本很高，维护任务量大。

8.1.2 浏览器/服务器体系结构

浏览器/服务器（Browser/Server，B/S）体系结构，简称 B/S 结构，是 Web 兴起之后的一种网络结构模式，如图 8-2 所示，它是三层或多层 C/S 结构的一种实现方式，Web 浏览器是客户端最主要的应用软件。客户机不再负责处理复杂计算和数据访问等功能，而主要负责与用户的交互，系统的绝大多数处理功能都放在 Web 服务器上，所有的应用系统、业务逻辑和控制都在这一层上，对数据库的访问也放在这一层上。数据库服务器负责存储大量的数据信息和数据逻辑，所有与数据有关的安全、完整性控制、数据的一致性、并发操作等都在第三层完成，客户机上只要安装一个浏览器，便可通过 Web 服务器与数据库服务器进行数据交互。

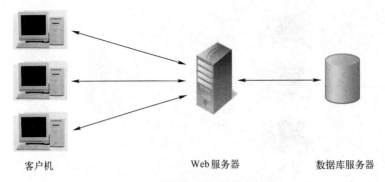

客户机   Web 服务器   数据库服务器

图 8-2   浏览器/服务器体系结构

B/S 结构统一了客户端，将系统功能实现的核心部分集中到服务器上，简化了系统的开发、维护和使用。B/S 结构最大的优点就是可以在任何地方进行操作而不用安装任何专门的软件，只要有一台能上网的电脑就能使用，客户端零安装、零维护，系统的扩展非常容易。B/S 结构的使用越来越多，特别是由需求推动了 AJAX 技术的发展，它的程序也能在客户端电脑上进行部分处理，从而大大减轻了服务器的负担，并增加了交互性，能进行局部实时刷新。

8.1.3 多层体系结构

随着应用的规模越来越大，功能越来越复杂，很有必要对软件系统再进行分层处理，这样就构成了多层体系结构。在开发大型软件时，可以将应用通信层分离出来，构成包含客户层、Web 服务器、应用服务器、数据库服务器的四层结构，如图 8-3 所示，其中 Web 服务器负责系统的表示逻辑，应用服务器负责系统的业务逻辑。

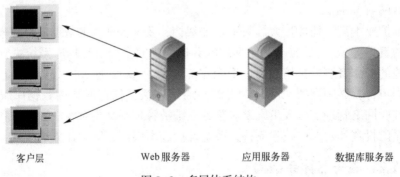

客户层   Web 服务器   应用服务器   数据库服务器

图 8-3   多层体系结构

多层体系结构拥有以下优点：
- 客户端不包含业务逻辑，它们变得更加简洁，更新业务逻辑时只需要对应用服务器进行操作，从而使部署和维护工作更加容易。
- 多层应用程序能够水平伸缩，如果设计正确，业务逻辑就能够被复制和分布到几个负载均衡的应用服务器上，当用户需求增加时，可以添加更多的服务器以满足要求。
- 应用服务器能将稀有的企业资源（如数据库连接）放入缓冲池中，这样可以在多个客户机上共享它们。

8.1.4 MVC 体系结构

MVC 的全名是 Model View Controller，是模型-视图-控制器的缩写，它是一种将业务逻辑和数据显示分离的方法，这个方法的假设前提是如果业务逻辑被聚集到一个部件里面，而且界面和用户围绕数据的交互能被改进和个性化定制而不需要重新编写业务逻辑。

MVC 开始是存在于桌面程序中的，M 指业务模型，V 指用户界面，C 则是控制器，使用 MVC 的目的是将 M 和 V 的实现代码分离，从而使同一个程序可以使用不同的表现形式。MVC 把一个应用的输入、处理、输出流程按照模型、视图、控制的方式进行分离，这样应用被分为三个层：模型层、视图层、控制层。

- 模型层（Model）：负责表达和访问商业数据，执行业务逻辑和操作。模型表示企业数据和业务规则，拥有最多的处理任务，它可能用像 EJBs 和 ColdFusion Components 这样的构件对象来处理数据库，被模型返回的数据是中立的，就是说模型与数据格式无关，这样一个模型能为多个视图提供数据，由于应用于模型的代码只需写一次就可以被多个视图重用，因此减少了代码的重复性。
- 视图层（View）：把表示模型数据及逻辑关系和状态的信息及特定形式展示给用户。视图是用户看到并与之交互的界面，MVC 能为应用程序处理很多不同的视图，在视图中其实没有真正的处理发生，不管这些数据是联机存储的还是一个雇员列表，作为视图来讲，它只是作为一种输出数据并允许用户操纵的方式。
- 控制层（Control）：用于控制业务流程，负责接收用户的输入并调用模型和视图去完成用户的需求。当单击 Web 页面中的超链接和发送 HTML 表单时，控制器本身不输出任何东西和做任何处理，只是接收请求并决定调用哪个模型构件去处理请求，然后再决定用哪个视图来显示返回的数据。

图 8-4 所示的是 Web 应用中的 MVC，视图不能直接调用控制器，而是基于 Web 请求映射成不同的 URL，视图不是一个可以被更新的对象，而是在客户端发出一个新请求的时候随之重新呈现的 Web 页面。同时，模型也不能将自身的改变通知视图，

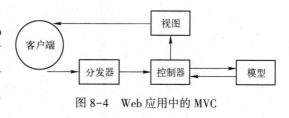

图 8-4　Web 应用中的 MVC

因为视图呈现于另外一台计算机的用户浏览器中，因此，视图每次都需要依照最新的数据重新生成。

MVC 是目前很常见的 J2EE 应用所基于的体系结构，MVC 主要适用于交互式的 Web 应用，尤其是存在大量页面、多次客户访问及数据显示时。其实 MVC 只是一种设计思想，而怎么实现 MVC，则有很多途径，开发人员可以采用已有的框架（如 Struts、WebWork 等）来实现，也可以自己构建一个 MVC 框架。

8.2　应用程序模块设计

电子商务应用系统展现了实现客户需求的具体功能，是开发过程中编写的主要部分。一个功能的实现通常是由几个逻辑相关的应用程序模块共同合作完成的，在编写程序之前，系

统设计人员需要根据功能实现的逻辑关系将其细化成可直接编程的应用程序，为系统实施人员实现功能提供编写依据。应用程序模块设计的主要工作就是找出系统中的应用程序并指出它们之间的数据交互关系。

在面向对象开发方法中，应用程序都被看成是对象，而顺序图和协作图的作用就是描述对象及其之间的动态交互关系，因此，可以通过画顺序图或协作图来实现应用程序模块设计。系统分析阶段绘制的分析类图明确给出了为实现用例需要创建哪些类及其之间的简单联系，但并没有指出这些类的对象间的具体交互关系，顺序图或协作图就是在分析类图的基础上，根据应用系统的体系结构进一步明确用例对象间的具体交互过程。

8.2.1 顺序图

顺序图描述了执行系统用例时所涉及的对象及对象之间的动态交互关系，常用于解释用例的实现过程。图 8-5 是"下新订单"用例的顺序图，根据此顺序图可得出为实现"下新订单"功能可以编写前台界面类应用程序"BookInfoGUI""NewOrderGUI""PayOnlineGUI""BankOnlineGUI""OrderInfoGUI"，以及后台处理类应用程序"AddOrder""Order""Pay-Online""Account"。

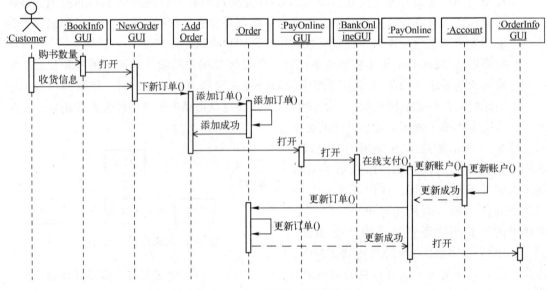

图 8-5 "下新订单"用例顺序图

8.2.2 协作图

协作图描述了执行系统用例时所涉及的对象及对象之间的动态合作关系，通常也用于解释用例的实现过程。协作图与顺序图在语义上是等价的，当强调对象间消息发送的时间和顺序时，则使用顺序图；当强调对象间的合作关系时，则使用协作图。图 8-6 是"下新订单"用例的协作图。

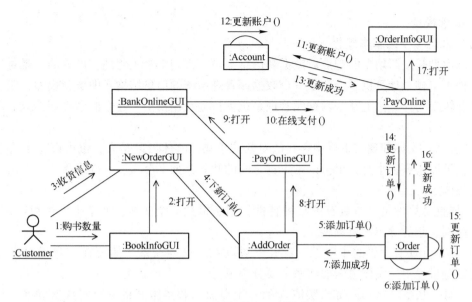

图 8-6 "下新订单"用例协作图

8.3 数据库设计

数据库是以一定的组织方式存储在一起的相关数据的集合，数据库设计是指对于一个给定的应用环境，从用户对数据的需求出发，研究并构造数据库结构，使之能有效地存储数据，满足用户的各种应用需求的过程。在电子商务应用系统的数据库设计中，不同的系统开发方法所采用的数据库设计工具也不相同，结构化开发方法常采用 E-R 图和关系表来设计构建系统数据库，面向对象开发方法则常使用实体类图和状态图来表达系统数据库，现对这些工具分别介绍。

8.3.1 结构化系统数据库设计

当采用结构化开发方法开发电子商务应用系统时，系统数据库设计的主要内容为：

- 识别本系统数据库要建立的表。这是数据库设计的前提，由于结构化系统分析阶段所绘制的数据流程图中的数据存储元素与数据库表存在对应关系，因此可根据数据存储确定系统数据库所使用的表。但是，系统使用的表并不一定是系统数据库要建立的表，这是因为有的表是本系统通过接口使用的，但表本身由其他系统（如企业内部系统）所建立，要根据系统实际情况进一步确定本系统数据库要建立的表。
- 建立概念模型。概念模型是按用户观点将现实世界的客观对象抽象为某一种不依赖于计算机系统和某一个数据库管理系统的信息结构，它以用户语言描述了数据库各表之间的联系。
- 建立数据模型。数据模型是将概念模型按照一定规则转换而成的，它是计算机上某一数据库管理系统所支持的，用于描述数据库各表的具体结构和内容。

1. 概念模型

（1）概念模型的基本概念

概念模型是按照用户的观点对数据和信息建模。人们常常先将现实世界的客观对象抽象为某一种不依赖于计算机系统和某一个数据库管理系统的信息结构，即概念模型，然后再把概念模型转换为计算机上某一数据库管理系统支持的数据模型。建立概念模型涉及的主要概念有：

1）实体。实体即现实世界中存在的对象或事物。实体可以是人，也可以是事物或抽象的概念，可以指事物本身，也可以指事物之间的联系，如一个人、一件物品、一个部门等都可以是实体。

2）属性。属性是实体具有的某种特性，用于描述一个实体，如学生实体可以由学号、姓名、性别、年龄等属性来刻画。

3）联系。现实世界的事物总是存在某种联系，这种联系必然要在信息世界中得到反映。在信息世界中，实体之间的联系主要分为三类：

- 一对一联系（1:1）。如果实体 A 的一个对象只和实体 B 的一个对象有联系，且实体 B 的一个对象也只与实体 A 的一个对象有联系，则实体 A、B 之间是一对一联系。例如，如果一个工厂只能有一个厂长，而一个厂长也只能在一个工厂任职，则工厂和厂长之间是一对一联系。

- 一对多联系（1:N）。如果实体 A 的一个对象和实体 B 的多个对象有联系，而实体 B 的一个对象只与实体 A 的一个对象有联系，则实体 A、B 之间是一对多联系。例如，如果一个仓库可以存放多种产品，而一种产品只能存放在一个仓库里，则仓库和产品之间是一对多联系。

- 多对多联系（$M:N$）。如果实体 A 的一个对象和实体 B 的多个对象有联系，且实体 B 的一个对象也和实体 A 的多个对象有联系，则实体 A、B 之间是多对多联系。例如，一个学生可以学习多门课程，而一门课程也可以有多个学生学习，则学生和课程之间是多对多联系。

（2）概念模型的表示方法

建立概念模型最常用的表示方法是实体-联系法（Entity-Relationship Approach，E-R 方法），该方法用 E-R 图来描述某一组织的信息模型。在 E-R 图中，概念模型里的实体用矩形表示，属性用椭圆表示，联系用菱形表示，菱形两边要标明联系的类型。图 8-7 是用 E-R 图表示的三种联系。

（3）建立概念模型的步骤

在明确系统的应用环境和目标数据库的基本要求后，建立概念模型的一般步骤为：

1）识别目标数据库中的实体。概念模型用于描述目标数据库各表之间的联系，在确定了目标数据库要建立的表之后，要从中识别出哪些表是实体。目标数据库要建立的表有些是实体，而其他的则是联系，区分的一个原则是：通常可独立存在的表是实体，而因其他表之间存在关系而产生的表则是联系。例如，在选课系统数据库中要建立学生表、课程表和选课表，其中学生表和课程表是独立存在的，它们是实体，而选课表存储的是学生选修课程的详细记录，是因学生表和课程表之间发生了选课的关系而产生的，因此认为选课表就是联系。

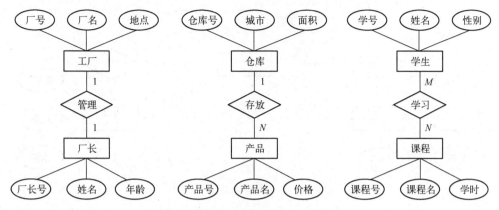

图 8-7　E-R 图描述的实体间的联系

2）识别各实体本身的属性。任何一个实体都可能拥有几十甚至上百个属性，识别实体的属性要根据实体所处的系统环境来确定。例如，学籍管理系统中刻画学生实体时需要明确其联系方式、家庭住址、身高、体重等相关属性，而在教务管理系统中刻画学生实体时则不需要关注这些属性。

3）确定实体之间的联系。系统中的任何两个实体之间都可能存在联系，但是否需要建立这种联系则要根据数据库要求确定。例如，工资管理系统数据库中需要明确知道教师教授课程的详细情况，作为课时酬金核算的依据，而在选课系统中则无须标明教师和所任课程之间的联系，只需在选修课的属性中标注任课教师。

4）绘制 E-R 图。将实体、属性和联系以相应的图形表示，形成 E-R 图。

现以某仓库管理系统数据库设计为例，描述建立概念模型的过程。假设某企业准备为其仓库管理系统设计数据库模型，该仓库中存放了器件，具体工作由仓库的职工来负责。通过简单分析可知，该仓库管理系统数据库涉及仓库、器件和职工三个实体，每一个实体都具有相应的属性：

- 仓库：属性有仓库号、城市、面积等。
- 器件：属性有器件号、器件名、生产厂家、价格等。
- 职工：属性有职工号、姓名、性别等。

这三个实体之间的关系包括：

- 工作（仓库和职工）：一个仓库可以由多名职工负责，而一名职工只能在一个仓库工作，因此，仓库和职工之间是一对多的联系。
- 保管（职工和器件）：一名职工可保管多种器件，一种器件可由多名职工保管，因此，职工和器件之间是多对多的联系。
- 库存（仓库和器件）：一个仓库可以存放多种器件，一种器件可以存放在多个仓库里，仓库和器件之间是多对多的联系。

根据以上分析，可最终形成该仓库管理系统的 E-R 图，如图 8-8 所示。

2. 数据模型

数据模型是相对概念模型而言的，是对客观事物及其联系的数据化描述。在数据库设计中，对现实世界中数据的抽象、描述以及处理等都是通过数据模型来实现的，可以说，数据

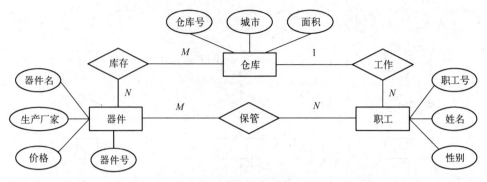

图 8-8　某仓库管理系统 E-R 图

模型在数据库系统设计中用来提供信息表示和操作手段的形式架构，是数据库系统实现的基础。数据模型的种类有层次模型、网状模型、关系模型和面向对象模型等，其中关系模型是最常用的数据模型。

（1）关系模型的基本概念

关系模型是最重要的数据模型，虽然它的数据关系是几种模型中最简单的，但其定义却比较复杂，关系模型的主要术语有：

- 关系：通俗地讲关系就是二维表，二维表名就是关系名。
- 属性：二维表中的列称为属性。
- 值域：二维表中属性的取值范围称为值域。
- 元组：二维表中的行称为元组（记录）。
- 主关键字：用来唯一标识一个元组的一个或几个属性。
- 关系模型：二维表的结构，用"关系名（属性1，属性2，……，属性n）"来表示。
- 分量：元组中的一个属性值。

图 8-9 是仓库关系表的结构及其术语。

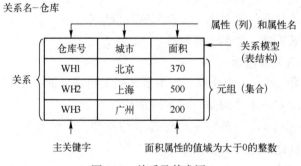

图 8-9　关系及其术语

（2）关系模型的转换方法

关系模型可由概念模型转换而来，概念模型中的实体、实体间的联系都可按照一定规则转换成关系表，转换的方法是以实体间联系的类型为依据。

- 一对一联系：实体和联系全部转换为关系表，其中实体转换成关系表后属性不变，而联系转换成关系表后，其主关键字是两个实体主关键字的组合，非主关键字根据需要添加，如图 8-10a 所示。

- 一对多联系：联系不转换为关系表，实体全部转换为关系表，其中对应联系数量为一的实体转换成关系表后属性不变，而对应联系数量为多的实体转换成关系表后，要在其原有属性的基础上加上对应联系数量为一的实体的主关键字，作为其外部关键字，以此保持实体间的联系，如图 8-10b 所示。
- 多对多联系：转换方法同一对一联系。

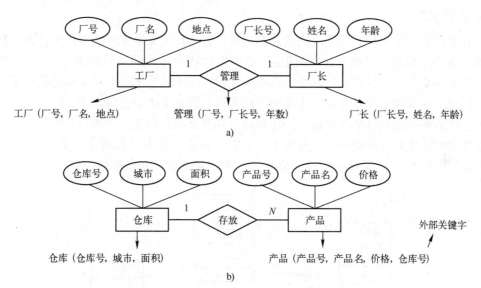

图 8-10 概念模型转换关系模型
a）一对一联系 b）一对多联系

现仍以前面提及的仓库管理系统为例，根据前面的分析可知，该系统数据库概念模型中有仓库、器件、职工三个实体，以及工作、保管两个联系。按照概念模型转换成关系模型的方法，三个实体分别转换成三个关系表，仓库表和器件表保留原有属性，职工表加上仓库表的主关键字作为其外部关键字，库存联系转换成库存表，保管联系转换成保管表，工作联系不转换成表，因此，该仓库管理系统数据库关系模型一共包括五个关系表，其中标有下划线的属性为主关键字：

1）仓库（<u>仓库号</u>，城市，面积）
2）器件（<u>器件号</u>，器件名，生产厂家，价格）
3）职工（<u>职工号</u>，姓名，性别，仓库号）
4）保管（<u>职工号</u>，<u>器件号</u>，数量）
5）库存（<u>仓库号</u>，<u>器件号</u>，数量）

8.3.2 面向对象系统数据库设计

当采用面向对象开发方法开发电子商务应用系统时，系统数据库设计的主要内容为：
- 识别本系统数据库要建立的表。在面向对象开发方法中，系统设计阶段所绘制的顺序图中的实体类与数据库表存在对应关系，因此，可根据顺序图中实体类确定系统数据库所使用的表，同样还要根据实际情况进一步确定本系统数据库要建立的表。

- 建立 UML 实体类图。实体类图描述了系统中的实体类及其之间的联系，由于实体类和表存在对应关系，因此实体类图可用于表达系统数据库的结构，指明数据库中有哪些表、各表的结构以及各表间的联系。

- 建立 UML 状态图。状态图描述了实体类图中某个特定对象所有可能的状态及引起状态转移的事件，用于对数据库中相关表的属性及属性值作补充设计。

1. 实体类图

实体类图描述了实体类及其之间的静态关系，它不仅定义系统中的实体类，表示类之间的联系（关联、依赖、聚集等），还阐述了类的内部结构（类的属性和操作）。在 UML 中，系统中的类主要分为边界类、控制类和实体类三种，由于每个实体类对应系统数据库中的一张表，因此，在面向对象开发方法中通常采用实体类图来描述数据库结构，它不仅指明了系统数据库中有哪些表和表的具体组成，还表明了各表之间的联系。图 8-11 是用实体类图描述的仓库管理系统数据库结构，数据库中一共有五张表，其中"保管表"是"职工表"和"器件表"的关联表，"库存表"是"仓库表"和"器件表"的关联表。

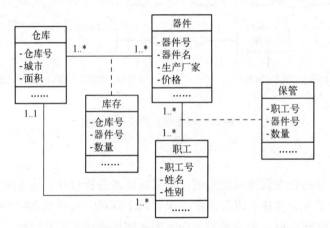

图 8-11　仓库管理系统实体类图

2. 状态图

状态图描述了一个特定对象所有可能的状态及引起状态转移的事件，系统中的每个对象都有不同状态，需要注意的是，并不一定要为每个对象建立状态图，通常只有对于那些处于不同状态时、系统要进行不同处理的对象，才有必要用状态图来描述它的状态转移过程。在进行数据库设计时，如果为某个实体类对象画了状态图，那么就要在对应的表结构中加上"状态"属性，其取值范围为状态图的各状态值。状态图可看成是类图的补充，在数据库设计中用于对表的属性及属性值做补充设计。图 8-12 是仓库管理系统中仓库对象的状态图，仓库具有"空置""未满""满仓""维修中""废弃"五个状态，在系统数据库的仓库表中要相应加上"状态"这一属性。

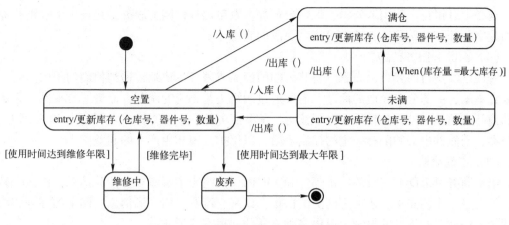

图 8-12　仓库管理系统中仓库对象状态图

8.4　电子商务网站设计

电子商务网站是指面向供应商、顾客或者企业产品（服务）的消费群体，提供属于企业业务范围的产品或服务，以交易为主的一类企业网站。网站是企业实施电子商务的基础设施和信息平台，不同的电子商务网站会有不同的服务对象和建站要求，而作为一个网站，应充分考虑到网站界面友好性、使用方便性、访问速度快、可扩充性、安全稳定性等基本要求，同时使系统的成本投入尽可能低，并容易实现。电子商务网站设计主要从网站功能和内容、网站页面结构、网站页面可视化这几个方面进行。

8.4.1　网站功能和内容设计

1. 确定网站功能

电子商务活动涵盖了传统商务的所有活动过程，如营销、服务、交易和相应的管理等，因此，无论是哪一种电子商务网站，都应提供网上交易和管理等全过程的服务，包括信息发布、网上购物、在线支付、咨询洽谈、交易管理等各项功能。

（1）信息发布

在电子商务中，商业信息发布的实时性和方便性是传统媒体所无法比拟的，信息查询技术的发展，以及多媒体的广泛使用都使得这些信息比过去更加精彩、更加吸引人。在电子商务网站中发布的信息主要包括企业新闻、产品信息、促销信息、招标信息、合作信息等。

（2）商品和服务订购

这个功能实现客户在线贸易磋商、在线预订商品、网上购物或者获得网上服务，提供全天 24 小时的即时交易。这个功能不仅依赖于技术的设计和实现，更依赖网站主体设计时对贸易流程的简化和用户运用方便性的考虑。

（3）网上支付

支付过程在电子商务活动中占有重要地位，数字货币、数字支票、信用卡系统等综合网上支付手段不仅方便迅速，还可节省大量人力、物力以及时间。电子商务网站的迅猛发展，对网上支付服务提出了要求：在管理上，要加强对欺骗、窃听、冒用等非法行为的惩处力度，这必须有银行、信用卡公司、保险公司等金融单位提供网上服务；在技术上，则要加强对如数字凭证、身份验证、加密等技术手段的应用。

(4) 商品和服务传递

对于已经支付的客户，商家应将其订购的商品或服务尽快地传递到他们的手中。对于一部分在本地，一部分在异地的商品，需要通过网络进行物流的调配，而最适合在网上直接传递的商品是信息产品，如软件、电子读物、信息服务等，它能直接从电子仓库中将货物发到用户端，当然其中必须配有一定的控制手段，以保护商家和生产者的利益。

(5) 咨询洽谈

电子商务可借助非实时的电子邮件和实时的讨论组来了解市场和商品信息，洽谈交易事务，如有进一步的需求，还可用网上的白板会议来交流及时的图形信息。网上的咨询和洽谈能超越人们面对面洽谈的限制，提供多种方便的异地交谈形式。

(6) 信息搜索与查询

当网站可供客户选择的商品和服务以及发布的信息越来越多时，逐页浏览来获取信息的方式无法满足客户快速获得信息的要求，信息搜索和查询功能可以使客户在电子商务数据库中轻松快捷地找到需要的信息。

(7) 交易信息管理

交易是电子商务中重要的一个环节，整个交易将涉及人、财、物多个方面，企业和企业、企业和客户及企业内部等各方面的协调和管理。交易信息包括客户信息和销售业务信息，管理交易信息是网站建设中一个必备的步骤，能否有效管理客户信息反映了网站主体能否以客户为中心、能否充分地利用客户信息挖掘市场潜力的有重要利用价值的功能，而对销售业务信息的管理使得企业能够及时地接收、处理、传递与利用相关的销售业务信息资料，并使这些信息有序和有效地流动起来。

2. 确定主页内容

主页是一个网站的起点站或主目录，也可以指一个网站的入口网页，是用户打开网站后看到的第一个页面，一般被认为是网站具有目录性质的内容，用于引导用户浏览网站其他部分的内容，因此，网站主页往往会被设计得易于了解该网站提供的信息，图8-13为"当当网"网站主页。

一般来说，电子商务网站的主页应包括以下一些内容：

- 网站标志：网站标志也称logo，是站点特色和内涵的集中体现，好的网站标志往往会让人看到标志就能联想起网站的服务内容，网站标志通常放在主页的左上角。
- 导航条：用于使访问者更清晰明朗地找到所需要的内容，通常位于页面上方。
- 最新动态：展现网站的最新信息，如新闻、促销商品、最新产品等。
- 商品列表：列出本网站所提供商品的清单，通常位于页面的中部。
- 搜索栏：帮助用户轻松找到所需内容。
- 广告：广告应尽量与网站主页内容和风格一致，且最好将广告放在页面的边缘，避免放在重要内容旁边，以防广告被用户忽视。
- 用户入口：用户登录注册的地方。
- 购物帮助：本网站的购物指南。
- 版权所有：位于页面底部。

图 8-13 "当当网"网站主页

- 友情链接：提供一些相关网站的链接。

8.4.2 网站页面结构设计

网站页面结构是指网站中页面之间的层次、链接、跳转关系，它决定了各页面在网站中的重要性。一个电子商务系统通常包括几十甚至上百个页面，合理清晰的页面结构设计是衡量网站用户体验好坏的重要指标之一，也直接影响搜索引擎的收录效果。

边界类是位于系统与外界交界处的窗体、对话框、报表等实体，边界类图用于指明系统中所有边界类及其之间的关系，可展现系统各边界类之间的连接及跳转过程。电子商务系统中的边界类多为网站页面，因此，通过画边界类图可以展现系统网站页面结构。

图 8-14a、b 分别是以边界类图表达的电子商务网站前台客户和后台管理员常用页面结构图。从图 8-14a 可看出，通常主页（Main. jsp）能链接到商品分类（CommodityMenu. jsp）、用户登录（Login. jsp）、用户注册（Regist. jsp）、个人商城（MyMarket. jsp）、商品促销（SalesPromotion. jsp）、客户服务页面（CustomerService. jsp），其中由商品分类页面可跳转到商品列表页面（CommodityList. jsp），由商品列表页面可跳转到商品详情页面（CommodityInfo. jsp），随后根据客户的不同操作可分别跳转到商品收藏（Collection. jsp）、购物车（ShoppingCart. jsp）、商品购买页面（NewOrder. jsp），当确定购买后可进一步跳转到支付页面（Payment. jsp）。从

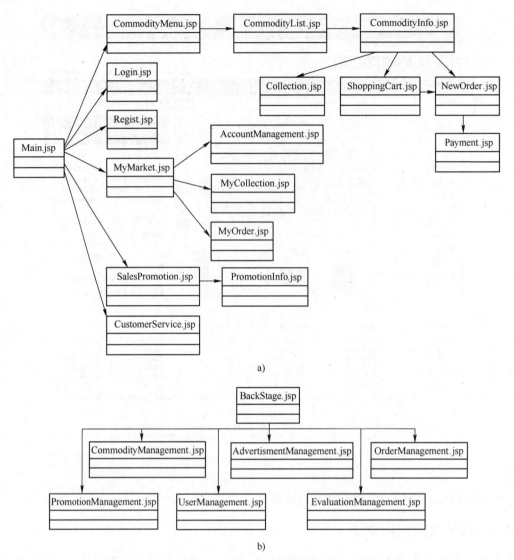

图 8-14　电子商务网站常用页面边界类图

a) 前台客户常用页面边界类图　b) 后台管理员常用页面边界类图

图 8-14b 可得出，后台管理主要包括商品管理（CommodityManagement. jsp）、用户管理（UserManagement. jsp）、订单管理（OrderManagement. jsp）、广告管理（AdvertismentManagement. jsp）、促销活动管理（PromotionManagement. jsp）、商品评价管理页面（EvaluationManagement. jsp）。

8.4.3　网站页面可视化设计

1. 网页布局设计

网页布局是指在一个限定的面积范围内，设计网页版块的结构及数量，然后在每个版块合理安排图片、文字的位置，并按照轻重缓急和审美要求逐步将信息展示出来的过程。下面介绍几种常见的网页布局形式。

1）"T"型结构布局。这是网页设计最广泛的一种布局方式，它将页面分为三部分，其中顶部为网站横条标志和广告条"，左下方为主菜单，右下方为页面主要内容，如图8-15a所示。由于页面整体效果类似英文字母"T"，因而称为"T"型结构布局。"T"型结构布局的优点是页面结构清晰、主次分明，是初学者最容易掌握的布局方法，缺点是规矩呆板，如果色彩细节上不够注意，就很容易让人看后乏味，多用于网站主页和商品介绍页面。

2）"国"字型结构布局。也可以称为"同"字型，是一些大型网站所喜欢的类型，页面最上方是网站的标题和横幅广告条，接下来是网站的主要内容，左右分列一些小条内容，中间是主要内容，与左右一起罗列到底，最下方是网站的一些基本信息、联系方式、版权声明等，如图8-15b所示。这种结构是采用最多的一种结构类型，多用于主页设计。

3）标题正文型布局。也称上下结构型布局，页面被分为上下两部分，最上面是标题或类似的一些东西，下面是正文，如图8-15c所示。这种结构多用于布局主页、文章、新闻、注册、商品介绍等页面。

4）左右结构型布局。这是一种将网页分为左右两部分的布局形式，一般左面是导航链接，有时最上面会有一个小标题或标识，右面是正文，如图8-15d所示。左右结构型布局可用于主页、论坛、商品介绍页面的设计。

5）封面型布局。这种类型基本上是出现在一些网站的首页，大部分为一些精美的平面设计结合一些小的动画，放上几个简单的链接或者仅是一个"进入"的链接甚至直接在首页的图片上做链接而没有任何提示，如图8-15e所示。这种布局方式大部分出现在企业网站和个人主页，如果处理得好会给人带来赏心悦目的感觉。

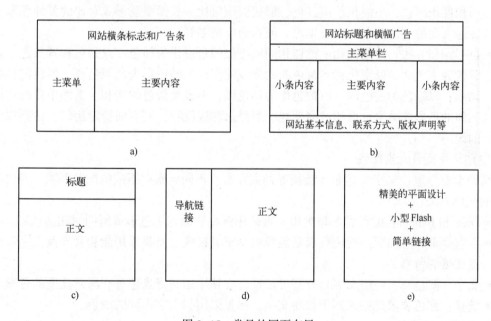

图8-15 常见的网页布局
a）"T"型结构 b）"国"字型结构 c）标题正文型 d）左右结构型 e）封面型

选择网页布局方式要结合具体情况来分析：如果页面内容很多，则可考虑采用"国"字型结构布局；如果内容不算太多而一些说明性的东西比较多，则可以考虑标题正文型布局；而如果一个企业网站想展示一下企业形象，那么封面型布局是首选。不论选择哪种布局方式，都应使页面布局尽量简单，保证页面条理清晰，让人一目了然。

2. 网页配色设计

色彩是艺术表现的要素之一，色彩会对人们的心理产生影响，应合理地加以应用。在网页设计中，根据和谐、均衡和重点突出的原则，将不同的色彩进行组合、搭配来构成美丽的页面。在给网页配色时可先确定页面的主色调，再根据主色调搭配其他色彩，最后给页面各元素配色。

（1）确定页面的主色调

网站的主色调使用什么颜色应结合企业自己的标准色来考虑，应尽量做到和企业在其他媒体上的宣传一致。如中国工商银行的红色、中国建设银行的蓝色、中国邮政的绿色，这些色彩都已经和企业的形象融为一体，成为企业的象征。电子商务网站多采用暖色、亮色，如橙色、黄色、红色，以给人温暖、活泼的感觉，从而让客户带着轻松愉快的心情购物。

（2）根据主色搭配色彩

在确定了页面主色调后，就可进一步根据主色调选择相应的辅色调、点睛色和背景色，挑选原则是使网页上的色彩能给人和谐一致的感觉，具体可按照某个色彩对比规律或采用某种色彩调和方法。

- 色彩对比规律：指选择和主色调能在色相、明度、纯度、冷暖、面积上形成鲜明对比的色彩作为辅色、点睛色和背景色。如以绿色为主色调，以蓝色、黄色、白色、黑色为其他色调，形成色相对比；以白色为主色调，以黑色为辅色调，形成明度对比；大面积使用绿色，小面积使用红色，形成面积对比。页面中能形成对比的各种色彩可以表达页面的主次关系和中心思想，使页面丰富多彩。
- 色彩调和方法：指选择和主色调相同或类似的色彩作为辅色、点睛色和背景色。如以黄色为主色调，以变化标准黄色的明度或纯度产生的色彩为其他色调，形成同种色的调和；以绿色为主色调，以黄色作为辅色调，形成类似色的调和。页面中搭配相同或类似的色彩能减少页面的过多变化、刺眼感和凌乱感，使页面稳定协调，达到视觉上的统一。

（3）给页面各元素配色

页面上有导航、文字、标题、链接等种类元素，不同元素有不同的配色要求，需要采用不同的配色方法。

- Logo 和 Banner：配色要求是突出，可采用鲜亮、能与主色形成鲜明对比的色彩。
- 导航菜单和小标题：配色要求是能吸引浏览者视线，需要采用能和背景及文字形成高对比度的色彩。
- 文字：配色要求是使文字具有高可读性，必须采用与背景色具有高对比度的色彩。
- 链接：配色要求是能区别于普通文字，尽量采用与文字不同的颜色。

3. 网页文字设计

文字是传达网站信息的主要元素，任何其他网页元素都无法代替文字的作用，它不仅是网站信息传递的主要载体，也是网页中必不可少的重要视觉艺术传达符号，文字设计的好坏会直接影响到整个网站的视觉传达效果。

1）文字大小：网页中的标题、菜单栏、正文、搜索引擎都是以文字的形式出现，这些文字因其性质不同而需采用不同的字号。标题宜采用大字号，以突出网站的性质；菜单栏采用小字号，以放置更多的菜单；正文采用中等字号，使之具有较高的可阅读性；对搜索引擎要标粗，以突出重点。

2）文本排版：指段落文字的行间距、段间距、每行文字数的设置，其中行间距和段间距都不宜太大或太小，每行文字数也不宜过少或过多，合理的文本排版不只是易于阅读，还能最大化地利用网页空间。

3）文字颜色：文字颜色的设计原则是使文字具有较高的可读性，比较好的搭配是文字底色和文字本身的颜色对比要鲜明，如白底黑字、黑底白字或蓝底白字等。另外，同一个网页中的文字主色不要超过三种，它们分别用于标识最重要的、比较重要的和一般重要的。

4）文字字体：网页中的中文字体多用"宋体"，英文字体多用"Times New Roman"，标志、标题、导航菜单等可用较个性化的字体；另外要尽量避免奇特和斜体的字以易于阅读，同一网页中的字体数也不要超过三种。

5）文字特效：闪烁或滚动的特效字体可以让网页生动活泼，但太多的特效文字会喧宾夺主，一个页面中最多不能超过三处特效文字。

8.5 电子商务支付系统设计

支付是商务交易过程中的一个重要环节，在电子商务环境中，电子支付是电子商务活动不可或缺的手段，由于电子支付过程是一个涉及买卖双方、银行、认证机构的复杂过程，企业很难仅仅依靠自身的力量解决交易过程中的支付问题，因此，提供一个可靠、安全、方便且实用的电子支付系统就成为电子商务交易的关键。电子商务支付系统与电子货币、支付手段等存在密切关系，下面将就电子货币、电子支付、电子支付系统的构成和业务流程等问题进行说明。

8.5.1 电子货币

电子货币是一种以电子数据形式存在银行的计算机系统中的新式货币，它以金融电子化网络为基础，以商用电子化机器和各类交易卡为媒介，以计算机技术和通信技术为手段，通过计算机网络系统以电子信息传递形式实现流通和支付功能。

1. 电子货币的功能与特点

电子货币主要实现存款、转账和兑现等功能，它具有以下特点：

- 以计算机技术为依托，进行储存、支付和流通。
- 可广泛应用于生产、交换、分配和消费领域。
- 集储蓄、信贷和非现金结算等多功能为一体。
- 使用简便、安全、迅速、可靠。
- 现阶段的使用通常以银行卡为媒介。

2. 电子货币的表现形式

电子货币是存储在银行计算机中的二进制数据，用户看不见也摸不到，在现实中必须通过承载它的介质表现出来，目前一些常见的电子货币表现形式有以下几种。

（1）借记卡形式

借记卡是由发卡银行向社会发行的先存款后消费（或取现）、没有透支功能的银行卡，通常表现为磁条卡。借记卡具有转账结算、存取现金、购物消费等功能，还附加了转账、买卖基金、炒股、缴费等众多功能，还提供了大量增值服务。借记卡也可以通过 ATM 转账和提款，不能透支，账户内的金额按活期存款计付利息。

（2）信用卡形式

信用卡是一种非现金交易付款的方式，是简单的信贷服务。信用卡通常也表现为磁条卡，由银行或信用卡公司依照用户的信用度与财力发给持卡人，持卡人凭此向特约单位购物、消费和向银行存取现金，持信用卡消费时无须支付现金，待账单日时再进行还款，也就是可以先消费后付款。

信用卡分为贷记卡和准贷记卡，贷记卡是指银行发行的、并给予持卡人一定信用额度、持卡人可在信用额度内先消费后还款的信用卡；准贷记卡是指银行发行的、持卡人按要求交存一定金额的备用金，当备用金账户余额不足支付时，可在规定的信用额度内透支的信用卡。

（3）储值卡形式

储值卡又称预付卡，常用以支付小额花费，它是发卡银行或者其他经中央人民银行认可有权发卡的企业单位根据持卡人要求将其资金转至卡内储存，交易时直接从卡内扣款的预付钱包式借记卡，表现为智能 IC 卡或磁条卡形式。按照规定，只有金融机构才有资格发行储值卡，其发行参照借记卡发行业务进行管理，但随着时间的推移，一些非金融机构也开始在一定领域内发行储值卡，因此，根据发行机构可以将储值卡分为银行储值卡和非银行类储值卡。

- 银行储值卡：由银行发行，通常表现为智能 IC 卡形式，除具备一般银行卡的存款、取款、转账、转存、消费、查询等传统结算和支付功能外，还具有电子钱包功能，客户可以从自己的账户里转进一定数额的款项，也可直接存入现金，放在电子钱包里，相当于电子现金，可用于为汽车加油、纳税、缴纳各种费用、乘车甚至看病等。
- 非银行类储值卡：是指不是由银行发行的，具有预付消费和存储功能，可以在多个领域充当支付工具的电子产品，如城市公交卡、电话卡、超市购物卡、上网卡、加油卡等。

（4）电子支票形式

电子支票是客户向收款人签发的，无条件的数字化支付指令，它可以通过因特网或无线接入设备来完成传统支票的所有功能。

电子支票是纸质支票的电子替代物，它与纸质支票一样是用于支付的一种合法方式，它使用数字签名和自动验证技术来确定其合法性。监视器的屏幕上显示出来的电子支票十分像纸质支票，填写方式也相同，支票上除了必需的收款人姓名、账号、金额和日期外，还隐含了加密信息，电子支票通过电子函件直接发送给收款方，收款人从电子邮箱中取出电子支票，并用电子签名签署收到的证实信息，再通过电子函件将电子支票送到银行，把款项存入自己的账户，如图 8-16 所示。

（5）电子现金形式

电子现金是一种以数据形式流通的货币，它把现金数值转换成一系列的加密序列数，通

图 8-16　电子支票

过这些序列数来表示现实中各种金额的币值，用户在开展电子现金业务的银行开设账户并在账户内存钱后，就可以在接受电子现金的商店购物了。

电子现金是将原本的现金改以电子的方式存在，而为了安全上的考量，通常使用电子钱包来储存，分为智能储值卡型和软件型。智能储值卡型电子钱包只要去发卡银行申办，即可有一张现金卡，然后将电子现金存入卡中；软件型电子钱包则通常要在电子钱包系统中申办一组账号，再通过网络银行向电子钱包中存入电子现金。

（6）网络虚拟形式

网络虚拟货币是一种由非金融机构发行（一般是互联网企业）的货币，用于在网络上购买虚拟产品和享受增值服务。之所以被称为货币，是因为其在一定范围内具有一定的货币特性，如商品标价和交易媒介，在当前的管理体制下，网络虚拟货币是具有近货币特性的商品，不等同于货币。具有代表性的网络虚拟货币有百度公司的百度币、腾讯公司的 Q 币、盛大公司的点券、新浪推出的微币（用于微游戏、新浪读书等）、侠义元宝（用于侠义道游戏）、纹银（用于碧雪情天游戏）等。

案例 8-1

腾讯 Q 币

腾讯公司 2002 年发行的 Q 币是一种电子化的虚拟货币，可充当网上代币支付工具。据该公司网站的介绍，Q 币是一种可以在腾讯网站统一支付的虚拟货币，可以在腾讯网站购买一系列相关服务，具体包括以下五种用途：购买 QQ 号码及用其续费；购买 QQ 上的各种虚拟装饰品，如服饰和头像；购买 QQ 游戏币，用于网上游戏；用于 QQ 交友；购买 QQ 贺卡，发送给好友。但是实际上，Q 币一度成为网络上通行的一种支付手段，可以购买各种非腾讯公司的商品，比如杀毒软件和在线影视服务。因此，Q 币已经是一种被广泛接受、可以购买多种商品的网络支付手段。腾讯公司财务报告显示，其互联网增值服务收入由 2002 年的 4082 万元增加到 2003 年的 2.297 亿元，增幅达到 463%，其中大部分都与 Q 币有关。

关于 Q 币与人民币之间的兑换关系，腾讯公司规定，Q 币与人民币之间的比价关系是 1∶1，即 1 元人民币可以购买 1 个 Q 币，Q 币可以从该公司的网站上通过银行卡、固定电话和手机充值等多种方法进行购买。

腾讯公司同时规定，人民币与 Q 币之间为单向兑换，Q 币不能兑换为人民币，但是在实际操作中有多种方法可以将 Q 币兑换成人民币。最常见的一种就是在拍卖网站上将 Q 币拍卖掉，成交价格低于面值，另一种方法是用 Q 币购买网络游戏中的装备，然后再将装备出售，同样可以达到将 Q 币变现的目的。总之，Q 币与人民币之间的双向兑换关系在现实中已经成立，两者可以很方便地实现互相兑换。

3. 电子货币的种类

（1）按支付方式

按照支付方式可将电子货币分为支付手段电子化和支付方法电子化两类：前者所指的电子货币本身具有价值，但需在特定场合流通，如电子现金；后者所指的电子货币是以电子化方法传递支付指令给结算服务提供者以完成结算，如 ATM 转账结算或通过 POS 机的信用卡结算等。

（2）按结算方式

按照结算方式，电子货币可分为预付型、即付型和后付型三类：预付型电子货币必须"先存款，后消费"，如在我国广泛使用的储值卡；即付型电子货币是在消费的同时从银行账户转账，如目前使用 ATM 和银行 POS 的借记卡；后付型电子货币是指"先消费，后付款"的货币，如现行国际通用的 VISA 卡和 MASTER 卡等借贷信用卡。

8.5.2 电子支付

电子支付是指电子交易的当事人，包括消费者、厂商和金融机构，通过电子信息化的手段实现交易中货币支付或资金流转的过程。

1. 电子支付的特征

电子支付是利用电子货币通过电子支付系统完成资金流转的过程，它具有以下特征：

- 以电子形式来实现款项的支付。
- 基于一个开放的系统的工作环境平台。
- 实现 7 天 24 小时服务。
- 快捷、方便、高效、经济。

商家认可支持多种支付工具，各种电子支付系统能相互兼容和互通。

2. 电子支付 VS 传统支付

电子支付与传统支付的作用相同，都是完成交易过程中买卖双方之间的资金转移，但是相比于传统支付，电子支付具有一些明显的优势。

1）电子支付是采用先进的技术通过数字流转来完成信息传输的，而传统支付则是通过现金的流转、票据的转让及银行的汇兑等物理实体的流转来完成的。

2）电子支付的工作环境是基于一个开放的系统平台之中，而传统支付则是在较为封闭的系统中运作。

3）电子支付使用的是最先进的通信手段，如 Internet、Extranet，而传统支付使用的则是传统的通信媒介。

4）电子支付具有方便、快捷、高效、经济的优势，用户只要拥有一台上网的个人电脑，便可足不出户在短时间内完成支付，支付成本仅相当于传统支付的几十甚至几百分之一。

3. 电子支付的发展过程

银行采用计算机等技术进行电子支付经历了五个发展阶段：

- 第一阶段是银行利用计算机处理银行之间的业务，办理结算。
- 第二阶段是银行计算机与其他机构计算机之间资金的结算，如代发工资等业务。
- 第三阶段是利用网络终端向客户提供各项银行服务，如客户在自动柜员机（ATM）上进行存取款操作等。
- 第四阶段是利用银行销售点终端（POS）向客户提供自动的扣款服务，这是现阶段电子支付的主要方式。
- 第五阶段是最新发展阶段，电子支付可随时随地通过互联网络进行直接转账结算，形成电子商务环境，这一阶段也称作电子商务支付或网上支付。

一般意义上的电子支付包括前四个阶段，而在电子商务条件下的电子支付单指网上支付，本书中的电子支付就是指网上支付。

8.5.3 电子支付系统

电子支付系统是采用数字化、电子化形式进行电子货币数据交换和结算的网络银行业务系统，它是进行电子支付的平台，为电子支付的实现提供了环境，并指明了电子支付的参与者和具体操作过程。

1. 电子支付系统的基本构成

基于互联网的电子商务支付系统由客户、商家、客户银行、商家银行、CA 认证机构、支付网关和金融专用网络七个部分组成，其基本构成如图 8-17 所示。

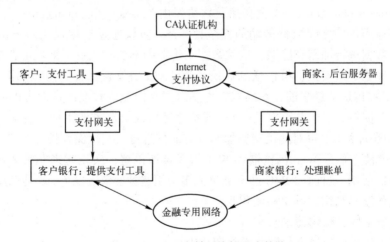

图 8-17 电子支付系统的基本构成

1）客户：客户一般是指利用电子交易手段与企业或商家进行电子交易活动的单位或个人，他们通过电子交易平台与商家交流，签订交易合同，用自己拥有的网络支付工具支付。

2）商家：商家是指向客户提供商品或服务的单位或个人，在电子支付系统中，商家必须能够根据客户发出的支付指令向金融机构请求结算，这一过程一般是由商家设置的一台专门服务器来处理的。

3）客户银行：指为客户提供资金账户和网络支付工具的银行，在利用银行卡作为支付工具的网络支付体系中，客户银行又被称为发卡行。客户银行根据不同的政策和规定，保证支付工具的真实性，并保证对每一笔认证交易的付款。

4）商家银行：指为商家提供资金账户的银行，因为商家银行是依据商家提供的合法账单来工作的，所以又被称为收单行。客户向商家发送订单和支付指令，商家将收到的订单留下，将客户的支付指令提交给商家银行，然后由商家银行向客户银行发出支付授权请求，并进行它们之间的清算工作。

5）支付网关：支付网关是完成银行网络和因特网之间的通信、协议转换，进行数据加密、解密，保护银行内部网络安全的一组服务器。它是互联网公用网络平台和银行内部金融专用网络平台之间的安全接口，电子支付的信息必须通过支付网关进行处理后才能进入银行内部的支付结算系统。

6）金融专用网络：是银行内部及各银行之间交流信息的封闭性专用网络，通常具有较高的稳定性和安全性。

7）CA认证机构：认证机构为参与商务活动的各方（包括客户、商家、银行与支付网关）发放数字证书，以确认各方的身份，保证网上支付的安全性，认证机构必须确认参与者的资信状况以建立保证交易进行的信用体系。

2. 电子支付系统的安全协议

电子支付系统的安全要求包括：保密性、认证、数据完整性、交互操作性等，而电子支付安全协议就是约束电子商务交易双方支付过程及行为的准则，目前国内外使用的电子支付安全协议主要包括 SSL 和 SET 安全协议。

（1）SSL 协议

SSL（Secure Socket Layer，安全套接层）协议由 Netscape Communication 公司设计开发，主要用于提高应用程序之间数据传输的安全性。SSL 协议通过使用通信双方的证书进行认证，对传送的数据进行加密和隐藏，确保数据在传输中不被改变且不被攻击者窃听，以此在通信双方之间建立一条安全、可信任的通信通道。SSL 协议包括握手协议和消息加密协议：1）握手协议。在传送信息之前，交易双方先发送握手信息以相互确认对方的身份，在确认身份后，双方共同持有一个共享密钥。2）消息加密协议。双方握手后，用对方证书（RSA公钥）加密一随机密钥，再对随机密钥加密双方的信息流，实现保密性。

SSL 协议已被大部分 Web 浏览器和 Web 服务器所内置，实现起来非常方便，在安全要求不太高时可以使用，目前的 B2C 网上支付大多采用这种协议。图 8-18 是采用 SSL 协议的电子支付系统的基本结构，其交易流程为：

- 客户向商家发送购物请求。
- 商家把支付指令通过支付网关送往商户银行。
- 商家银行通过银行金融专用网络从客户银行取得授权后，把授权信息通过支付网关送回商家。
- 商家取得授权后，向客户发送购物回应信息。如果支付获取与支付授权并非同时完成，商家还要通过支付网关向商户银行发送支付获取请求，以把该笔交易的金额转账到商家账户中。
- 银行之间通过支付系统完成最后的行间结算。

虽然 SSL 握手协议可以用于双方互相确认身份，但实际上基本只使用客户认证服务器身份，即单方面认证；另外在客户与商家建立了安全连接后，除了传输过程，SSL 保密协议不能提供任何安全保证，客户的支付信息对于商家是可见的，这就需要防止一些心术不正的商家的欺诈行为。相比之下，SET 协议在这方面就采取了强有力的措施，用网关的公开密钥来加密客户的敏感信息，并采用双重签名等方法，保证商家无法看到客户传送给网关的信息。

（2）SET 协议

SET（Secure Electronic Transaction，安全电子交易协议）是由 VISA 和 MasterCard 两大信用卡组织联合开发的一种新的电子支付模型，用来保证开放网络上使用信用卡进行在线购物的安全。SET 协议为电子交易提供了许多保证安全的措施，它能保证电子交易的机密性、数据完整性、交易行为的不可抵赖性和身份的合法性，其设计的证书包括银行证书及发卡机构证书、支付网关证书和商家证书。

1）保证客户交易信息的保密性和完整性。SET 协议采用了双重签名技术对 SET 交易过程中客户的支付信息和订单信息分别签名，使得商家看不到支付信息，只能接收客户的订单信息；而金融机构看不到交易内容，只能接收到客户支付信息和账户信息，从而充分保证了客户账户和订单信息的安全性。

2）确保商家和客户交易行为的不可抵赖性。SET 协议的重点就是确保商家和客户的身份认证和交易行为的不可抵赖性，其理论基础就是不可否认机制，采用的核心技术包括电子证书标准、数字签名、报文摘要、双重签名等技术。

3）确保商家和客户的合法性。SET 协议使用数字证书对交易各方的合法性进行验证，通过数字证书的验证，可以确保交易中的商家和客户都是合法的、可信赖的。

由 SET 协议的交易过程中涉及数字签名、数字证书等多种技术，因此它的交易流程相对复杂，具体过程为：

- 客户决定购买，向商家发出购买请求。
- 商家返回同意支付等信息，要求客户用电子钱包付款，电子钱包提示客户输入口令后与商家交换握手信息，确认商家和客户两端均合法。
- 客户的电子钱包形成一个包含订购信息和支付信息的报文传送给商家，但支付信息对商家来说是不可见的（用银行公钥加密）。
- 商家通过支付网关将支付信息传送给商家银行，要求验证支付信息是否有效。
- 商家通过银行金融专用网络到客户银行验证客户的支付信息是否有效，并把结果返回给商家。
- 商家向客户的电子钱包返回确认信息，然后组织送货。
- 商家通过支付网关向商家银行发送请求要求支付，银行之间进行转账，并把结果返回给商家，交易结束。

SET 协议和 SSL 协议采用的都是公开密钥加密方法，从对信息传输的保密上来说，两者的功能是相同的，都能保证信息在传输过程中的保密性。从对信息的安全保护上来说，SSL 协议交易中的支付信息对商家是可见的，SET 协议则采用双重签名技术保证支付信息对商家不可见，订单信息对银行不可见，充分保证了客户信息的安全性，因而 SET 协议相对于 SSL 协议更加安全。然而由于 SET 协议要求在银行建立支付网关，在商家的 Web 服务器上安装商户软件，在客户的个人计算机上安装电子钱包等软件，增加了交易成本，阻碍了 SET 协议的广泛发展。另外，SET 协议还要求必须向交易各方发放数字证书，使得交易过程更加相对复杂，这也成为 SET 发展的阻碍之一，所有这些使得 SET 协议要比 SSL 协议麻烦得多。

从目前的实际应用角度来看，虽然 SET 协议更加安全，但是 SSL 协议比较简单，容易被接受，因此目前 SSL 协议在电子商务系统中的应用更加广泛。

3. 电子支付系统的分类

根据采用的支付工具，可将电子支付系统分为以下三种主要类型：

（1）银行卡支付系统

银行卡指由商业银行向社会发行的具有消费信贷、转账结算、存取现金等全部或部分功能的支付工具，包括借记卡、信用卡、智能储值卡等。银行卡支付系统是由银行卡跨行支付系统以及发卡行内银行卡支付系统组成的专门处理银行卡跨行信息转接和交易清算业务，具有密码方式和签名方式共享等特点。银行卡支付系统是建立在金融专用网基础上的，其最大特点就是需要在线实时操作，现以信用卡为例描述银行卡支付系统的业务流程，如图 8-18 所示。

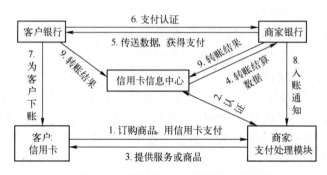

图 8-18　信用卡支付系统业务流程

1）客户访问商家站点浏览商品，验证商家 CA 证书，填写商品订单，然后插入信用卡，输入身份识别码 PIN，由读卡器读取卡中的数据，并由用户生成支付指令，与订货单一同发往商家。

2）商家站点的后端交易服务器中的支付处理模块在收到订货单和支付信息后，必须对客户身份进行认证，在确定客户的身份后，将收到的信息发往信用卡信息中心进行确认并申请授权，商家无权处理信用卡数据。

3）客户支付指令经过支付网关进行合法性检查后被送到信用卡信息中心进行卡的真实性、持卡人身份合法性以及信用额度的确认，然后由信息中心决定是否授权，将结果传回商家服务器。

4）商家服务器在接到授权后，便可向客户发送货物，并可要求客户回送交易完成的确认信息，银行的信用保障使得客户用信用卡实现了"先消费，后付款"的功能。

5）信用卡信息中心将信用卡授权产生的转账结算数据发往收单行进行账务处理。

6）收单行将转账数据及相关信息发送到发卡行进行认证。

7）发卡行确认后将转账业务回传给收单行，同时将消费金额借记客户账户并开始计息，而收单行则把贷款收入贷记商家账户，结束转账过程。

8）转账的结果分别由发卡行和收单行发往信用卡信息中心，由信用卡信息中心对数据库数据进行更新。

银行卡支付系统的这种结构和业务流程十分适合 B2C 模式和小额的 B2B 模式，随着市场经济的不断发展，银行卡支付系统将在经济金融中发挥出更加重要的作用。

（2）电子支票支付系统

电子支票系统主要由客户、商家、客户银行、商家银行、票据交易所构成，其中票据交易所可由一独立的机构或现有的一个银行承担，其功能是在不同的银行之间处理票据。使用电子支票进行交易的完整业务过程如图8-19所示。

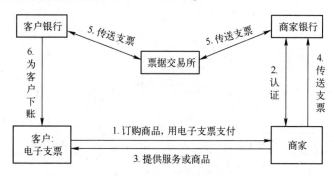

图8-19 电子支票支付系统业务流程

1）客户到银行开设支票存款账户，存入存款并申请电子支票的使用权。客户银行审核申请人资信情况、存款是否充足和有无欺诈记录等，决定是否给予使用电子支票的权利。

2）客户挑选服务或商品并填写订单，然后使用电子支票生成器和银行发放的授权证明文件生成此笔支付的电子支票，一同发往商家。

3）商家将电子支票信息通过支付网关发往商家银行请求验证，商家银行将通过金融网络验证后的信息传回商家。其中商家银行作验证记录以便为商家入账，客户银行做出确认记录以便转账。

4）如果支票有效，商家则接受客户的购物请求，并组织提供服务或发送商品。

5）在支票到期之前，商家将支票发给商家银行，请求兑换现金。

6）商家银行把电子支票发送给票据交易所以兑换现金。

7）票据交易所向客户银行兑换电子支票，并把现金发送给商家银行。

电子支票的即时认证功能加快了交易的速度，并在一定程度上保障了交易的安全性，减少了处理纸质支票的时间成本和财务成本。同时由于票据交易所的加入，在很大程度上提高了整个支票系统的运行效率，使得无论多大或多小的交易额都能得到低成本的处理，因此电子支票支付系统十分适合B2B模式中的贷款支付。

（3）电子现金支付系统

采用电子现金进行支付需要一个安全高效的电子现金支付系统，该系统要能够让在线交易充分体现现金交易方便、费用低、匿名、不可追踪等优点，目前多数电子现金支付系统都能为小额在线交易提供快捷与方便的支付。电子现金支付系统的业务流程如图8-20所示。

1）为了获得电子现金，客户要先用现金或银行存款向电子现金发行机构申请兑换等值的电子现金，所兑换的电子现金将存入计算机的电子钱包或智能储值卡中。

2）客户持电子现金浏览商家的站点，选购合适的商品或服务，用电子现金进行支付，支付前要用银行的公用密钥加密。

3）商家验证电子现金的数量及真伪，若为软件型电子钱包中的电子现金，则通过与发行机构的连线进行联机操作验证；若为智能储值卡型电子钱包中的电子现金，则由商家的电子钱包验证，可完全脱离银行的介入。验证成功后，商家将电子现金存入自己的电子钱包中，然后向客户提供服务或发送商品。

4）商家将电子现金发送给发行机构申请兑换成银行存款。

5）发行机构验证并收回电子现金，同时将等额的货币转移到商家的银行账户中。

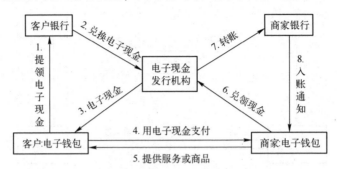

图 8-20　电子现金支付系统业务流程

电子现金主要应用于小额电子零售中，由于电子现金具有传统现金的特点，在使用时不需要得到银行的认证，因而电子现金实现上是一种离线方式的电子支付手段。在交易活动中，电子现金使用起来比信用卡、借记卡更为方便。

8.5.4　电子钱包

电子钱包是一个可以由持卡人用来进行安全电子交易和储存交易记录的智能储值卡或软件，就像生活中随身携带的钱包一样。电子钱包常用于小额购物，它的功能和实际钱包一样，里面可以存放各类电子货币，如电子现金、电子零钱、电子信用卡等。

1. 电子钱包的种类

电子钱包是一种小额支付工具，使用电子钱包购物，通常需要在电子钱包服务系统中进行，在进行交易前要先安装符合安全标准的电子钱包，电子商务活动中的电子钱包软件通常都是免费提供的。目前电子钱包可以分为两种形式：

1）智能储值卡形式：智能储值卡电子钱包是目前实物形态电子钱包的主要形式，智能储值卡中可以装入电子现金，持卡人预先在卡中存入一定的金额，交易时直接从账户中扣除交易金额。智能储值卡类电子钱包具有非实名制、脱机交易、小额支付、使用环境相对封闭的特点，国际上主要的智能储值卡类电子钱包服务系统是 Visa Cash、Mondex 和 Proton，而在国内，除了可存放电子现金的银行智能储值卡，采用智能储值卡形式的公交卡、购物卡、加油卡等行业卡也被看成是电子钱包。

2）软件形式：软件形式电子钱包是客户用来进行安全电子交易和储存交易记录的加密银行账户软件，可以装入智能储值卡、电子现金、电子信用卡等电子货币，同时还可存放所有者的身份证书、所有者地址以及在电子商务网站的收款台上所需填写的其他信息，主要用于网上消费和账户管理。软件形式电子钱包具有安全、方便、快速的特点，国外常用的这类钱包有 Microsoft Wallet、Internet Wallet，国内有支付宝钱包、微信支付、百度钱包等。

2. 电子钱包的功能

软件形式电子钱包里可以储存多张不同类型的银行卡，当持卡人进行电子交易时，可以打开电子钱包，随意选择想用的卡来支付。作为客户端的支付工具，软件形式电子钱包应具备如下一些功能：

1）个人资料管理：客户成功申请电子钱包后，系统将在电子钱包服务器中为其建立一个个人电子钱包档案，客户可以在此档案中增加、修改、删除个人资料。

2）在线支付：客户在网上选择商品后，登录到电子钱包，选择入网银行卡，向支付网关发出付款指令来进行支付。

3）交易记录查询：客户可以通过电子钱包对完成支付的所有历史交易记录进行查询。

4）银行卡余额查询：客户可以通过电子钱包查询个人银行卡余额。

电子钱包提高了购物效率，客户选好商品后，只要点击自己的钱包就能完成付款过程，电子钱包帮助客户将所需信息自动输入到收款表里，从而大大加速了购物的过程。

3. 电子钱包的支付流程

使用电子钱包进行网络支付，需要在客户端、商家服务器与银行服务器之间建立支持电子钱包支付结算的体系。储值卡形式电子钱包和软件形式电子钱包具有不完全一样的支付流程，下面分别进行阐述。

（1）储值卡形式电子钱包支付流程

智能储值卡形式的电子钱包中装入的主要是电子现金，其网络支付流程为：

- 客户申请兑换电子现金，发卡行受理后向客户发放等额币值的智能储值卡或向其智能储值卡中等额充值。
- 客户可持储值卡向自己开户行中的银行账户进行存款和取款服务。
- 客户持储值卡购物，向商家支付货款。持卡人把卡插入商家的专用读卡终端中，将本次消费金额输入终端机。
- 客户储值卡与商家读卡终端之间互相通过数字签名验证对方的身份。
- 通过身份验证后，商家读卡终端从客户储值卡中扣除消费金额并打印出收据。
- 商家可以选择是否将收到的电子现金向发卡行请求兑换成传统现金，也可以选择继续流通支付使用。

（2）软件形式电子钱包支付流程

软件形式的电子钱包中装入的主要是各类银行卡，其网络支付流程为：

- 客户下载电子钱包软件，商家也必须申请并安装对应的电子钱包服务器端软件。
- 客户安装电子钱包软件，设置用户名与密码，以保证电子钱包的授权使用。
- 客户添加相应的银行卡，并且安装对应的数字证书。
- 客户选购商品并使用电子钱包进行支付。
- 发卡银行核实客户银行卡的有效性，如银行卡被证明无效且不授权，则说明卡上资金不够，客户可取出另一张银行卡来重新支付；如银行卡被证明有效且经客户授权，则在后台专用金融网络平台上把相应资金从客户银行卡账号转移至商家收单银行，完成支付结算，并回复商家与客户。
- 商家按照客户的订单要求发货，与此同时，商家或银行的服务器端将记录整个交易过程中的账务信息，供客户电子钱包管理软件查询。

案例 8-2

Mondex

Mondex 是基于智能卡的电子货币，智能卡芯片可以用来记录与处理国民资金数据。在一些地区，Mondex 已经发展成为一个广泛使用的现金替代品。Mondex 于 1990 年由英国国民西敏寺银行（National-Westminster）开发，它是由一家独立的公司——Mondex 国际推广运营的，这家公司现在由万事达卡控股。

1995 年 7 月，Mondex 在素有"英国的硅谷"之称的温斯顿市试用，取得了成功。温斯顿市拥有 40000 名消费者和 1000 多家零售商，Mondex 被广泛应用于超级市场、酒吧、珠宝店、宠物商店、餐馆店、食品店、停车场、电话亭和公共交通车辆中。

Mondex 智能卡将电子货币储存在卡上的芯片内，使用时只要把 Mondex 卡插入终端，几秒钟之后，卡和收据条便会从设备中退出，Mondex 终端将本次交易的货币币值从消费者的卡转存到预置在终端的商家的卡中，完成支付。

Mondex 之所以被称为电子货币，主要是因为它具有现金货币所具有的诸多属性：Mondex 卡上可以同时支持 5 种不同的货币，每种货币可以在任何一家银行兑换成任何其他货币；它可以方便地实现资金在一张 Mondex 卡和另一张 Mondex 卡之间的划拨；卡内存有的钱一旦遭失或被窃，Mondex 卡内的金钱价值不能重新发行，就像钱包丢失了一样；使用 Mondex 转账结算和资金划拨时，可以选择有密码、无密码或有条件地使用密码，安全性能高于现金；Mondex 卡损坏时，持卡人可向发行机关申报卡内余额，由发行机关确认后重新制作新卡发还。Mondex 还有一个特点，即它的交易是不被追踪的，这也是 Mondex 最有争议的地方。质疑者认为，由于无法追踪审计每笔交易，给非法资金划拨创造了条件；支持者认为，这恰恰是 Mondex 最灵活、最优越的地方，正是由于可以方便地实现卡与卡之间资金无法追踪的划转，保证了持卡的隐私，Mondex 才是真正的电子现金。

Mondex 在一些国家或地区得以推广，包括英国、法国、挪威、澳大利亚、新西兰、中国香港、菲律宾、以色列、加拿大、美国等。例如，1996 年 Mondex 在中国香港测验，到 1997 年春，持卡人已有 45000 人，约 400 家商户支持 Mondex 系统。据统计，其中 65% 的 Mondex 卡持有人交易额在 100 美元以下。

从全球以及 Mondex 的发展史来看，Mondex 的发展现在处于低潮中，主要原因是区域性电子货币的替代作用以及技术的进步导致传统的 Mondex 接触式电子现金业务已过时，取而代之的是非接触式电子现金业务。

案例 8-3

国内外几种常用的软件形式电子钱包

Agile Wallet

Agile Wallet 技术由 Cyber Cash 公司开发，可处理消费者结算和购物信息，提供快速和安全的交易。用户第一次用 Agile Wallet 购物时需要输入姓名、地址和信用卡数据，这些信息会被安全地存储在 Agile Wallet 服务器上，以后访问支持 Agile Wallet 的商家网站时，在商家的结算页面上会弹出有顾客购物信息的 Agile Wallet 框。用户验证了框内信息的正确性后，用鼠标点击一次就可完成购物交易，用户还可将新的信用卡和借记卡信息加入到受保护的个人信息中。

eWallet

Launchpad 技术公司的 eWallet 是一个免费的钱包软件，消费者可下载并安装到自己的计算机上，而不像其他钱包那样存在中心服务器上。和其他钱包一样，eWallet 将顾客个人信息和结算信息存在钱包时，它甚至还专门为用户留出放照片的地方，就像真正的钱包一样。购物完成时，只需点击图标并输入密码，然后从 eWallet 中选定信用卡并拖到结账表中，eWallet 就能把用户在安装软件时所提供的个人信息填写到表中。为保护用户的个人信息，eWallet 还有加密和密码保护措施。

Microsoft Wallet

Microsoft Wallet 预装在 Internet Explorer 4.0 及以上版本里，但不会预装在网景公司的 Navigator 中，其功能与大多数电子钱包一样，在用户需要时可自动填写订单表。Microsoft Wallet 是微软公司为钱包的标准化而推出的，用户输入到 Microsoft Wallet 里的所有个人信息都经过加密并用密码进行保护，它的新版本还能同电子现金系统、网络银行账户及其他结算模式交互。目前 Microsoft Wallet 支持运通卡（American Express）、万事达卡（Master）和维萨卡（VISA）。

支付宝钱包

支付宝钱包是国内领先的移动支付平台，由支付宝网络科技有限公司提出。支付宝钱包内置风靡全国的平民理财神器余额宝，还有信用卡还款、转账、水电煤气费缴纳、手机话费充值等功能。用户使用支付宝钱包贷款可先由支付宝保管，收货满意后才付钱给卖家，安全放心，另外使用支付宝钱包进行转账、缴费等业务时无须缴纳交易手续费，还能便宜打车、去便利店购物、在售货机买饮料等。2013 年 11 月，支付宝手机支付用户超 1 亿，支付宝钱包正式宣布成为独立品牌。

微信支付

微信支付是由腾讯公司知名移动社交通信软件微信及第三方支付平台财付通联合推出的移动支付创新产品，用户只需在微信中关联一张银行卡，并完成身份认证，即可将装有微信应用的智能手机变成一个全能钱包，之后就可购买合作商户的商品及服务，而用户在支付时只需在自己的智能手机上输入密码，无须任何刷卡步骤即可完成支付，整个过程简便流畅。

微信支付客服于 2008 年 1 月 6 日正式上线，旨在为广大微信用户及商户提供更优质的支付服务。目前微信支付已实现刷卡支付、扫码支付、公众号支付、App 支付，并提供企业红包、代金券、立减优惠等营销新工具，满足用户及商户的不同支付场景。

百度钱包

百度钱包是百度公司的支付业务品牌及产品，致力于打造"随身随付"的"有优惠的钱包"，它将百度旗下的丰富产品及海量商户与广大用户直接"连接"，提供超级转账、付款、缴费、充值等支付服务，并全面打通 O2O 生活消费领域，同时提供"百度金融中心"业务，包括"百度理财、消费金融"等资产增值功能与个人金融服务，让用户在移动时代轻松享受一站式的支付生活。百度钱包支持百度账户登录及非会员免登录两种支付体验，用户可以通过绑卡、身份信息输入、支付密码设置完成支付流程。

资料来源：百度文库 http://wenku.baidu.com，作者略有删改。

8.6 电子商务安全系统设计

从电子商务系统开发运行以来，对电子商务系统的入侵和攻击事件就一直存在，安全问题不仅关系到商务活动的正常运行，而且直接关系到电子商务系统的生存，在这种情况下，加强电子商务系统的安全就显得尤为重要。保障电子商务系统的安全，不仅需要强化标准规范、管理方面的建设，加大安全技术上的防范工作，更需要建立有效的电子商务安全系统。

8.6.1 电子商务系统的安全威胁

电子商务系统的安全威胁可以分为两个方面，计算机网络的安全威胁和商务交易的安全威胁，其安全威胁可能来自于网络上的黑客、电子商务系统的内部人员和准内部人员。

1. 计算机网络的安全威胁

（1）对计算机主机系统的攻击和入侵

现代计算机操作系统通常功能都很强大，庞大的代码决定了系统在不同程度上难免存在一些安全漏洞，而系统的复杂性使得管理员和使用人员很难掌握其安全防护技术，又增加了系统的安全隐患。

（2）对数据库及存储设备的攻击和入侵

数据库是信息和数据存放的基础和平台，其本身非常庞大和复杂，存在用户权限管理、文件权限管理、数据保密等方面的安全隐患及漏洞。

（3）对计算机网络的攻击和入侵

目前的网络协议 TCP/IP 并非专为安全通信而设计的，存在大量安全隐患。网络入侵者一般会采用预攻击探测、窃听等搜集目标的信息，然后拒绝服务或分布式拒绝服务攻击技术阻碍计算机网络的正常服务，或使用堆栈溢出等远程网络层漏洞攻击手段进入被攻击的目标获得管理员权限，并任意篡改数据。

（4）对计算机应用系统的攻击和入侵

应用系统在开发时的程序错误有以下几种形式：程序员忘记检查传送到程序的入口参数；程序员忘记检查边界条件，特别是处理字符串的内存缓冲时；程序员忘记最小特权的基本原则。这些程序错误都有可能会被黑客用到攻击计算机系统的行为中。

2. 系统交易层的安全威胁

（1）身份假冒

指某个实体（人或系统）假扮成另外一个实体，以获取合法用户的权利和特权。当攻击者掌握了网上交易数据的格式后，就可以篡改通过的信息，冒充合法用户发送假冒的信息或主动获取信息。

（2）信息窃取

当数据信息在网络上以明文形式或弱加密形式传送时，攻击者可以在数据包经过的网关或路由器上截获传送的信息，通过多次窃取和分析，找到信息的规律和格式，进而得到传输信息的内容，造成交易信息的泄露。

（3）信息篡改

当攻击者掌握了信息的格式和规律后，可以通过各种技术手段和方法，将网络上传送的信息数据在中途修改，然后再发往目的地，从而破坏信息的完整性。

(4) 交易抵赖

交易抵赖包括多个方面，如发送者事后否认自己曾经发送过某条信息或内容；接收者事后否认曾经收到过某条消息或内容；购买者对自己的订单不承认；商家卖出的商品因价格变异而不承认原有的交易。由于商情的千变万化，交易一旦达成是不能被否认的，否则必然会损害交易一方的利益。

案例 8-4

黑客热衷攻击电子商务网站

电子商务网站是黑客热衷攻击的重点对象，国外十几年前就曾经发生过电商网站被黑客入侵的案例，国内的电商网站近些年也发生过类似事件。浙江义乌一些大型批发网站曾经遭到黑客近一个月的轮番攻击，网站图片几乎都不能显示，每天流失订单金额达上百万元。阿里巴巴网站也曾确认受到不明身份的网络黑客攻击，这些黑客采取多种手段攻击了阿里巴巴在我国大陆和美国的服务器，企图破坏阿里巴巴全球速卖通平台的正常运营。随着国内移动互联网的发展，移动电子商务也将迅速发展并给人们带来更大便利，但是由此也将带来更多的安全隐患。黑客针对无线网络的窃听能获取用户的通信内容，侵犯用户的隐私权。

黑客攻击可以是多层次、多方面、多种形式的，攻击电子商务平台，黑客可以轻松赚取巨大的、实实在在的经济利益。比如：窃取某个电子商务企业的用户资料，贩卖用户的个人信息；破解用户个人账号密码，可以冒充他人购物，并把商品货物发给自己。黑客有可能受经济利益驱使，也有可能是同业者暗箱操作打击竞争对手。攻击电子商务企业后台系统的往往是专业的黑客团队，要想防范其入侵，难度颇大，尤其是对于一些中小型电子商务网站而言，比如数量庞大的团购网站，对抗黑客入侵更是有些力不从心。如果大量电子商务企业后台系统的安全得不到保障，对我国整个电子商务的发展也将是极大威胁。

网购达人专职退货以假乱真

电商承诺的七天无理由退换货，本是有利于消费者的好事，却变成了"有心之人"的生财之道。安徽一买家张某某就利用该承诺，先从网上淘"高仿"假货，再到正规电商平台上购买同款正品，收到货物后，利用网上交易退、换货条款，将价格远低于正牌商品的假货调包退换给电商。2016 年 10 月 8 日，张某某在 A 网购平台以人民币 1100 元的价格向胡某某购买 53 度飞天茅台假酒 2 箱；同月 12 日，张某某又以 6354 元的价格在该平台下单购买 53 度飞天茅台白酒 1 箱，次日，在住所地收到货后，张某某以包装箱有挤压且箱体上有水渍为由，向该平台要求换货，被允许换货后，他将其事先从另一平台购买的假茅台酒退给该平台。

2016 年 12 月底，B 网购平台售后部及监察部注意到一位出手阔绰，专爱"挑刺"且频繁退换货的"钻石"客户。在对所退货品进行查验时，该平台防损部发现，货品竟然被调包！鉴于被调包的货品金额较大，该企业将客户张某某退货的白酒送至厂家鉴定，结果为"非厂家出产产品"。在排除货源、运输环节出错、"内鬼"等情况下，他们确定该客户存在退货调包嫌疑。2017 年 1 月 4 日，该平台向湖北省武汉市新洲区警方报案。据调查，自 2016 年 10 月 23 日至 2017 年 2 月 16 日，张玉亮采取上述同样手段，以假酒换真酒 22 次，共骗取该平台 53 度飞天茅台白酒 36 箱，价值 25.2 万元。

用户信息泄露是当下电商市场的通病

用户信息泄露一直是电商行业较为敏感的话题之一。此前，小红书出现用户信息大面积泄露事件，被泄露信息的用户接到诈骗电话，诈骗分子以退款为诱饵，通过蚂蚁借呗、来分期、马上金融等借贷平台进行诈骗，用户遭受不同程度经济损失。信息泄露几乎是当下电商市场的通病，而信息泄露中受害最大的是处于被动的消费者。

据中国电子商务投诉与维权公共服务平台近年来接到的用户投诉案例表明，近年来互联网电商行业"泄密"事件频频出现，重大典型的包括：5173中国网络游戏服务网数次被"盗钱"，"小红书"疑似信息泄露致用户被骗，"当当网"多次用户账户遭盗刷，"1号店"员工内外勾结泄露客户信息，腾讯7000多万QQ群遭泄露，携程技术漏洞导致用户个人信息，银行卡信息等泄露，微信朋友圈小游戏窃取用户信息，快递单贩卖成"灰色产业链"，13万12306用户信息外泄事件等，而无一例外的是，在这些"泄密"事件背后，消费者的权益都受到了不同程度的损害。

全国首部《电子商务法（草案）》中加大了对信息安全的保护力度，明确包括第三方电商平台、平台内经营者、支付服务提供者、快递物流服务提供者等在内的信息安全保护责任主体。提出对未履行保护义务的，最高处50万元罚款并吊销执照；构成犯罪的，追究刑事责任。

资料来源：中国电子商务研究中心 http://www.100ec.cn，作者略有删改。

8.6.2　电子商务系统的安全要求

从事电子商务的人员无论是买方还是卖方，所关心的安全问题主要是系统的服务器是否会受到攻击瘫痪，交易中的另一方是否是真实存在，交易过程中的一些隐私性数据是否存在泄漏的风险等。针对电子商务系统可能面临的安全威胁，为了尽可能保证系统的安全性，电子商务安全系统应满足以下一些安全要求。

1. 系统可用性

系统可用性是确保电子商务系统能够抵御外来攻击，按照预期功能运行，保证得到授权的实体在需要时可以访问系统资源和服务。

2. 交易的真实性

交易的真实性是指交易开始前，交易双方能够辨别对方的真实身份。由于电子商务是在网络上进行的，买卖双方实际上都是在和虚拟的对方进行交易，对方的真实身份是否与网络上的一致，是否存在诈骗行为就成了一个问题，因此，交易前需要辨别对方身份的真实性。

3. 交易的保密性

交易的保密性也称为交易的隐私性，是指交易双方的信息在网络中传输或储存时不被他人窃取。在传统的交易活动中，敏感性的数据如商务合同、信用卡号码、交易机密等可以通过文件的封装或者可行途径传递，以此保证数据的安全。而在开放的网络上，由于TCP/IP协议采用IP报文交换的方式，存在数据被窃取的可能。因此，电子交易过程中保证安全数据的隐秘就显得尤为重要。

4. 交易的完整性

交易的完整性是指交易数据在传输过程中不会被恶意或意外地改变、毁坏。在网络上传输的交易数据有可能被人窃取、修改，如窃取并重定向某家银行的转账信息，使钱款划入其他账户，该信息不再代表原始信息发送方的初衷，其完整性遭到破坏。对敏感数据来说，保持其完整性是非常重要的，否则将出现难以预料的结果。

5. 不可抵赖性

不可抵赖性也称为不可否认性，是指交易双方不能否认彼此之间的信息交流。在传统的交易中，尽管交易双方可能不见面，但是有购买单据、凭证、签字、盖章等来证明买方或卖方的行为，而网络上的交易却不能通过这些方式来对交易行为进行鉴别，但可以采用类似的思路，通过数字签名等技术来实现。

8.6.3 电子商务安全系统的结构

电子商务安全系统的设计是指针对系统可能受到的安全威胁，基于电子商务系统安全的基本要求，选择保证系统安全的相关技术，形成系统的安全策略，实行系统的安全管理。图8-21是电子商务安全系统的基本结构。

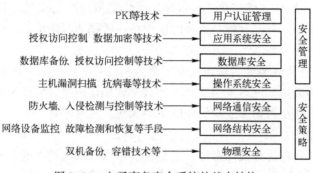

图8-21　电子商务安全系统的基本结构

1）物理安全：主要针对系统中硬件设备的可靠性而言，如主机设备的双机备份、容错技术等。

2）网络结构安全：主要指利用网络设备的监控、故障检测和恢复等手段，以保证计算机网络自身的安全性等。

3）网络通信安全：针对计算机网络本身可能存在的安全问题，利用防火墙、访问控制、入侵检测与控制等手段，保障网络资源访问的授权控制以及网络传输的数据完整、不被窃取和篡改。

4）操作系统安全：保障主机系统设计、程序文件等资源的安全性，可利用高可信等级操作系统、授权访问控制以及主机漏洞扫描技术、抗病毒技术等实现。

5）数据库安全：主要保障数据库本身的安全，通过数据备份及灾难恢复、数据库数据的授权访问控制、数据库访问审计等手段实现。

6）应用系统安全：主要保障应用程序代码、商务数据的合法性访问，可以通过授权访问控制、数据加密等方式实现。

7）用户认证管理：主要针对用户身份的识别，保证信息资源仅能够为合法用户存取。可以通过PKI等技术实现。

8）安全管理：针对系统安全所制定的管理措施的规范。

9）安全策略：指保证系统安全的指导性原则。

8.6.4　电子商务系统安全技术

1. 防火墙技术

防火墙是一种位于内部网络与外部网络之间的网络安全系统，它由软件和硬件设备组合而成，在内部网和外部网之间、专用网和公共网之间的界面上构造保护屏障。防火墙实际上是一种隔离技术，在两个网络通信时执行一种访问控制尺度，它能允许"被同意"的人和数据进入相应网络，同时将"不被同意"的人和数据拒于门外，最大限度地阻止网络黑客的入侵。为使防火墙有效，所有来自或发往外部网络的业务流都必须通过防火墙以接受防火墙的检查，防火墙只允许已授权的业务流通过，而且其本身也应能够抵抗渗透攻击，否则一旦攻击者突破或绕过防火墙系统，防火墙就不能提供任何保护了。

防火墙具有很好的保护作用，入侵者必须首先穿越防火墙的安全防线，才能接触目标计算机。防火墙的作用主要体现在以下两个方面：

1）网络安全：一个防火墙能极大地提高一个内部网络的安全性，并通过过滤不安全的服务而降低风险。由于只有经过精心选择的应用协议才能通过防火墙，因此网络环境变得更安全。

2）数据库安全：防火墙能实现数据库安全的实时防护，数据库防火墙通过分析数据库协议，根据预定义的禁止和许可策略让合法的数据库操作通过，阻断非法违规操作，形成数据库的外围防御圈，实现数据库危险操作的主动预防、实时审计。

2. 入侵检测技术

入侵指的是试图破坏计算机保密性、完整性、可用性或可控性的一系列活动，入侵活动包括非授权用户试图存取数据、处理数据，或者妨碍计算机的正常运行。入侵检测就是对计算机网络和计算机系统的关键节点的信息进行收集分析，检测其中是否有违反安全策略的事件发生或攻击迹象，并通过系统安全管理员。

入侵检测技术是为保证计算机系统的安全而设计并配置的一种能够及时发现并报告系统中未授权或异常现象的技术，是一种用于检测计算机网络中违反安全策略行为的技术。作为防火墙的合理补充，入侵检测技术能够帮助系统对付网络攻击，扩展了系统管理员的安全管理能力，提高了信息安全基础结构的完整性。进行入侵检测的软件与硬件的组合便是入侵检测系统，该系统通过执行以下任务来实现入侵检测：

- 监视、分析用户及系统活动。
- 系统构造和弱点的审计。
- 识别反映已知进攻的活动模式并向相关人员报警。
- 异常行为模式的统计分析。
- 评估重要系统和数据文件的完整性。
- 操作系统的审计跟踪管理，并识别用户违反安全策略的行为。

3. 病毒防治技术

计算机病毒是编制者在计算机程序中插入的破坏计算机功能或者破坏数据，影响计算机使用并且能够自我复制的一组计算机指令或者程序代码，具有非授权可执行性、隐蔽性、破坏性、传染性、可触发性的特点。

在所有计算机安全威胁中，计算机病毒是最为严重的，它不仅发生的频率高、损失大，而且潜伏性强、覆盖面广。提高系统的安全性是预防病毒的一个重要方面，但完美的系统是不存在的，过于强调提高系统的安全性将使系统多数时间用于病毒检查，系统失去了可用性、实用性和易用性；另一方面，信息保密的要求让人们在泄密和抓住病毒之间无法选择。加强内部网络管理人员以及使用人员的安全意识，用口令来控制对系统资源的访问，这是预防计算机病毒进程中最容易和最经济的方法之一。另外，安装杀毒软件并定期更新也是预防病毒的重要手段。

- 注意对系统文件、重要可执行文件和数据进行写保护。
- 不使用来历不明的程序或数据。
- 不轻易打开来历不明的电子邮件。
- 使用新的计算机系统或软件时，要先杀毒再使用。
- 备份系统和参数，建立系统的应急计划等。
- 专机专用。
- 利用写保护。
- 安装杀毒软件。
- 分类管理数据。

4. 加密技术

加密技术就是采用某数字方法对信息进行加密和解密的技术，加密过程就是把原来可直接读的信息（明文）通过某种加密算法和加密密钥变成不能直接读的代码形式（密文），而解密过程就是把不能直接读的密文通过相对应的解密算法和解密密钥变回原来可直接读的明文，加密和解密过程是互逆的。在电子商务系统中，采用一定的加密方法对交易信息进行加密后，即便在传输过程中被他人窃取了密文，但由于不知道解密的方法，就很难知道信息所代表的意思，这样就能防止合法接收者以外的人获取信息。

根据加密密钥和解密密钥是否相同，加密技术可分为对称加密技术和非对称加密技术。

（1）对称加密技术

在对称加密技术中，发送方使用的加密密钥和接收方使用的解密密钥是相同或等价的，称作秘密密钥，比较著名的对称加密算法有美国的 DES 和欧洲的 IDEA。对称加密技术的基本过程是：发送方用秘密密钥将明文加密成密文后发送给接收方，接收方收到密文后用同样的秘密密钥解密成明文，如图 8-22 所示。

图 8-22　对称加密技术的基本过程

对称加密技术具有很强的保密强度、使用方便、加密效率高，是最广泛使用的加密技术，但由于通信双方使用同样的密钥，密钥传递过程中很有可能会失密而造成信息泄漏，因此，其密钥管理成为系统安全的重要因素。

（2）非对称加密技术

在非对称加密技术中，发送方用的加密密钥和接收方用的解密密钥是不同的，且几乎不可能根据加密密钥推导出解密密钥。比较著名的非对称加密算法有 RSA、背包算法、椭圆曲线算法等。

非对称加密技术通常采用公开密钥体制来管理密钥，该体制中的每个交易方都有一对密钥，一个是私有密钥，另一个是公开密钥，若其中一个作为加密密钥，则另一个可作为解密密钥。在采用公开密钥体制的非对称加密技术中，交易双方各有一对密钥，且都拥有对方的公开密钥，假设发送方为 S（私有密钥 S_{sk}，公开密钥 S_{pk}），接收方为 R（私有密钥 R_{sk}，公开密钥 R_{pk}），则加密解密过程为：发送方用接收方的公开密钥 R_{pk} 加密明文后发送给接收方，接收方收到密文后用自己的私有密钥 R_{sk} 解密成明文，由于解密密钥只有接收方一个人拥有，且几乎不能根据加密密钥推导出解密密钥，因此传递的信息具有很强的保密性，如图 8-23 所示。

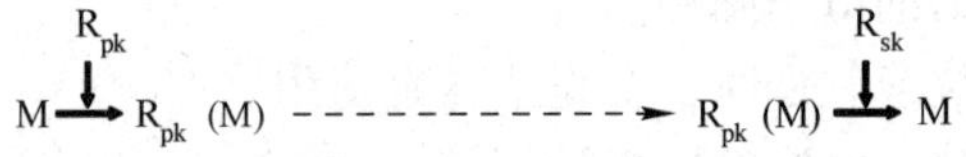

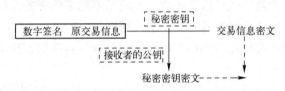

$$M \xrightarrow{R_{pk}} R_{pk}\ (M) - - - - - - - - \rightarrow R_{pk}\ (M) \xrightarrow{R_{sk}} M$$

图 8-23　基于公开密钥体制的非对称加密技术的基本过程

采用公开密钥体制的非对称加密技术的密钥管理问题较为简单，可以适应网络的开放性要求，且利用私有密钥可方便地实现数字签名和验证，但其算法复杂，当信息量稍大时加密速率会较低。

（3）数字信封技术

数字信封技术是将对称加密技术和非对称加密技术结合在一起形成的，它的原理是用对称加密技术加密信息，用非对称加密技术加密秘密密钥，如图 8-24 所示。由于数字信封技术既充分发挥了对称加密技术加密效率高的优点，又利用非对称加密技术保证了秘密密钥的安全传递，因此实际中常采用数字信封技术加密交易信息。

图 8-24　数字信封技术的基本原理

5. 数字签名技术

数字签名是一种类似于物理签名的电子签章，由信息发送者对原信息进行密码变换产生，附加在原信息后面一同发送给接收者。由于信息发送者产生的数字签名不能被其他人伪造，因此数字签名可以允许接收者用来验证信息传输的完整性、发送者的身份认证、防止交易中的抵赖发生。

数字签名技术是结合了非对称加密技术与数字摘要技术的一种鉴别技术，在特定情况下还结合了数字时间戳技术。

（1）数字摘要技术

数字摘要技术是用某算法（通常采用 Hash 函数）将需要加密的信息转变成一串固定长度（128 bit）的密文，又称为数字指纹。数字摘要有固定的长度，且不同明文的摘要必定不同，而同一明文的摘要必定一致，因此，数字摘要可以验证信息在传递过程中是否被篡改过。

（2）数字签名技术

发送者根据原信息产生数字摘要后，再用自己的私有密钥加密数字摘要后形成的密文就是数字签名，发送者将数字签名附在原信息后面，一起发送给接收者。接收者收到附有数字签名的信息后，先用发送者的公钥解密数字签名变成数字摘要 1，再将收到的信息变成数字摘要 2，最后对比数字摘要 1 和数字摘要 2 以验证其一致性。图 8-25 展示了数字签名技术的使用过程。

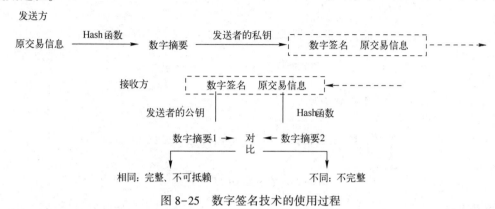

图 8-25　数字签名技术的使用过程

若数字摘要 1 和数字摘要 2 对比不一致，则说明原信息在传递过程中被篡改了，因为不同明文的摘要必定不同；若数字摘要 1 和数字摘要 2 对比一致，则说明原信息在传递过程中没有被篡改，因为同一明文的摘要必定相同，此外发送方不能否认他的发送行为，因为用他的私有密钥形成的数字签名是不能被伪造的。通过这种方式，数字签名技术验证了信息的完整性，同时保证了交易的不可抵赖性。

（3）数字时间戳技术

在传统的商务交易中，有效时间是一个十分重要的信息，交易文件签署的日期和签名一样是应该防止伪造和篡改的关键性内容。同样，在电子商务交易中，有的时候也需要对交易文件和时间信息采取安全措施，而数字时间戳技术就能对电子文件的时间进行安全保护。

数字时间戳包括三个部分：需要加时间戳的文件摘要；DTS（数字时间戳服务部门）收到文件的日期和时间；DTS 的数字签名。其产生过程为：用户首先将需要加时间戳的文件形成数字摘要，然后将该摘要发送到 DTS，DTS 在加入了收到文件摘要的日期和时间信息后再对该文件加密形成数字签名，最后送回用户。数字时间戳是由 DTS 来加入的，以 DTS 收到文件的时间为依据。

6. 电子认证技术

认证是以特定的机构，对签名及其签署者的真实性进行验证的具有法律意义的服务。电子认证是通过对交易各方的身份、资信进行认定，对外可以防范交易当事人以外的人故意入侵而造成风险，从而防止欺诈的发生；对内则可防止当事人的否认，以避免当事人之间的误解或抵赖，从而减少交易风险，维护电子交易的安全，保障电子商务活动顺利进行。

电子认证一般采用数字证书来实现，数字证书是由认证中心（Certificate Authority，CA）颁发的标志电子商务交易各方身份信息的一系列数据，也就是个人或单位在网络上的身份证。认证中心是提供身份验证的第三方机构，由一个或多个用户信任的组织实体构成。CA核实某个用户的真实身份后，签发一份提出报文给该用户，以此作为网上证明身份的依据，这个报文就称为数字证书。数字证书能够起到标识交易各方身份的作用，目前电子商务交易中用户和商家都广泛采用数字证书证实自己的身份。

数字证书主要包含证书所有者的信息、证书所有者的公开密钥和证书颁发机构的签名等内容，在电子商务交易中，数字证书不仅可以用于验证交易双方的身份，还可以传递公开密钥，图 8-26 是数字证书的使用过程。

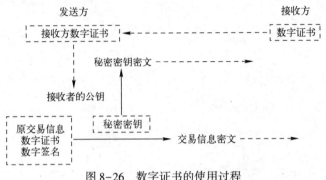

图 8-26　数字证书的使用过程

案例 8-5

某电子商务系统交易层安全子系统设计方案

某电子商务系统要求进行安全子系统的设计，其中系统交易层的安全保障方案为：采用数字信封技术保证交易的保密性，采用数字签名技术保证交易信息的完整性及交易事务的不可抵赖性，采用数字证书来确保交易双方的真实性。根据这个设计方案，可得出该电子商务系统的安全交易过程，如图 8-27 所示。

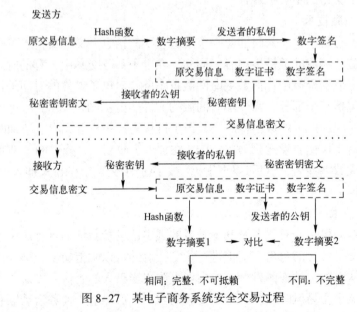

图 8-27　某电子商务系统安全交易过程

发送方在获取并确认接收方的数字证书后，将要传递的原交易信息用 Hash 函数转换成数字摘要，再用自己的私钥加密成个人数字签名。发送方把数字签名和自己的数字证书附加在原交易信息后面，采用对称加密技术一起加密成交易信息密文，发送给接收方，同时，为保证秘密密钥的安全性，发送方先用接收者的公钥将其加密成秘密密钥密文，然后再发送给接收方。接收方同时获得交易信息密文和秘密密钥密文，先用自己的私钥解密秘密密钥，再用其解密交易信息密文，得到发送方发送的原交易信息、数字证书及数字签名。为了验证原交易信息是否被篡改或丢失，接收方将原交易信息用 Hash 函数转换成数字摘要 1，将数字签名用发送者的公钥解密成数字摘要 2，对比两个数字摘要，若相同，则原交易信息是完整的，若不同，则原交易信息不完整。

8.7 电子商务系统设计案例

本节将在第 5、6 章的基础上，继续采用面向对象系统设计方法，阐述"享阅书屋"图书销售网的系统设计过程。

1. 系统运行平台设计

"享阅书屋"图书销售网选择由网络运营服务商来为其搭建网络环境，即由服务商提供运行系统需要的宽带网络、高性能设备及系统运行管理软件；使用 JSP 技术开发系统，选择 Tomcat 作为 Web 应用服务器软件，选择 SQL Server 2019 作为数据库管理系统。

2. 系统体系结构设计

本系统采用 B/S 三层体系结构，如图 8-28 所示。它是 Web 兴起后的一种网络结构模式，Web 浏览器是客户端最主要的应用软件。这种模式统一了客户端，将系统功能实现的核心部分集中到服务器上，简化了系统的开发、维护和使用。客户机上只要安装一个浏览器，服务器端安装 SQL Server 数据库，浏览器通过 Web Server 同数据库进行数据交互。

浏览器　　　　　　　　Web 服务器　　　　　　数据库服务器

图 8-28　B/S 三层体系结构

3. 应用程序模块设计

顺序图用于解释系统用例的实现过程，强调用例相关对象间交互的时间和顺序。图 8-29 至图 8-36 分别是"搜索书室"用例、"查看书室信息"用例、"搜索读书会"用例、"查看读书会信息"用例、"创建书室"用例、"读书会报名"用例、"添加评论"用例、"发布读书会信息"用例的顺序图。

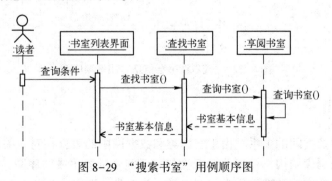

图 8-29　"搜索书室"用例顺序图

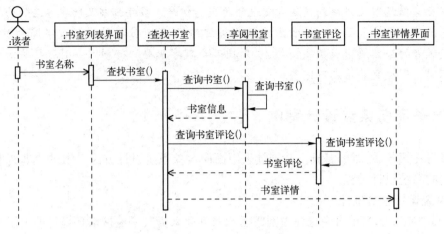

图 8-30 "查看书室信息"用例顺序图

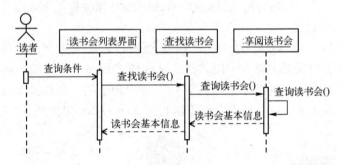

图 8-31 "搜索读书会"用例顺序图

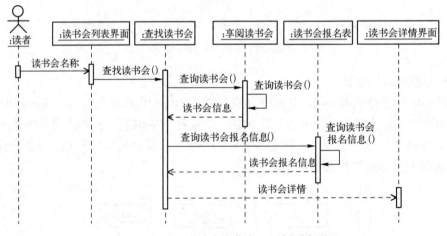

图 8-32 "查看读书会信息"用例顺序图

4. 数据库设计

（1）实体类图

类图描述了类及类间的关系，由于实体类和数据库中的表存在对应关系，因此实体类图可用于描述系统数据库结构。根据前面所绘制的用例分析类图或顺序图，得出"享阅书屋"图书销售网需建立的实体类有用户类、图书类、订单类、购物车类、享阅书室类、书室评论

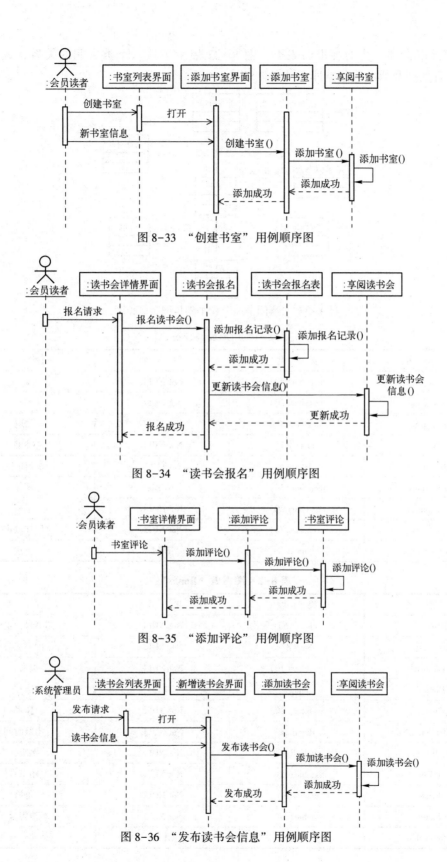

图 8-33 "创建书室"用例顺序图

图 8-34 "读书会报名"用例顺序图

图 8-35 "添加评论"用例顺序图

图 8-36 "发布读书会信息"用例顺序图

类、享阅读书会类、读书会报名表类，图 8-37 展示了这八个类之间的关系，表 8-1 至
表 8-8 是各实体类所对应数据库表的具体结构。

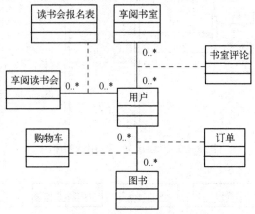

图 8-37 "享阅书屋"图书销售网实体类图

表 8-1 用户表（User）

字 段 名	类 型	属 性	注 释
User_id	nvarchar(20)	Not NULL	账号
User_name	nvarchar(20)	Not NULL	名称
User_psw	varchar(20)	Not NULL	密码
User_type	char(8)	Not NULL	类型
Reg_date	datetime	NotNULL	注册时间
User_email	nvarchar(30)	NULL	邮箱
User_phone	nvarchar(20)	Not NULL	手机
User_city	nvarchar(20)	Not NULL	所在城市
User_remarks	ntext	NULL	备注

表 8-2 图书表（Books）

字 段 名	类 型	属 性	注 释
Book_id	char(16)	Not NULL	图书号，主键
Book_type	char(8)	Not NULL	图书分类
Book_name	nvarchar(10)	Not NULL	图书名
Picture	image	NULL	图片
Author	nvarchar(20)	Not NULL	作者
Publication_time	datetime	Not NULL	出版时间
Press	varchar(30)	Not NULL	出版社
ISBN	varchar(20)	Not NULL	图书号
Price	money(8)	Not NULL	价格
Sales	varchar(10)	Not NULL	销售量
Introduction	ntext	NULL	简介

表 8-3　订单表（Orders）

字　段　名	类　　型	属　　性	注　　释
Order_id	char(16)	Not NULL	订单号，主键
Customer_id	nvarchar(20)	Not NULL	买家账号
Customer_phone	nvarchar(20)	Not NULL	买家手机号
Book_id	char(16)	Not NULL	图书号
Book_name	nvarchar(10)	Not NULL	图书名
Customer_message	ntext	NULL	买家留言
Book_price	money(8)	Not NULL	图书价格
Book_num	varchar(10)	Not NULL	产品数量
Mail_price	money(8)	Not NULL	邮费
Price_modify	money(8)	NULL	调价
Payment	money(8)	Not NULL	实付金额
Payment_method	nvarchar(10)	NULL	支付方式
Payment_account	varchar(30)	NULL	支付账号
Payment_amount	money(8)	NULL	支付金额
Receiver	nvarchar(20)	NULL	收货人
Receiver_phone	varchar(20)	NULL	收货人电话
Receiver_address	nvarchar(50)	NULL	收货地址
Zip_code	char(6)	NULL	邮编
Order_date	datetime(8)	NULL	下单日期
Order_state	char(6)	NULL	订单状态
Evaluation	ntext	NULL	订单评价
Evaluate_date	datetime(8)	NULL	评价日期
Evaluation_file	oleobject	NULL	评价图片视频

表 8-4　购物车表（Shopping_Cart）

字　段　名	类　　型	属　　性	注　　释
Book_id	char(16)	Not NULL	图书号，主键
Customer_id	nvarchar(20)	Not NULL	买家账号，主键
Book_num	varchar(10)	Not NULL	图书数量
Time	datetime	NULL	添加时间

表 8-5　享阅书室表（Book_Rooms）

字　段　名	类　　型	属　　性	注　　释
Room_name	nvarchar(20)	Not NULL	书室名，主键
Type	char(16)	Not NULL	分类
Theme	nvarchar(20)	Not NULL	主题
Introduction	ntext	NULL	简介

字 段 名	类 型	属 性	注 释
Creation_time	datetime	Not NULL	创建时间
Creator	nvarchar(20)	Not NULL	创建人
Group_num	varchar(10)	Not NULL	群人数
Comments	varchar(10)	Not NULL	评论数
Visits	varchar(10)	Not NULL	浏览次数

表 8-6　书室评论（Room_Comments）

字 段 名	类 型	属 性	注 释
Room_name	char(16)	Not NULL	书室名，主键
Commentor	nvarchar(20)	Not NULL	评论人，主键
Content	text	Not NULL	内容
Comment_time	datetime	Not NULL	评论时间

表 8-7　享阅读书会（Reading_Club）

字 段 名	类 型	属 性	注 释
Club_id	char(16)	Not NULL	编号，主键
Theme	nvarchar(20)	Not NULL	主题名
Introduction	text	Not NULL	简介
Release_time	datetime	Not NULL	发布时间
Holding_time	datetime	Not NULL	举办时间
Holding_Location	nvarchar(20)	NULL	举办地点
Applicants	varchar(10)	Not NULL	报名人数
State	char(6)	Not NULL	状态

表 8-8　读书会报名表（Reading_Registration）

字 段 名	类 型	属 性	注 释
Reading_id	char(16)	Not NULL	读书会编号
Applicants	nvarchar(20)	Not NULL	报名者
Registration_time	datetime	Not NULL	报名时间

（2）状态图

状态图描述了系统对象的状态、状态转移及对应的处理过程，图 8-38 是"享阅书屋"图书销售网中的"享阅读书会"对象状态图。

5. 系统网站设计

电子商务网站是系统运转的承担者和表现者，根据系统功能需求，读者通过本系统网站应能够查询购买图书、管理个人资料和订单、创建管理书室、参与图书讨论、在线报名参加线下读书会；系统管理员通过系统网站能够对会员信息、图书信息、订单信息、书室信息、读书会信息和网站各页面信息进行管理。

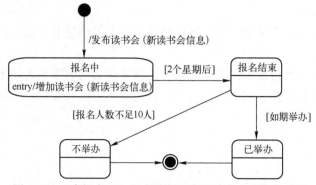

图 8-38 "享阅书屋"图书销售网享阅读书会对象状态图

"享阅书屋"图书销售网站前台部分应包括主页面（Main. jsp）、登录页面（Login. jsp）、注册页面（Regist. jsp）、购书须知页面（Instruction. jsp）、个人资料页面（MemberInfo. jsp）、个人订单页面（OrderList. jsp）、购物车页面（ShoppingCart. jsp）、图书列表页面（BookList. jsp）、享阅书室页面（ChatingRoom. jsp）、享阅书播页面（BookStudio. jsp）、享阅书会页面（ReadingClub. jsp）等，后台部分应包括主页面（Main. jsp）、图书管理页面（BookManagement. jsp）、订单管理页面（OrderManagement. jsp）、书室管理页面（RoomManagement. jsp）、评论管理页面（CommentsManagement. jsp）、读书会管理页面（ClubManagement. jsp）、会员管理页面（MemberManagement. jsp）等，图 8-39 显示了各主要页面间的关系。

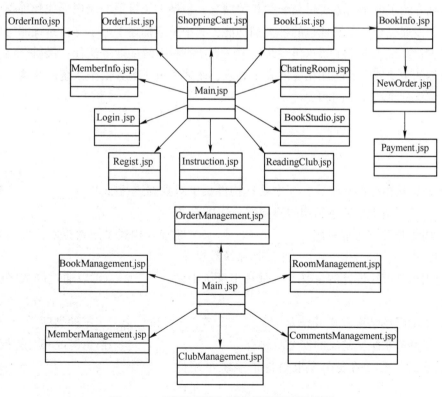

图 8-39 "享阅书屋"图书销售网边界类图

6. 支付系统设计

本系统采用银行卡支付系统，客户可以使用借记卡或信用卡在线支付购买商品。

7. 安全系统设计

本系统采用数字信封技术来保证交易信息的保密性，用数字签名技术来保证交易信息的完整性和交易的不可抵赖性，用数字证书来验证交易双方的真实性，采用杀毒软件和防火墙来防治恶意程序。

本章小结

电子商务应用系统是电子商务系统的核心，它的设计主要包括系统体系结构的设计、应用程序模块的设计、系统数据库设计、网站设计、电子商务支付系统和安全系统的设计。

本章首先介绍了常见的电子商务应用系统体系结构，即客户/服务器体系结构、三层体系结构、多层体系结构和 MVC 体系结构，并列出了各体系结构的优缺点；其次描述了应用程序模块设计的用途，指出其主要工作是找出系统中的应用程序，可以通过画顺序图或协作图来实现；随后详细介绍了结构化系统数据库设计和面向对象系统数据库设计的主要内容和基本工具，并结合实例阐述了这些工具的具体用法；接着介绍了电子商务网站的作用及其设计内容，分为网站功能和内容设计、网站页面结构设计、网站页面可视化设计三个方面；再接下来详细介绍了电子商务支付系统的相关概念，包括电子货币的表现形式和种类、电子支付的特征和发展过程、电子钱包的种类和功能，其中重点描述了电子支付系统的构成和常用的银行卡支付系统、电子支票支付系统、电子现金支付系统的业务流程；最后介绍了电子商务系统面临的主要安全威胁和相应的安全要求，阐述了电子商务安全系统的结构，并在此基础上介绍了保证系统安全的相关技术。

习题

1. 体系结构由三部分组成，其中处理构件负责对数据进行加工，_____是被加工的信息，_____负责把体系结构的不同部分连接起来。

2. 结构化开发方法常采用_____和_____来设计构建系统数据库，面向对象开发方法则常使用_____和_____来表达系统数据库。

3. 应用程序模块设计的主要工作是找出系统中的_____，可以通过画顺序图或协作图来实现。

4. 电子货币按结算方式可分为_____、_____和_____三种类型。

5. 电子商务系统交易层的安全威胁有_____、_____、信息篡改和交易抵赖。

6. 电子商务系统的安全要求是保证系统可用性、_____、_____、_____、_____。

7. 描述 C/S 结构和 B/S 结构的区别。

8. 列出几种常见的网页布局形式及其适用范围。

9. 结合自己的理解说说网页设计的原则。

10. 描述电子支付相比传统支付的优势。

11. 试比较 SSL 协议和 SET 协议。

12. 什么是电子钱包，它有什么用途？

13. 简述数字信封技术的基本原理。

14. 数字签名技术是如何验证交易信息的完整性并保证交易的不可抵赖性？

第9章 电子商务系统实施

学习目标

- 明确电子商务系统实施的主要工作内容。
- 熟悉电子商务应用系统的开发特点和编码规范。
- 了解电子商务系统测试的内容和方法。
- 掌握电子商务系统发布的主要内容和步骤。
- 了解电子商务系统切换的三种主要方法。

9.1 系统实施概述

电子商务系统分析设计阶段完成了系统逻辑功能和物理结构的描述，可以把握未来电子商务系统的应用功能、系统组成和运行环境，下一步的工作就是完成系统的实施，将系统的物理模型进一步转化为现实的物理系统，经过测试后投入实际运行中。

在系统分析和设计阶段，系统开发工作主要是集中在逻辑、功能和技术上，工作成果主要是以各种系统分析与设计文档来体现的，系统实施阶段则要继承此前各阶段的工作成果，将纸面上的设计蓝图转变为物理的电子商务系统。如果说在分析设计阶段主要从整体角度更多地考虑系统的功能和结构，那么系统实施阶段则主要考虑系统开发的工具、集成的方式、性能的测评与优化。

系统的实施是一个复杂的系统工程，不仅包括计算机系统等 IT 设施，还包括人员的培训等方面的内容，更涉及系统投产后的日常运行维护和管理，因此在系统实施阶段，必须做好统筹规划，使系统建设措施得当，循序渐进。在系统初步建成及正式投入使用后，对系统性能要监测并进行评价，以保证系统的正常运作。对电子商务系统性能的分析与测试涉及技术与效果两个方面，技术上的问题涉及计算机网络、计算机硬件、计算机软件等，是保证电子商务系统稳定运行的基础；效果上的问题涉及业务人员是否对其分管的栏目即时更新，企业的信息是否及时向客户公布，系统是否真正起到了企业与客户交流的桥梁作用。

电子商务系统实施阶段的主要工作内容包括：

1）应用系统开发：按照系统设计阶段产生的有关文档，用选定的程序设计语言编写源程序，实现电子商务应用系统。

2）系统测试：运用一定的测试技术与方法，发现系统可能存在的问题。系统测试是系统质量可靠性保证的关键，也是对需求分析、系统设计和程序开发的最终评审。

3）系统发布：主要是指各种软、硬件设备的安装，域名的申请以及整个系统最后的实际运行。

4）系统切换：是指系统开发完成后新旧系统之间的转换。

9.2 电子商务应用系统开发

电子商务应用系统的开发主要是完成系统的编码与调试，此外，电子商务系统一般是以企业既有信息资源为基础的，因此还有可能要完成电子商务系统与企业既有信息资源的集成。

9.2.1 应用系统的开发特点

电子商务应用系统的开发与传统信息系统的开发有一定的差别，具体体现在：

1）电子商务系统基本上是基于 B/S 结构的，其应用系统可以分为客户机和服务器两部分，或者说前台程序和后台程序，如图 9-1 所示。大多数情况下前台程序直接使用浏览器而不必重新开发，而后台程序包括 Web 页面和应用程序两部分，这样后台的开发工作也就包括 Web 页面开发、后台应用程序编码两个部分，而在程序调试时，又需要将这两部分结合起来。

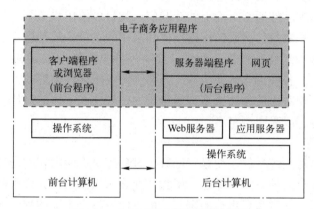

图 9-1　电子商务系统的应用程序

2）电子商务系统的应用程序基本上是在 Web 服务器或者应用服务器上运行的，而传统的应用程序则直接运行于操作系统之上。

3）传统应用程序基本上是用各种高级语言进行开发的，如 COBOL、BASIC 等，而电子商务系统应用程序的开发更为灵活，除了可以使用各种高级语言开发外，还可大量采用面向对象的程序设计语言 Java。此外，在应用软件的构建上，由于应用服务器的引入，各种组件技术（如 EJB、JavaBean 等）的应用也较广，因此应用的可重用性较强。

4）电子商务应用运行于分布式环境中，应用软件中的各个部分可能跨平台。由于同一应用中可能包括客户端程序和服务器程序，而这些程序又可能运行于不同的操作系统之上，同时大量使用组件本身也往往造成跨平台现象出现，因此，在电子商务应用程序开发中大量使用了分布式系统开发及分布式数据库技术。

5）规模比较大的电子商务系统都需要与企业既有的数据库、信息系统进行集成，也常常需要与其合作伙伴之间发生数据交换，或者与合作伙伴的信息系统进行协同处理，这就涉及很多应用的互操作和异构数据源的处理问题，致使电子商务应用程序的开发更为复杂。

正是这些特点使得电子商务应用系统的开发不仅复杂而且灵活，存在多种应用程序的构建方式，也存在不同的开发技术。

9.2.2 系统编码

对编程的一项基本的质量要求是程序的正确性，即在给定的环境下计算机能识别和正确运行所编程序，满足系统设计的功能要求。而除了可以被计算机系统识别、解释或编译和运行之外，还必须能够容易被人看懂，从软件测试和维护的角度出发，编程人员在保证程序正确性的同时，还必须保证源程序的可读性，以便于其他人的阅读和维护，因此源程序的可读性是编程的一个重要质量要求。

系统编码必须遵循一定的标准和规范，由于电子商务系统涉及网页编码和程序编码两个部分，一般在整个系统编写中应该包含以下几个部分的编码规范：

1. 页面设计规范

页面设计规范定义了如何设计整个电子商务系统的显示风格和链接方式，其内容包括页面结构规范、页面风格规范、页面命名规范等。在页面设计中包括三个一般性原则，即简洁、一致性、高对比度。页面设计应该能够达到简练、准确，以一种简单、清晰和精确的方式满足人们的实用需求，如通常页面上的标题应该醒目以给用户留下较为深刻的印象，同时限制页面字体和颜色的数量，页面使用的字体和采用的主色一般都应不超过三种。页面的一致性包括页面的排版一致性和风格一致性，要将不同页面按照一定的规则来排版，包括文本、图形的放置位置，各种标志的使用等。当要强调突出某些内容时，最有效的办法之一就是使用高对比度，实现对比的方法很多，最常用的是颜色和字体的对比，通过使用对比，可以强调突出关键内容，以吸引浏览者。

2. 系统命名规范

系统命名规范是对系统文件、变量、函数、过程等多方面内容的命名标准定义，命名规范定义系统文件应该以何种方式来命名，函数、变量应该以何种方式来命名，字母的大小写应该如何区分等内容。通过命名规范的定义，可以使得整个系统的程序或有关文档都看起来像一个人写的，增加其可读性，减少项目组中因为换人而带来的损失。

3. 文件内容样式规范

文件内容样式规范定义了一个系统程序文件或其他文档应该具有的基本格式。文件内容样式指明了一个程序编好之后或一个文档写好之后应该是一个什么样的格式，其中包括文件的最前面应该有的版权信息，变量的定义应该在哪里进行，注释应该在何处出现等内容。在文件内容样式规范中出现最多的内容是关于代码排版和注释的规范内容，在排版方面，可以定义关于关键词与操作符之间的空格数量、独立的程序块之间的空行数量、代码行开始的缩进字符数、较长语句的分行书写等。而在注释规范上，可以定义代码段注释的书写方式、变量的注释书写、注释与代码的一致、函数或过程的注释、整个程序文件的注释等方面的内容。

4. 代码编写规范

编码规范定义了系统编码过程中的一些默认约定，通过这种约定可以将程序的可读性大大提高，在编码规范中定义了如何书写代码文档，如代码变量的命名、多个操作符的排列顺序、长表达式的书写方式、函数过程的命名、函数过程的规模限制、函数返回值和入口设置、程序可读性的规范等。

5. 性能规范

性能规范定义了如何采用一种统一的方式来提高系统程序性能，避免出现一些代码过于复杂且效率低下的编码方式，如避免无用对象的创建、对代码进行优化、避免频繁调用、减少循环的嵌套次数、尽量用乘法或其他方法代替除法、避免使用某些不该使用的语句或关键字等。

上述几种编程规范是电子商务系统开发过程应该具有的一些基本规范，系统开发人员可以结合这些规范按照开发项目的需要制定具体的规范，保证系统开发的高效性和一致性。

9.2.3 系统集成

电子商务系统是企业信息化的一个重要组成部分，其应用系统是以企业既有信息资源为基础，这样经常会遇到的问题是：如何将电子商务系统与企业既有信息资源集成在一起，满足企业商务处理的整体需要？电子商务系统与企业既有信息资源的集成是一个比较复杂的问题，图 9-2 是电子商务系统集成示意图，一般来讲，这种集成主要涉及网络集成、数据集成、企业商务流程集成和应用集成。

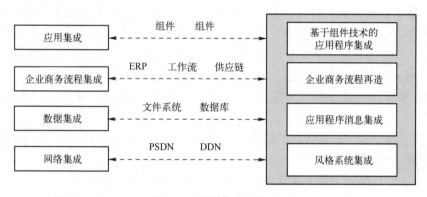

图 9-2　系统集成示意图

（1）网络集成

电子商务系统网络集成的主要内容是指将支持这一系统的企业内部网络、电子商务系统的局域网、Internet 和企业外部网络连接在一起，构成互联的网络。由于支持电子商务系统的各种数据通信网类型比较多，而且网络协议类型也不相同，因此在集成过程中涉及很多新的技术手段。

（2）数据集成

数据集成是指电子商务应用系统能够通过消息、网络文件系统等方式存取外部数据，如电子商务系统通过 e-Link 这样的消息中间件产品访问 IBM ES 9000 大型机。数据集成的目标是使不同系统、不同形式的数据集合能够统一在一起，为电子商务系统提供支持，即实现分布式的数据共享。

（3）企业商务流程集成

企业商务流程集成不仅意味着将企业的业务流程统一到一个信息平台上，它主要意味着以信息技术为依托，整合企业的管理信息系统与电子商务系统，使企业的生产过程能够在一个新的平台上更为有效地进行，它和企业的商务流程再造类似，是一种商务逻辑集成。

（4）应用集成

应用集成有两个含义：一个含义是指利用各种组件组成能够进行商务逻辑处理的应用程序；另外一个含义是指应用之间的互操作。

9.3 电子商务系统测试

电子商务系统测试是保证系统质量的重要手段，在电子商务系统的开发过程中，开发人员不可避免会出现差错，因此，必须对系统进行测试。系统测试是将已经确认的软件、计算机硬件、外部设备、网络等元素结合在一起，进行系统的各种组装测试和确认测试，通过与系统的需求相比较，发现所开发的系统与用户需求不符或相矛盾的地方。

9.3.1 测试的目的

测试是一个查找错误的过程，但是要想测试出所有错误是不可能的，测试只能尽量找出存在的错误，测试完成后并不能证明整个系统已无任何错误。系统测试是以寻找错误为目的，不是要证明程序无错，而是要精心选取那些易于发生错误的测试数据，以十分挑剔的态度，证明程序有错。由于人类思维的严密性是有限度的，加之开发人员的专业心理、经验等方面的因素，开发的系统一般是会出现错误的，因此测试的目的就是发现系统的错误。

在系统测试中出现的主要错误，按其范围和性质可以划分为以下几类：

1）功能错误。由于说明书不够完整或叙述不够准确，致使在编码时对功能有误解而产生的错误。

2）系统错误。指与外部接口的错误、参数调用错误、子程序调用错误、输入输出地址错误以及资源管理错误等。

3）过程错误。主要指算术运算错误、初始过程错误、逻辑错误等。

4）数据错误。指数据结构、内容、属性错误，动态数据与静态数据混淆，参数与控制数据混淆等。

5）编码错误。指语法错误、变量名错误、局部变量与全局变量混淆、程序逻辑错误和编码书写错误等。

9.3.2 测试的基本原则

测试是保证系统质量和可靠性的关键步骤，是对系统开发过程中的系统分析、设计和实施的最后复查，在进行测试时应遵循以下基本原则：

（1）程序员应避免测试自己的程序

当一个程序员完成了他的程序设计工作后，设法让他对这个程序持完全否定的态度是非常困难的，而且程序员会以同样的程序逻辑思维来测试和衡量自己的工作，这样就很难有效地测试自己的程序。此外，如果程序中包含了因程序员对问题叙述或说明的误解而产生的错误，当程序员测试自己的程序时，往往还会带着同样的误解而使问题难以发现，因此，测试工作应由专门的人员来进行，这样测试出的结果会更加客观和准确。

（2）确定预期输出

设计测试方案的时候，不仅要确定输入数据，还要根据系统功能确定预期的输出结果，将实际输出结果与预期结果相比较就能发现测试对象是否正确。

（3）彻底检查每个测试结果

在测试结果的输出表上，有些错误是非常明显的，只是由于人们未能细心检查而被遗漏，还有一些错误可能包含一定的逻辑和推导关系，需要经过测试人员的分析才能发现，因此要耐心、细致地检查每一个输出结果。

（4）要设计非法和非预期的输入情况

在设计测试用例时，不仅要设计合理预期的输入条件，也要设计非法和非预期的输入条件，当以新的、意外的方式使用程序时，往往会发现程序中出现许多错误，因此用非预期和不合法输入情况进行测试，可能会比用合法输入情况的测试进行查错取得更大收获。

（5）检查程序是否做了不该做的事情

多余的工作会带来副作用，这就意味着在测试程序时不仅要检验程序是否做了该做的事情，还要检验其是否做了不该做的事情，以保证程序只完成它应该完成的工作，而不去完成它不应该完成的工作。

（6）保留测试数据和测试结果

测试记录代表一定价值的投资，当测试完成后，这些投资应该被保留下来，妥善保存测试计划、测试用例，将其作为软件文档的组成部分，能够为将来的重新测试、追加测试和系统维护提供方便。

9.3.3　测试的方法

目前常采用的系统测试手段有三种：一是正确性证明，即利用数学方法理论证明程序的正确性；二是静态测试，即人工评审系统软件的文档或程序，发现代码中的错误；三是动态检查，即运行程序并进行多角度的观察与分析，发现其中的错误。常用的系统测试方法有黑盒测试法、白盒测试法和灰盒测试法。

（1）黑盒测试法

黑盒测试又称为功能测试或数据驱动测试，注重于测试软件的功能性需求。黑盒测试是把系统看作一个黑盒子，不考虑系统内部结构的运行系统，以检查在一定的输入条件下，系统的输出是否与期望相同。

利用黑盒测试法进行动态测试时，只需要测试软件产品的功能，不需测试软件产品的内部结构和处理过程。黑盒测试是穷举输入测试，不仅要测试所有合法的输入，还要输入所有不合法但是可能的输入，可能发现的错误类型有功能错误或遗漏、界面错误、性能错误、数据库访问错误、初始化设置不完全等。

（2）白盒测试法

白盒测试又称结构测试或逻辑驱动测试，其前提是把程序看成装在一个透明的白盒里，可以完全了解程序的结构和处理过程，按照程序内部的逻辑测试程序，检验程序中的每条通路是否都能按预定要求正确工作。

采用白盒测试法设计测试用例的方法有语句覆盖、条件覆盖、判断覆盖、条件组合覆盖等。白盒测试不仅要完成黑盒测试的测试内容，还要从系统内部的角度检查数据是如何从输入到达输出的。

（3）灰盒测试法

灰盒测试是基于程序运行时刻的外部表现同时又结合程序内部逻辑结构来设计用例，执行程序并采集程序路径执行信息和外部用户接口结果的测试技术。灰盒测试介于白盒测试与黑盒测试之间，结合了白盒测试和黑盒测试的要素，它考虑了用户端、特定的系统知识和操作环境，它在系统组件的协同性环境中评价应用软件的设计。

9.3.4 测试的内容

系统测试的工作是利用测试工具按照测试方案和流程对软件系统进行功能和性能测试，甚至根据需要编写不同的测试工具，设计和维护测试系统，对测试方案可能出现的问题进行分析和评价。执行测试用例后，需要跟踪故障，以确保开发的系统适合需求。系统测试的内容包括单元测试、集成测试、应用测试和回归测试四个方面。

1. 单元测试

单元测试是对软件组成单元进行测试，其目的是检验软件基本组成单位的正确性，测试的对象是软件设计的最小单位——模块。

2. 集成测试

集成测试也称联合测试，将程序模块采用适当的集成策略组装起来，对系统组成单元间的接口及集成后的功能进行正确性检测的测试工具，其主要目的是检查软件单位之间的接口是否正确，集成测试的对象是已经经过单元测试的模块。

3. 应用测试

应用测试是对已经集成的软件系统应用程序的功能、性能、可用性、兼容性、安全性等方面进行测试，以验证系统功能应用的合理性和正确性。

（1）可用性测试

可用性测试是对系统的"可用性"进行评估，检验其是否达到可用性标准，通过可用性测试不但可以获知用户对系统的认可程度，还可以获知一些隐含的用户行为规律。

1）导航测试与检验。导航为访问者在网站的浏览过程中实现定位和导向，网站的层次一旦决定，就要着手测试用户导航功能，让最终用户参与测试与检验，效果将更好。

2）图形测试与检验。图形测试的内容有：要保存图形有明确的途径；验证所有页面字体的风格是否一致；背景颜色应该与字体颜色和前景颜色相搭配；图片的大小和质量也是一个重要的因素，图片尺寸要尽可能小，但要能清楚说明某件事情。

3）内容测试与检验。内容测试用来检验网站提供信息的正确性、准确性以及相关性。

4）整体界面测试与检验。整体界面是指整个电子商务网站的页面结构设计如何，如用户浏览网站是否感到舒适，整个网站的设计风格是否一致等，对整体界面的测试过程可以说是一个对最终用户调查的过程。

（2）功能测试

功能测试主要验证系统功能模块的逻辑是否正确，确保系统与用户之间的交互功能可以正确执行，主要包括链接测试、表单测试、数据校验和 Cookies 测试。

1）链接测试。链接测试可分为三个方面：测试所有链接是否按指示的那样确实链接到了该链接的页面；测试所链接的页面是否存在；保证没有孤立的页面。链接测试必须在集成测试阶段完成，即在整个电子商务站点的所有页面开发完成之后进行链接测试。

2）表单测试。当用户向电子商务网站提交信息时，就需要使用表单操作，如用户注册、登录、信息提交等。表单测试有以上几个方面的内容：测试提交操作的完整性，以检验提交给服务器的信息的正确性；如果使用了默认值，还要检验默认值的正确性；如果表单只能接受指定的某些值，则也要进行测试。

3）数据校验。如果根据业务规则需要对用户输入进行校验，测试人员需要验证这些校验是否能正常工作。

4）Cookies 测试。Cookies 中保存了用户注册信息，如果系统使用了 Cookies，测试人员需要对它们进行检测，测试的内容包括：Cookies 是否起作用；是否按预定的时间进行保存；刷新对 Cookies 有什么影响；如果使用 Cookies 来统计次数，还需要验证次数累计正确与否。

（3）接口测试

在通常情况下，电子商务站点不是孤立的，它可能会与外部服务器通信，请求数据、验证数据或提交订单。

1）服务器接口测试。第一个需要测试的接口是浏览器与服务器的接口，测试人员提交事务，然后查看服务器记录，并验证在浏览器上看到的正好是服务器上发生的。测试人员还应查询数据库，确认事务数据已正确保存。

2）外部接口测试。有些电子商务系统有外部接口，如网上商店可能要实时验证信用卡数据以减少欺诈行为的发生。测试时，要使用 Web 接口发送一些事务数据，分别对有效信用卡、无效信用卡和被盗用信用卡进行验证，通常，测试人员需要确认软件能够处理外部服务器返回的所有可能的消息。

（4）兼容性测试

兼容性测试主要验证应用能否在不同的客户浏览器上正确运行，如果用户是全球范围的，需要测试各种操作系统、浏览器、视频设置和 Modem 的速度，最后，还要尝试各种设置的组合。

（5）数据库测试

在 Web 应用技术中，数据库起着重要的作用，数据库为电子商务应用系统的管理、运行、查询和实现用户对数据存储的请求等提供空间。在电子商务应用中，最常用的数据库类型是关系型数据库，数据库中应该测试的要素有数据库搜寻结果相关性、查询回应时间、数据库完整性、数据有效性。

（6）容错测试

容错测试以各种方式强制系统检测不同的失败方式，以确保以下方面：系统会在预定的时间内修复错误并继续进行处理；系统是容错型的，即处理错误中并不会停止系统的整体功能。数据修复及重新启动在自动修复状态下是正确的，如果修复要求人为介入，则修复数据库的平均时间是在预先定义的可接受限制内。

（7）性能测试

性能测试是通过自动化的测试工具模拟多种正常、峰值以及异常负载条件来对系统的各项性能指标进行测试。

1）连接速度测试。用户连接到电子商务网站的速度与上网方式有关，可能是电话拨号或宽带上网。如果访问页面的响应时间太长，用户可能会失去耐心而离开网站。

2）负载测试。负载测试是在某一负载级别下，检测电子商务系统的实际性能，也就是某个时刻能允许同时访问系统的用户数量，可以通过相应的软件在一台客户机上模拟多个用户来测试负载。

3）压力测试。压力测试是测试系统的限制和故障恢复能力，也就是测试系统会不会崩溃，在什么情况下会崩溃。

（8）安全性测试

目前网络安全问题日益重要，特别对于有交互信息的网站及进行电子商务活动的网站尤其重要，取得在线客户的信任，对于电子商务的成功非常关键。安全性测试是指对电子商务的客户服务器应用程序、数据、服务器、网络、防火墙等进行测试。

4. 回归测试

回归测试是指在软件维护阶段，为了检测代码修改而引入的错误所进行的测试活动。回归测试是软件维护阶段的重要工作，有研究表明，回归测试带来的耗费占软件生命周期的总费用的 1/3 以上。

9.3.5 测试的步骤

测试是开发过程中一个独立且非常重要的阶段，测试过程基本上与开发过程平行，一个规范化的测试过程通常包括以下几个基本步骤：

（1）制定系统测试计划

系统测试小组各成员共同协商测试计划，测试组长按照指定的模板起草《系统测试计划》，该计划主要包括测试范围、测试方法、测试环境与辅助工具、测试完成准则、人员与任务表，然后交给项目经理审批。

（2）设计系统测试用例

系统测试计划审批后，测试小组各成员依据《系统测试计划》和指定的模板，设计系统测试用例。测试组长邀请开发人员和同行专家，对《系统测试用例》进行技术评审，通过后将执行具体的系统测试。

（3）执行系统测试

系统测试小组各成员依据《系统测试计划》和《系统测试用例》执行系统测试，并将测试结果记录在《系统测试报告》中，用"缺陷管理工具"来管理所发现的缺陷，并及时通报给开发人员。

（4）缺陷管理与改错

在前面的步骤中，任何人发现软件系统中的缺陷时都可以使用指定的"缺陷管理工具"记录所有缺陷的状态信息，并自动生成《缺陷管理报告》。开发人员应及时消除已经发现的缺陷，消除缺陷后马上进行回归测试，确保不会引入新的缺陷。

9.4 电子商务系统发布

9.4.1 域名的申请

域名是能够连接到互联网上的计算机的地址，是为了便于人们发送和接收电子邮件或者访问某个网站而设计的。一个域名一般由英文字母和阿拉伯数字以及"-"组成，最长可达

67 个字符，并且字母的大小没有区别，每个层次最长不能超过 22 个字母，这些字符构成了域名的前缀、主体和后缀等几个部分，组合在一起构成一个完整的域名。例如，百度网站的域名为 www. baidu. com，其中"www"是网络名，"badidu"是该域名的主体，"com"是该域名的后缀，代表这是一个 com 国际域名，是顶级域名。

一个网站要想能够被用户访问，就必须取得一个域名，域名是网站的标识，起着识别作用，用户通过域名可以在网络上找到想要访问的网站。除了识别功能外，在虚拟环境下，域名还可以起到引导、宣传、代表等作用。域名注册是企业建立网站的第一步，是在 Internet 上开展业务服务的基础，注册域名的步骤如下。

（1）准备域名

域名的设计要根据企业的实际情况，确定需要申请的是中文域名还是英文域名，是国际域名还是国内域名，并根据企业性质和服务内容决定是申请 com 类型还是其他类型的域名。域名应该尽量简单易记，并且尽量与网站名或者企业名称相符，一般可以用企业品牌名、企业品牌名拼音或拼音简写、企业品牌英文名称或英文简写等命名，还要准备好多个比较合适的备选域名。

（2）选择域名注册网站

由于 com、cn 等不同域名后缀均属于不同注册管理机构，如果要注册不同后缀的域名则需要从注册管理机构寻找经过其授权的域名注册商，如 com 域名的管理机构为 ICANN，cn 域名的管理机构为 CNNIC，若域名注册商已经通过 ICANN、CNNIC 双重认证，则无须分别到其他注册服务机构申请域名。

（3）查询域名

准备好要申请的域名后，就可以到域名注册网站上去查询此域名是否已经被注册，如果想申请的域名已经被别人注册，页面会给出提示并可以再次查询另一个域名，图 9-3 及图 9-4 是西部数码域名注册网的域名申请及查询界面。

图 9-3　西部数码——域名申请界面

图 9-4　西部数码——域名查询界面

（4）正式申请

如果想要注册的域名还没有被注册，那么在确认域名为可注册的状态后，就可以按照网站向导填写申请单正式注册域名了。在填写申请单时，一定要正确填写域名的注册人、注册联系人、管理联系邮箱等详细信息，这些都是非常重要的，关系到域名的产权问题及以后的域名过户、转移注册等问题。

（5）申请成功

正式申请成功后，网站会发一封确认邮件到注册时填写的联系邮箱中，接下来就可开始进入域名解析管理、设置解析记录等操作。

9.4.2　Web 服务的选择

在企业注册完系统网站的域名后，需要将系统放置在 Web 服务器上运行发布，目前常用的建立 Web 服务器的方式有虚拟服务器、服务器租用、服务器托管和自建服务器。

1. 虚拟服务器

虚拟服务器也称为虚拟主机，是相对于真实主机而言的，它采用特殊的软硬件技术把一台完整的服务器主机分成若干个主机，也就是将真实的硬盘空间分成若干份，然后租给不同用户。每一台被分割的主机都具有独立的域名和 IP 地址，但共享真实主机的 CPU、RAM、操作系统、应用软件等，运行时由用户远程操作属于自己的那一部分，而这一部分对任何用户而言，就是一台"完整"的服务器，与真实独立的主机功能完全一样，用户只需对自己的信息进行远程维护，而无须对硬件、操作系统及通信线路进行维护。

一般的中小企业信息量相对较少，建立网站的主要目的是树立企业形象、宣传企业产品和服务等，而虚拟主机技术具有投资小、建站速度快、安全可靠、无须软件配置及投资、无须拥有技术支持等特点，因此可为广大中小型企业或初次建立网站的企业节省大量人力、物力及一系列烦琐的工作，是企业发布信息较好的方式。

2. 服务器租用

服务器租用是指由服务器租用公司提供服务器等硬件、进行基本软件的安装、配置和维护、负责服务器上基本服务功能的正常运行，用户采取租用的方式独享服务器的资源，在安装相应的系统软件及应用软件后就可运行其自行开发的程序。

服务器租用是针对一些客户（尤其是小型客户）对服务器的硬件没有研究，对服务器的选型没有经验，希望有人能提供一站式服务而产生的。客户一般只需要提出最终目的，支付包括服务器购置款和托管费在内的一笔款项，而由租用公司为客户进行策划实施，最终由客户掌握服务器的产权。对于资金不足，缺乏技术力量，但又急于实现信息化的中小企业来说，租用服务器实现信息化管理，提升企业管理和运营水平是一个不错的选择，因此服务器租用方式正在被越来越多的中小企业所接受。

3. 服务器托管

服务器托管是指为了提高网站的访问速度，将服务器机相关设备托管到具有完善机房设施、高品质网络环境、丰富带宽资源和运营经验以及可对用户的网络和设备进行实时监控的网络数据中心内，以此使系统达到安全、可靠、稳定、高效运行的目的。托管的服务器由客户自己进行维护，或者由其他的授权人进行远程维护。

服务器托管摆脱了虚拟服务器受软硬件资源的限制，能够提供高性能的处理能力，同时有效降低维护费用和机房设备投入、线路租用等高额费用，客户对设备拥有所有权和配置权，并可要求预留足够的扩展空间。一般来说，服务器托管业务适合大中型企业及网络视频、网络博客等新兴网络业务，企业不必花费更多的资金进行通信线路、网络环境的投资，更不用投入人力进行 24 小时的网络维护，相比自建机房，托管则经济、快捷而实用。

4. 自建服务器

自建服务器是指企业自己购买主机、建设机房、搭建专用通信线路连接到互联网来运行自己的网站。由于主机放置在自己的机房，企业对主机具有完全的控制权，因此给管理带来更多的方便，如果企业需要安全、可靠、稳定、高效运行的网站系统，并且具有一定的经济能力，那么可以选择自建服务器方式。

相比其他 Web 服务方式，自建服务器最大的缺点就是费用比较高，比如为实现网络服务需要申请高速专线，在企业业务不断发展的过程中，需要使用的带宽会不断增加，满足这些需求需要昂贵的月租费；此外，网络设备对电源、温度、湿度等运营环境也有非常高的要求，而这些是普通办公空间很难满足的，可见自建 Web 服务的成本较高，运行风险也较大，企业在选择时需要慎重考虑。

9.4.3　网站的发布

当网站的域名和运行的服务器都已确定后，接下来就是正式发布网站供用户访问，即将做好的网站文件系统放置到能运行网站的服务器上。发布网站通常需要使用专门的工具，如果是没有独立服务器的中小型网站，那么只需要使用类似 CuteFTP、FlashFXP、LeapFTP 的工具将网站文件上传到所申请的服务器空间就可以了；如果是具有独立服务器的中大型网站，那么就直接把网站文件复制到服务器上，然后使用 IIS、Serv-U、WS FTP Server 等同类工具来架设服务器。下面以 CuteFTP 为例介绍网站发布过程。

1）将网站在计算机上调试成功后进行发布，发布前要确信所有的网站文件都在一个文件夹下，并且主页在这个文件夹的根目录下。

2）访问提供网页空间的网站，打开申请网页，填写个人资料，回答有关问题，申请网站的网址。当 ISP 审查同意后，会返回服务器的网址、网站的网址、登录服务器的用户名以及密码，此时，主页空间就可以使用了。

3）打开 CuteFTP，在"站点管理器"标签下创建新的 FTP 站点，弹出图 9-5 所示的创建界面，输入网络服务器的地址、用户名和密码，连接成功后回到软件主界面，如图 9-6 所示，其中右边窗口为服务器空间，左边窗口是本机的文件夹。在左边窗口打开网页所在的文件夹，选中要上传的所有文件，将它们拖动到右边窗口，在提示对话框中选中"是"，开始上传。

图 9-5　CuteFTP 9.0
新建 FTP 站点界面

图 9-6　CuteFTP 9.0 主界面

4）网站上传完成后，在浏览器的地址栏输入网站的网址，即可让它运行起来。

9.5　电子商务系统切换

系统切换是由旧系统的工作方式向新系统的工作方式的转换过程，也是系统的设备、数据、人员等的转换过程。当旧系统是人工系统时，则不需要进行系统切换，直接将新系统投入运行即可；当旧系统是一个现行电子商务系统时，则需要进行系统切换。

系统切换是新老系统之间的转换，这个阶段管理人员的任务是尽可能平稳地完成新系统的过渡，逐步完成取代旧系统的功能。本阶段具体工作主要包括：完成新系统基础数据的准备和必要的旧系统文件到新系统文件的转换；将系统有关资料转交用户，移交系统的控制权；协助用户实际使用新系统。系统切换主要有以下三种方法：

1. 直接切换

直接切换是指确定新系统运行正常且稳定以后，在某一时刻终止旧系统，启用新系统取代它并投入正常运行，如图 9-7a 所示。

这种切换方式费用低、方法简单，但风险大。一旦新系统发生严重错误而不能正常运行时，将导致业务工作的混乱甚至停顿，造成巨大的损失。因此，必须采取一定的预防性措施，充分做好各种准备，制订严密的切换计划。这种切换方式仅适合于处理过程不太复杂的小型简单系统的切换。

2. 并行切换

并行切换是指完成新系统的测试与试运行后，新系统和旧系统并行工作一段时间，在新系统运行准确无误后，停止旧系统的工作，用新系统替代旧系统单独工作，如图 9-7b 所示。

这种切换方式安全保险，既可以保持系统工作不间断，又可以消除新系统不稳定的风险，有利于减轻管理人员心理压力。用户可以通过新老系统平行运行的过程熟悉新系统，确保业务工作平稳有序。但两个系统的数据一般不具备可比性，切换过程需要投入两倍的工作量，费用高。这种切换方式适合于处理过程复杂、数据重要的系统，如银行、财务和某些企业的核心系统。

3. 分段切换

分段切换是直接切换和并行切换的结合，它是指在新系统投入正常运行前，分阶段将新系统的各个子系统逐步替代旧系统的各个部分，直至最后完全取代旧系统，如图 9-7c 所示。

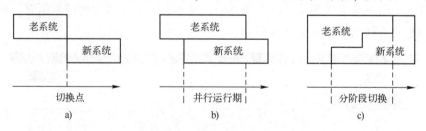

图 9-7　系统切换方式

a）直接切换　b）并行切换　c）分段切换

这种切换方式会存在新老系统对应部分衔接不平滑的问题，但是它可以保证切换过程的平稳和安全，减小风险，也可以避免较高的费用。对于处理过程复杂、数据重要的大型复杂系统，一般多采用这种方式进行系统切换。

在系统切换的实际过程中，常常是这几种方式配合使用，优劣互补。如在分段切换的过程中，某些较简单的步骤采用直接切换，另一些较重要的步骤采用并行切换方式，从而达到最佳切换效果。

9.6　电子商务系统实施案例

本节将综合前面系统规划、分析、设计的结果，阐述"享阅书屋"图书销售网的实施过程。

1. 系统主要界面

（1）前台主界面

前台主界面为读者提供了系统各主要功能的链接，包括图书分类、享阅书室、享阅书播、享阅书会、注册、登录等。本界面采用 T 型结构布局，主色调为红色，辅色调为灰色，背景色为白色，如图 9-8 所示。

图 9-8　前台主界面

（2）图书详情界面

读者点击某图书名进入图书信息详情界面，该界面显示了图书的详细信息，读者可将图书加入购物车或直接购买，如图 9-9 所示。

图 9-9　图书详情界面

（3）享阅书室界面

读者点击"享阅书室"进入书室列表界面，可查看最新书室和按人气排序的所有书室，如图 9-10 所示。

图 9-10 享阅书室界面

（4）书室详情界面

读者点击某书室名进入书室详情界面，可查看书室介绍、书室评论并发表个人评论，如图 9-11 所示。

图 9-11 书室详情界面

（5）读书会详情界面

读者点击某读书会标题，可查看其详细信息，包括读书会介绍、报名信息，并可在线报名参加读书会，如图9-12所示。

图9-12　读书会详情界面

2. 系统测试

本系统采用黑盒测试来检验各功能是否能正常使用，现以"添加评论""在线报名"为例阐述系统测试过程。

（1）"添加评论"测试

测试编号：addcomment-01

测试输入：未输入姓名提交

预期结果：未输入姓名，无法提交

实际输出：出现"请输入姓名！"提示语

测试编号：addcomment-02

测试输入：按规定填写完整的信息

预期结果：填写完成，成功提交

实际输出：提示"提交成功！"

（2）"在线报名"测试

测试编号：registonline-01

测试输入：点击"在线报名"

预期结果：报名信息中显示报名成功

实际输出：在报名信息版块出现"报名成功"相关信息

3. 系统发布

（1）申请域名

- 在域名申请网站申请注册域名"www.xyswbook.com"，搜索结果显示此域名可以注册，如图9-13所示。

图9-13　域名查询

- 点击"立即注册"进入域名注册页面，按要求填写相关信息后成功注册域名，如图9-14所示。

图9-14　域名注册

（2）申请虚拟服务器

- 在虚拟服务器申请网站选择合适的虚拟主机产品，如图 9-15 所示。

图 9-15　选择虚拟主机产品

- 按规定填写相关信息，购买虚拟主机产品，如图 9-16 所示。

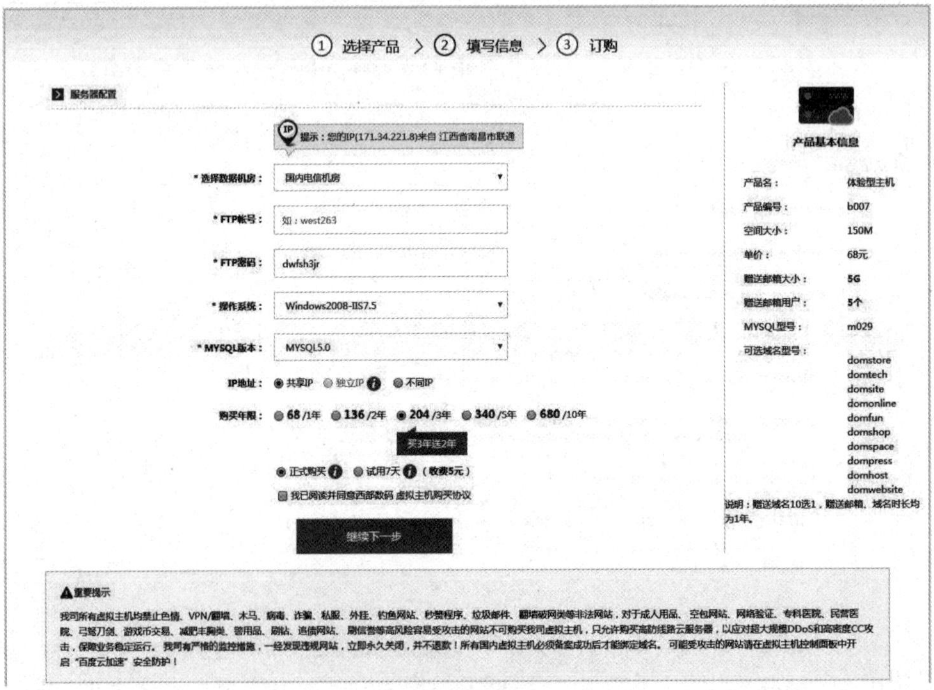

图 9-16　购买虚拟主机产品

- 将已购买的虚拟主机与域名"www. xyswbook. com"绑定。

（3）上传网站

- 在 LeapFTP 站点管理界面添加新站点"xyswbook"，输入所申请虚拟主机的 FTP 文件上传地址、账号及密码，连接至虚拟服务器。
- 在 LeapFTP 主界面将本地机器中的"享阅书屋"图书销售网文件上传至虚拟服务器即可。

（4）访问网站

在浏览器中输入"http://www. xyswbook. com/index. htm"，出现"享阅书屋"图书销售网主页面，表明网站上传成功。

本章小结

系统实施的任务是将纸面上的系统设计蓝图转变为可运行的实际系统，电子商务系统实施的主要工作是应用系统的开发、系统测试、系统发布及新旧系统的切换。

本章首先介绍了电子商务应用系统的开发特点和应遵守的基本编码规范；其次阐述了系统测试的目的、基本原则、主要内容和常用方法，特别强调系统测试是以寻找错误为目的，而不是要证明程序无错；随后重点描述了系统发布要完成的工作，即先要为系统网站申请域名，再选择运行系统的 Web 服务器，然后将系统正式放置到选择好的服务器上就可以了；最后介绍了三种主要的新旧系统切换方式，即直接切换法、并行切换法和分段切换法，并指出在系统切换的实际过程中，这几种方式常配合使用。

习题

1. 电子商务系统与企业既有信息资源的集成主要涉及 _____ 、_____ 、_____ 和企业商务流程集成这四个层次。

2. 常用的系统测试方法有 _____ 、_____ 和 _____ 。

3. 目前常用的建立 Web 服务器的方式有 _____ 、_____ 和 _____ 。

4. 电子商务系统切换的主要方式有 _____ 、_____ 和 _____ 。

5. 简述电子商务应用系统与传统信息系统开发的差别。

6. 简述申请域名的过程。

7. 什么是虚拟服务器？

第 10 章　电子商务系统运行维护

学习目标

- 了解电子商务系统管理的主要内容。
- 熟悉电子商务系统维护的分类。
- 了解电子商务系统评价的内容和常用方法。

电子商务系统开发工作完成后，系统就要正式投入运行，为企业的电子商务活动提供支持。为了发挥电子商务系统的最大作用并延长系统的使用寿命，在系统的运行过程中必须加强对系统的日常管理和维护，还要定期对系统的运行情况进行评价，为系统维护、更新和完善提供依据。

10.1　电子商务系统管理

10.1.1　系统运行管理

一个电子商务系统投入使用后，其主要工作就是系统本身的运行管理工作，即对系统的运行进行控制、记录其运行状态、进行必要的修改与扩充，使系统真正发挥其作用。电子商务系统运行管理工作主要包括：

（1）维护系统的日常工作

包括数据收集工作、数据整理工作、数据录入工作及运行的操作工作、处理结果的整理分发工作，此外还应包括系统的管理工作及有关的辅助工作，如硬件维护、机房管理、空调设备管理、用户服务及管理等。

（2）记录系统的运行情况

这是科学管理的基础，数据的情况、处理的效率、意外情况的发生及处理，这都必须及时准确完整地记录下来，否则，很难对电子商务系统功能进行评价与改进。

（3）有计划地经常发布企业和商品信息

及时更换商品品种，去掉过期商品，商品价格变动时要及时在网上得以体现，有组织地对系统进行必要的改动，如主页变更、软件工具升级等，以保证系统能正确地执行用户所要求的任务，同时适应不断变化的环境条件。

（4）定期对系统数据进行备份

当病毒或意外情况对系统造成破坏时，可利用备份对系统数据进行恢复减少损失，保证系统连续运转和积累数据的连续性。

10.1.2　系统文档管理

文档是记录人们思维活动及其结果的书面形式的文字资料，电子商务系统的文档是指在系统生命周期中，从系统分析阶段到系统实施阶段乃至最后系统退出使用的过程中运用工程的方法对整个发展过程及各个状态进行描述的文字资料。

系统文档是在系统开发、运行与维护过程中不断地按阶段依次编写、修改、完善与积累而形成的，表10-1列出了电子商务系统各开发阶段的主要文档。系统文档是系统开发的依据，如果没有系统文档或是没有规范的系统文档，系统的开发、运行与维护会处于一种混沌状态，这将严重影响系统的质量，甚至导致系统开发或运行的失败。当系统开发人员发生变动时，系统文档显得尤为重要，可以认为系统文档是系统的生命线，没有文档就没有系统。

表10-1　电子商务系统各开发阶段主要文档内容

开发阶段	技术文档	管理文档	记录文档
系统规划	系统总体规划报告	系统需求报告、系统开发计划、系统总体规划评审意见	会议记录、调查记录
系统分析	系统分析报告	系统分析审批意见	会议记录、调查记录
系统设计	系统设计说明书、程序设计说明书、数据设计说明书、系统测试计划	系统实施计划、系统设计审核报告	会议记录、调查记录
系统实施	系统使用说明书、系统测试报告、系统维护手册	系统试运行报告、系统维护计划	会议记录、调查记录
系统运行维护		系统运行报告、系统开发总结报告、系统评价报告、系统维护报告	会议记录、调查记录、系统运行情况记录、系统日常维护记录、系统适应性维护记录

系统文档的重要性决定了系统文档管理的重要性，有效的文档管理是有序规范地开发运行电子商务系统所必须做好的重要工作，因此，必须建立相应的文档管理规章制度，建设文档资料室，并由专人负责。系统文档管理工作的主要内容有：

- 建立文档编写标准与规范。
- 指导操作人员进行文档编写，并进行监督与检验。
- 收存编写好的文档并分类妥善保管。
- 办理文档的日常借阅及使用工作。

10.1.3　系统安全管理

安全对于电子商务系统非常重要，电子商务系统安全管理主要涉及实体安全、运行安全和信息安全管理。

（1）实体安全管理

实体安全是保护计算机设备、设施及其他媒体免遭地震、水灾、火灾、有害气体和其他环境事故破坏的措施，实体安全可细分为环境安全、设备安全和媒体安全。

- 环境安全。环境安全提供对电子商务系统所在环境的安全保护，主要包括受灾防护和区域防护。受灾防护是指提供受灾报警、受灾保护和受灾恢复等功能；区域防护是指对特定区域提供某种形式的保护和隔离，如通过红外扫描等电子手段或其他手段对机房等特定区域进行某种形式的保护。

- 设备安全。设备安全是指提供对电子商务系统设备的安全保护，它主要包括设备的防盗和防毁，防止电磁信息泄露，防止线路截获，抗电磁干扰及电源保护等六个方面。
- 媒体安全。媒体安全提供对媒体的安全保管，目的是保护存储在媒体上的信息。

（2）运行安全管理

运行安全主要是根据系统运行记录，跟踪系统状态的变化，分析系统运行期的安全隐患，旨在发现系统运行期的安全漏洞，改进系统的安全性，主要包括审计跟踪、备份与恢复。

- 审计跟踪提供对电子商务系统进行人工或自动的审计跟踪、保存审计记录和维护详尽的审计日志。
- 备份与恢复提供对系统设备和系统数据的备份与恢复，对系统数据的备份和恢复可以使用多介质，如磁介质、纸介质、缩微载体等。

（3）信息安全管理

信息安全管理主要包括操作系统和数据库的安全维护、网络的安全维护、计算机病毒防治和访问控制授权的检查。

10.2　电子商务系统维护

电子商务系统交付使用后，为了清除系统运行中发生的故障和错误，软硬件维护人员要对系统进行必要的修改与完善，同时为了使系统适应用户环境的变化，满足新提出的需要，还要对原系统做些局部的更新，这些工作就是系统维护。系统维护的目的是保证电子商务系统正常而可靠的运行，保证系统中的各个要素随着环境的变化始终处于最新的、正确的工作状态，使系统不断得到改善和提高，以充分发挥系统的作用。

系统维护是面向系统中各种构成因素的，按照维护对象的不同，系统维护的内容主要分为硬件维护、软件维护和数据维护。

10.2.1　硬件维护

硬件维护主要是指对主机及外部设备的日常维护和管理，例如机器部件的清洗润滑、设备故障的检修、易损部件的更换等，都应由专人负责，定期进行，以保证系统正常有效的运行。硬件维护主要有两种类型的维护活动：

- 一种是定期的设备保养性维护，维护的主要内容是进行例行的设备检查与保养。
- 另一种是突发性的故障维修，即当设备出现突发性故障时，由专职的维修人员或请厂商来排除故障。

10.2.2　软件维护

软件维护主要是指对系统中的应用程序进行维护，由于系统的业务处理过程是通过应用程序的运行而实现的，一旦应用程序发生问题或业务发生变化，必然引起程序的修改和调整，因此必须对应用程序进行维护，以满足不断变化的需求。按照软件维护的不同性质，可以划分为下面四种类型。

（1）纠错性维护

由于系统测试不可能发现系统中存在的所有错误，因此在系统投入运行后的实际使用过程中，就有可能暴露出系统内隐藏的错误，诊断和修正系统中遗留的错误，就是纠错性维护。纠错性维护是在系统运行中发生异常或故障时进行的，这种错误往往是在遇到了从未用过的输入数据组合或是在与其他部分接口处产生的，因此只是在某些特定的情况下发生。

（2）适应性维护

适应性维护是为了使系统适应环境的变化而进行的维护工作。一方面计算机科学技术迅猛发展，硬件的更新周期越来越短，新的操作系统和原有操作系统的新版本不断推出，外部设备和其他系统部件经常有所增加和修改，这就必然要求应用系统能够适应新的软硬件环境，以提高系统的性能和运行效率；另一方面，电子商务系统的使用寿命在延长，超过了最初开发这个系统时应用环境的寿命，即应用对象也在不断发生变化，机构的调整、管理体制的改变、数据与信息需求的变更等都将导致系统不能适应新的应用环境，因此有必要对系统进行调整，使之适应业务的变化，以满足发展的要求。

（3）完善性维护

在系统使用过程中，往往要求扩充原有系统的功能，提高系统的性能，例如增加数据输出的图形方式、增加联机在线帮助功能、调整用户界面等，尽管这些要求在原系统开发的需求规格说明书中并没有，但要求在原有系统基础上进一步改善和提高，并且随着对系统的使用和熟悉，这种要求可能会不断地被提出，为了满足这些要求而进行的系统维护工作就是完善性维护。

（4）预防性维护

系统维护工作不应该总是被动地等待用户提出要求后才进行，应该进行主动的预防性维护，即选择那些还有较长使用寿命，目前尚能正常运行，但可能将要发生变化或调整的系统进行维护，目的是通过预防性维护为未来修改与调整奠定更好的基础。

10.2.3　数据维护

业务处理对数据的需求是不断发生变化的，除了系统中主体业务数据的定期正常更新外，还有许多数据需要进行不定期的更新，或随环境和业务的变化而进行调整。此外，数据内容的增加、数据结构的调整、数据的备份与恢复等，都是数据维护的工作内容。

数据维护工作一般是由数据库管理员来负责的，主要是负责数据库的安全性、完整性以及进行并发性控制。

10.3　电子商务系统评价

电子商务系统投入运行后，可以从多个方面对系统运行的结果是否令人满意、有哪些需要改进的不足之处进行评价。评价的结果一方面是为系统的完善提供帮助，另一方面也可为企业管理层和决策层进一步拓展系统提供决策依据，此外，对于在资本市场上运行的电子商务企业而言，其系统评价结果对于投资者的决策也是有参考价值的。

10.3.1　系统评价原则

任何评价行为都必须遵循一定的原则，评价作为经济活动中的一项技术、一门学科，有着其成熟的理论基础和技术方法，以此作为评价的依据是评价工作的保证。电子商务系统是一个复杂的社会系统，它既有一般系统的共性，又有其特性，在对其进行评价时，不但要遵循一般系统的评价原则，还要着重考虑企业电子商务系统的本质特性，进行整体的客观评价。正确评价电子商务系统，一般应遵循以下几个原则：

1）科学性。根据系统评价的目标，科学地制定系统评估方案和适用方法，以使系统评价结果科学合理。

2）客观性。要以翔实的数据为依据进行系统评价，猜测、推理和逻辑判定应当建立在现实的基础上。

3）独立性。系统评价机构和评价人员必须始终坚持独立的第三方原则，不能与被评价的电子商务系统有任何利益关系，要不受外界任何影响和干扰。

10.3.2　系统评价内容

对电子商务系统的评价是一个多方面、多种因素的综合过程，评价主要考虑系统运行后的技术性能、经济效益和社会效果三个方面。

1）技术性能评价。技术性能评价是对电子商务系统最基本的评价，主要评价电子商务系统的可靠性、可用性、安全性、可维护性等方面是否达到了设计要求，目的是为了评价系统的实际效能，为系统的进一步改进或更新提供决策依据。技术性能评价主要包括系统安全性和可靠性评价：

- 系统安全性评价：包括资产安全性和数据安全性两个因素。考察资产安全性主要看资产是否被非法使用的可能性或是否已被非法使用过，并确定其可能发生或已经发生的损失程度；考察数据安全性主要看数据的严重程度是否可能发生或已经发生，并确定错误的大小及其可能发生或已经发生的损失程度。

- 系统可靠性评价：可靠性是指系统在规定的时间内无故障运行的概率，也就是系统维持其功能和性能水平的能力。电子商务系统的可靠性可以分为硬件可靠性和软件可靠性两类，硬件的故障一般来源于硬件的物理劣变，而软件的可靠性是指软件的设计错误。

2）经济效益评价。经济效益评价是对系统所产生的直接经济效益和间接经济效益的评价，反映电子商务系统对企业经济效益做出的贡献，即实施电子商务系统后给企业带来了哪些经济效益。电子商务系统的经济效益评价主要通过费用效益分析来实现，评价指标主要包括企业流动资产比率、流动资产周转率、企业营业周期或者资金周转时间、存货周转时间、企业资产负债率、销售净利率和资产净利率等方面，在评价过程中，可以选择一段时间，如针对实施电子商务系统前后来考察这些指标的绝对变化情况和同比变化情况。

3）社会效果评价。电子商务系统不仅是企业的电子经营平台，还是企业与客户、供应商、合作伙伴交流的窗口及企业文化的体现，因此，电子商务系统的评价还包括反映系统为企业带来的社会影响的社会效果评价。社会效果评价指标主要反映社会及企业用户使用并接受系统的情况，主要包括系统注册量、点击率、访问量、客户忠诚度、实际访问量、日均访问客流量、服务质量统计分析、日人均浏览时间等。

10.3.3 系统评价指标

对电子商务系统进行评价是复杂的，其评价指标的选择既要准确反映系统运行的实际情况，又要具有可操作性，根据电子商务系统评价的特点，在构建电子商务系统评价指标体系时，应遵循如下原则：

1）全面性原则。电子商务系统是一个完整的人机系统，需要系统各组成部分协调工作才能发挥作用，因此，指标体系应能全面地反映所评价的电子商务系统的综合情况，既要考虑正效益指标，也要考虑负效益指标，只有这些全方位的指标，才能保证评价内容的全面性。

2）科学性原则。评价指标体系应能准确、真实、客观地反映电子商务系统的实际运行情况，在构建评价指标体系时应注意结构合理、层次分明、概念清晰。

3）可操作原则。设计评价指标时，必须考虑获取数据的难易度，评价指标的含义必须明确，数据资料应尽量容易收集且计算简单，以保证后期对系统中的数据进行处理的可行性。

4）指导性原则。评价指标不仅要能够科学评价电子商务系统的运营状况，更重要的是要通过评价指出系统的薄弱环节，给企业的发展给予指导。

5）独立性原则。评价指标之间应尽可能避免显而易见的包含关系，对那些具有隐含的相关关系，应采用适当的方法加以消除。

10.3.4 系统评价方法

电子商务系统评价和其他系统评价一样，是一件非常难具体化的工作，其评价方法和其他信息系统的评价方法是相同的，如层次分析法、投入产出法、综合评价方法、经济效益评价法、Delphi 法等，其中使用较多的是层次分析法、综合评价法和经济效益评价法，下面对这三种方法分别进行介绍。

1. 层次分析法

层次分析法是指将一个复杂的多目标决策问题作为一个系统，将目标分解为多个目标或准则，进而分解为多指标的若干层次，通过定性指标模糊量化方法算出层次单排序和总排序，以作为目标、多方案优化决策的系统方法。

评价电子商务系统可以从以下几个层次来分析：

1）功能性。大部分企业评价电子商务系统的主要指标都是系统的功能性，为满足企业用户多样化的需求，电子商务系统的功能必须尽可能齐全。

2）安全性。安全性跟企业电子商务系统所在服务器关系更大一点，但系统的一些基本防御措施还是需要具备的，如代码的严密性、是否采用安全协议传输、交易数据以及安全套接字层等。

3）兼容性。电子商务系统必须考虑到所有潜在用户客户端的配置，一个优秀的电子商务系统肯定是对主流浏览器和各种操作系统都兼容的。

4）性能。电子商务系统的反应速度必须在用户可接收到的响应时间内，这里的性能主要指数据库的性能、页面代码大小、能否生成静态页、数据库设计合理性、页面总体积大小等都是影响系统性能的因素。

5）可扩展性。用户的需求并不是一成不变的，功能的可扩展性是满足不同需求的前提。

6）可用性。电子商务系统界面必须具有逻辑性、可访问性和直观性，系统应该能够让用户的访问愉快而高效，使每个用户都能理解和使用该系统。

2. 综合评价法

运用多个指标对多个参评单位进行评价的方法称为综合评价法，其基本思想是将多个指标转化为一个能够反映综合情况的指标来进行评价。构成综合评价的要素主要有：

1）评价者。评价者可以是某个人或某团体，电子商务系统的评价者是实施电子商务应用的企业。

2）被评价对象。被评价对象可以是技术水平、环境质量、竞争能力、绩效考评等方面，在电子商务系统评价中企业实施的电子商务系统就是被评价对象。

3）评价指标。评价指标体系是从多个视角和层次反映特定评价客体数量规模与数量水平的，企业在进行电子商务系统评价时应根据自身的情况选择合适的评价指标。

4）权重系统。对不同的评价目的来说，评价指标相对重要性是不同的，权重系统确定的合理与否，关系到综合评价结果的可信程度。

5）综合评价模型。形成综合评价模型的目的是通过一定的数学模型将多个评价指标值"合成"为一个能反映最终评价结果的整体综合评价值。

采用综合评价法评价电子商务系统的工作主要包括三个方面的内容：一是综合评价指标体系及其评价标准的建立，这是整个评价工作的前提；二是用定性或定量的方法确定各指标的具体数值，即指标评价值；三是各评价值的综合，包括综合算法和权重的确定、总评价值的计算等。

3. 经济效益评价法

企业应用电子商务系统的目的是为了提高经济效益，因此经济效益是需要评价的主要内容，也是所有经济评价的主要方面。经济效益评价是通过对费用与效益的分析实现的，费用是指系统的整个生命周期中全部开支而构成的成本，效益是指通过系统的运行所带来的费用减少或收入的增加。

（1）系统投资成本

电子商务是一个非常复杂的社会系统，它的开发、使用、维护和管理过程需要投入大量的人力、财力和物力资源，需要各种软硬件的支持，这一切就构成了系统的成本，具体包括：

- 系统开发成本。包括建设电子商务系统所必需的计算机及网络通信设备的购买开支，以及系统软件部分和后期应用系统的开发成本。
- 系统运行成本。人员的工资费用、企业间的通信费用、提供电子支付所需的费用、电费、域名注册费、系统培训费用、风险防范成本、数据信息的收集和组织管理费用、技术资料费用、固定资产折旧费等。
- 系统维护与管理成本。系统软硬件的维护成本、出错处理费用、系统改善更新所发生的费用、系统管理费用等。

（2）系统收益

电子商务系统的收益是指企业在运行电子商务后所产生的增收和节支的总额。主要反映在缩短实现规模效应和范围效应的时间、降低交易成本、降低管理成本、减少库存积压、降低客户服务成本、提高经营管理效率、增加销售利润等所产生的利益，通过向系统外部提供信息产品或服务所获得的利益，以及系统开展其他经营活动而获得的利益。

本章小结

在电子商务系统的日常运行过程中要进行日常管理和维护，以保证系统正常运行并延长其使用寿命。系统维护的工作分为系统日常管理、系统维护和系统评价三方面内容：系统管理是指对系统日常运行情况进行记录和控制，并保证运行过程中的实体和信息安全；系统维护是指对系统进行修改、完善和更新，以清除系统运行中发生的故障和错误，包括硬件维护、软件维护和数据维护；系统评价是指选定相应的指标、采用某一种方法来评价系统运行的结果是否令人满意、有哪些需要改进的不足之处，它是完善系统和决策者是否拓展系统的依据。

习题

1. 按照软件维护的不同性质，可以划分为_____、_____、_____和预防性维护四种类型。

2. 数据维护工作一般是由_____来负责的，主要是负责数据库的安全性、完整性以及_____。

3. 电子商务系统评价是一个综合过程，主要考虑系统运行后的技术性能、_____和_____三个方面。

4. 简述电子商务系统运行管理的主要工作。

5. 简述层次分析法的基本原理。

第 11 章 "PC DIY" 电脑销售网的分析设计

"PC DIY"电脑销售网是由几个计算机元件供应商合作开发的网站,客户通过该网站可以查看一些配置好的计算机并根据个人的需求和喜好自行重新配置,然后在线订购选中的计算机,各供应商可以通过该系统进行计算机及计算机元件的在线销售。本章将以"PC DIY"电脑销售网为例介绍电子商务系统的分析设计过程。

11.1 系统规划

11.1.1 系统开发背景

计算机是 20 世纪最伟大的发明之一,自从 1946 年世界上第一台计算机问世以来,已被广泛地应用于科学计算、工程设计、数据处理等方面。电脑的普及和迅速发展对人类传统的生活方式、工作方式、社会经济结构及教育产生了极其深刻的影响,利用计算机进行信息处理已经成为现代人的素质中必须具备的组成部分,它与阅读、写作等基本技能一起,已经成为衡量人们文化水平高低的标志之一。

近些年来,随着智能手机普及,PC(Personal Computer,个人计算机)的使用率呈现出了远不及手机使用率的状态。尽管如此,在办公场景中,手机明显不及 PC 操作方便,PC 仍旧是主要的生产力工具,仍有很大的市场需求。

随着工业 4.0 时代的开启,越来越多的企业开始关注智能制造。以个性化定制为特点的 C2M 反向定制模式通过从消费端需求反推产品设计、产能投放、产品流通等各个环节,让制造者精准对话消费者,已成为未来的一大发展趋势。目前有不少中小企业已经把 C2M 模式运用到了自身销售中,尤其是在服装类、鞋类、家具类行业中的应用已经较为成熟,而在 PC 领域,C2M 模式的应用尚处于尝试阶段。"PC DIY"电脑销售网就是一个以 PC 定制销售为主的电子商务网站,它力图为客户打造一个能在一定程度上根据个人需求订购个性化 PC 的平台,以满足客户对 PC 实用性和个性化的要求,提高客户使用 PC 的满意度。

11.1.2 系统开发意义

"PC DIY"电脑销售网除了可以自行配置 PC 硬件外,还允许客户对一些软件内嵌、PC 外观及售后服务等根据需求加以改变,此外,并且鼓励客户自行设计个性化 PC,并对被采纳的个性化 PC 构想进行奖励。在当前 PC 销售市场竞争激烈的环境下,"PC DIY"电脑销售网的定制系统将营销理念由以产品为中心转型到以消费者为中心,借助网站发现消费者购买决策的心理活动过程与活动规律,其开发运行对于目标企业主要存在以下几个方面的意义:

1) 提升企业市场竞争力。企业通过"PC DIY"电脑销售网的 PC 销售系统为消费者提供个性化 PC 定制服务，提高客户对个性化需求的满足感，就能够赢取更多的客户，从而提高企业的市场竞争力。

2）帮助企业认识消费者的需求和消费特征。近些年 PC 消费者的个性化需求变得越来越明显，不仅是传统的塔式机箱，迷你机箱、开放式机箱等也都受到了一部分用户的关注；另外，不仅是 PC 外观出现了许多新奇的设计，还出现了如"游戏机箱"等的一些新的概念。用户的关注焦点变得更加分散，企业需认知到消费者的关注点才是市场的商机所在，而"PC DIY"电脑销售网所提供的定制服务就可以帮助企业分析并掌握消费者的需求特征。

3）为企业提供营销思路。"PC DIY"电脑销售网对消费者信息搜寻行为的规律、特征和购买决策过程中的总体影响因素进行全面、深入、系统的研究，掌握消费者的心理活动规律，这对于企业开发新产品、市场细分、制定营销战略和策略有着重要的借鉴和帮助作用。

11.1.3　市场分析

随着电子商务网站的日益成熟，网上购买已经成为用户购买 PC 的重要方式。中商产业研究院对近几年中国 PC 市场销售量的整理显示，2018 年电商网站的 PC 销售量约为 1280 万台，占整体 PC 市场的 24.6%，从 2014 年至 2018 年，电商网站 PC 销售量增长了 146.8%。随着电商在消费市场销售比例逐步稳定，未来更多的客户也将会选择通过电商购买 PC，同时，政府电子商务平台逐步落地各个省份，过去很多的协议采购的订单将逐步向电商发展。

尽管 PC 网购市场取得了不错的成绩，然而根据外媒统计的数据，全球 PC 市场的出货量从 2012 年起，已经出现了六连跌，2017 年全年的 PC 出货量为 2.61 亿台，相比于 2016年下降 1.5%，虽然跌幅有所减小，但是每年的 PC 出货量依旧持续收紧。

PC 市场关注度的降低，一方面是由于现在 PC 市场的主流消费群体还是以年轻人为主，但是几年间这个消费群体也发生了根本性的变化，随着年龄的增长，可支配的收入和时间也都越来越少，对 PC 的关注度也会被动地或者主动地降低。另一个导致 PC 产品吸引力下降的原因，主要是近几年的产品并没有直击消费者的痛点，很多产品的新增功能只不过是商家所搞出的噱头而已，观赏价值大于使用价值，没有考虑到消费者实际需求。比如很多轻薄本为了保持身形，将拓展接口全部换成了 Type-C 接口，反而给用户带来非常大的不便。很多笔记本变成了窄边框，但是除了扩大了屏占比之外，实际用途并不是很大。如果 PC 厂商能够充分考虑消费者的实际需求，那么将在很大程度上提升产品的关注度。

"PC DIY"电脑销售网就是一个以个性化 PC 定制为主的电子商务平台，用户通过该平台可以根据自身需求和喜好定制适合自己的个性化 PC，也可以直接购买厂商设计好的 PC或 PC 元件，还可以将自己设计的个性化 PC 上传至平台供商家参考并赢得相应奖励。"PC DIY"电脑销售网将帮助厂商提高产品关注度，增加产品销量，也有助于推动 PC 行业的发展。

11.1.4　系统基本模式

1. 系统商务模式

"PC DIY"电脑销售网是由几个 PC 元件供应商合作开发的、以销售定制 PC 为主的电子商务网站，同时也向客户销售供应商设计好的 PC 和 PC 元件，因此，该网站的商务模式是 C2M 模式和 B2C 模式。

2. 系统盈利方式

"PC DIY"电脑销售网主要用于向客户销售其定制的 DIY PC，并可进行单个 PC 元件的销售，同时为一些 PC 产业相关企业提供商品或服务广告的发布平台，因此，该系统的主要盈利方式为销售 PC 产品和收取广告费。

11.1.5 可行性分析

针对"PC DIY"电脑销售网的特点，主要从以下四方面进行可行性分析：

1) 经济可行性：开发该网站的成本费用相对比较低，除必要的人力资源外，只需要几台标准配置的计算机及相关软件，其开发成本预计将远低于该系统给企业带来的经济效益，因此在经济方面是可行的。

2) 技术可行性：该网站对软件与硬件的要求不高，目前开发该网站的技术已相当成熟，只要搭建好系统开发平台即可顺利实现网站的开发，因此在技术方面是可行的。

3) 管理可行性：该网站安全保密性高，开发人员对网站将采取一定的使用权限措施，不存在机密数据的泄露问题，同时该网站适用性非常强，能够极大减少工作人员的工作量，提高工作效率，且使用方便，便于管理。

4) 环境可行性：该系统具有较大的实用价值，且符合国家政策、相关的法律法规，因此在社会环境方面也是可行的。

通过以上四个方面的分析，得出"PC DIY"电脑销售网的开发是可行的。

11.2 系统分析

11.2.1 系统需求分析

1. 系统功能需求

系统的功能需求是根据用户确定的，通常电子商务系统的用户为交易双方及交易合作方，分析"PC DIY"电脑销售网的主要功能可得出其用户有客户、商家（系统管理员、订单处理员及产品管理员）、交易合作方（生产部门、库管部门、银行及物流公司），对用户进行调查分析得出系统的功能需求，具体如下。

（1）前台功能需求

"PC DIY"电脑销售网的前台子系统主要为客户进行相关服务，包括提供供应商信息查询、会员信息管理、商品管理、订单管理、客户留言、查看新手导航六个部分。

1) 供应商信息查询：客户可以查看供应商组成的联盟企业的合作信息，并可单独查看各供应商的详细信息。

2) 会员信息管理：客户可以注册成为系统的会员，登录系统后可查看并修改个人信息。

3) 商品管理：客户可以查看系统配置好的 PC 产品并根据个人喜好重新配置，还可对 PC 的外形、颜色等提出个性化要求；此外，客户还可查看企业推出的概念化产品并进行评价，也可不拘泥于标准，随心上传自己设计的 DIY 产品。

4）订单管理：当选中了想要购买的 PC 产品后，客户可以在线订购商品并对自己的订单记录进行编辑和删除操作。

5）客户留言：客户可以对系统的产品或服务写下建议，并与其他客户互动。

6）查看新手导航：对于初次使用系统的客户，可以查看新手导航以正确使用系统。

（2）后台功能需求

"PC DIY"电脑销售网的后台子系统是为系统管理员、订单处理员、产品管理员设计的，在登录后台子系统后，系统管理员可以对各类信息进行管理，订单处理员能够查看客户订单并进行审核，产品管理员可以对商品交易情况进行统计分析。

1）系统信息管理：系统管理员需要对系统各类信息进行管理，包括供应商信息、用户信息、商品信息及页面信息。

2）订单处理：订单处理员查询客户的订单，按照规定审核订单后及时进行生产、发货及资金处理等相关操作。

3）商品交易统计：产品管理员根据身份类型、地域或产品类别对交易信息进行统计分析，并以图表形式显示结果。

4）客户留言管理：产品管理员查看并回复客户对商品或服务的售后评价、质量评价、产品建议，并及时删除过期的信息。

需要注意的是，交易合作方虽然也是系统的用户，但它们大多时候只是参与系统某些功能的执行，并不直接使用系统功能，因而通常无须专门为交易合作方设计系统功能。

2. 系统性能需求

对该系统的性能需求简要如下：

1）平均响应时间：不多于 2 s。

2）平均信息量速率：不小于 1 Mbit/s。

3）主存容量：不小于 128 MB。

4）磁盘容量：视文件总容量而定。

5）安全性：较高。

3. 可靠性和可用性需求

1）系统的平均无故障时间 MTTF 不少于 180 天。

2）系统平均修复时间 MTTR 不多于 12 h。

3）系统出现故障应有必要的保护措施不使机密泄露。

4）系统的核心功能必须是正常可用的。

5）系统的数据库及电子文档的备份必须是安全的。

6）系统出现错误时需有必要的出错提示说明。

11.2.2 结构化系统逻辑模型

结构化系统分析法主要采用功能层次图、数据流程图、数据字典及处理逻辑描述工具来建立系统逻辑模型。

1. 功能层次图

功能层次图用于描述从系统目标到各项功能的层次关系，通过对系统功能需求的分析，可得出"PC DIY"电脑销售网的功能层次图，如图 11-1 所示。

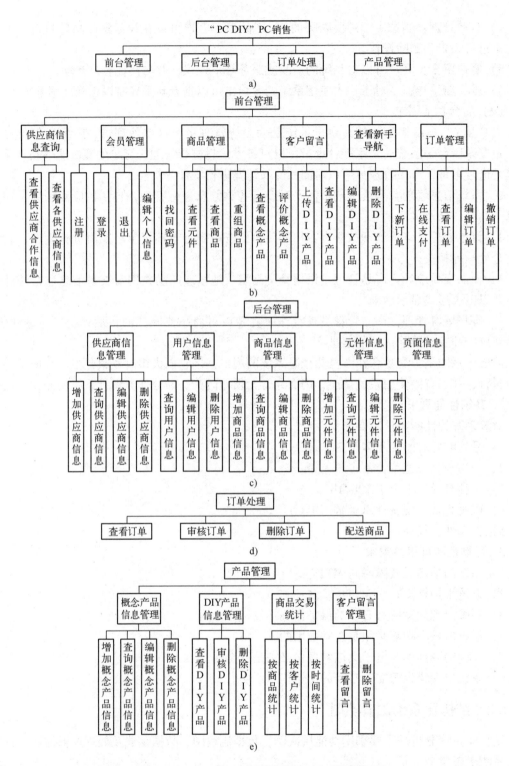

图 11-1 "PC DIY" 电脑销售网——功能层次图
a)"PC 销售"功能层次图　b)"前台管理"功能层次图　c)"后台管理"功能层次图
d)"订单处理"功能层次图　e)"产品管理"功能层次图

2. 数据流程图

数据流程图描述了系统内数据流动、处理和存储的逻辑关系，主要用于解释系统功能的实现流程，是在功能层次图的基础上画的。根据"PC DIY"电脑销售网的功能层次图，可画出该系统的数据流程图，如图 11-2 ~ 图 11-5 所示。

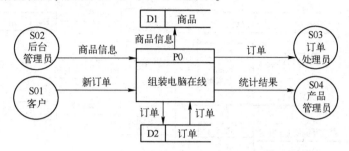

图 11-2 "PC DIY"电脑销售网——顶层数据流程图

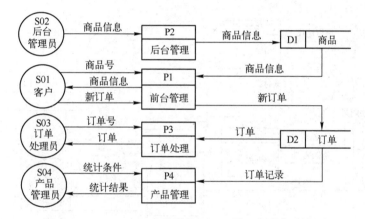

图 11-3 "PC DIY"电脑销售网——第一层数据流程图

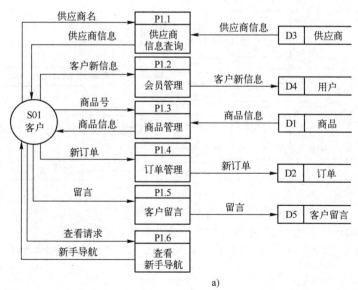

a)

图 11-4 "PC DIY"电脑销售网——第二层数据流程图

a)"前台管理"数据流程图

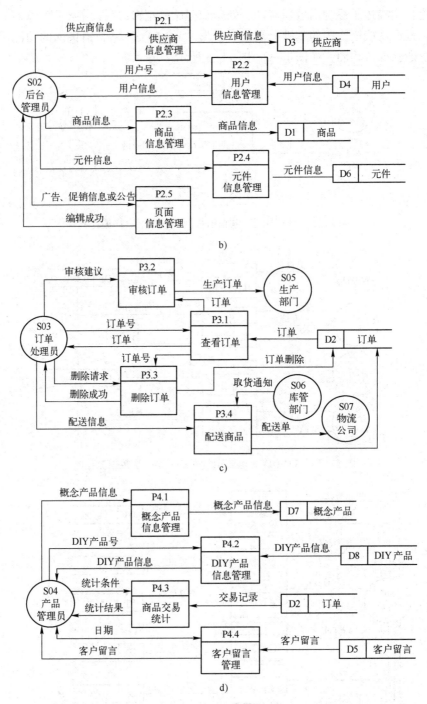

图 11-4 "PC DIY"电脑销售网——第二层数据流程图（续）

b)"后台管理"数据流程图　c)"订单处理"数据流程图　d)"产品管理"数据流程图

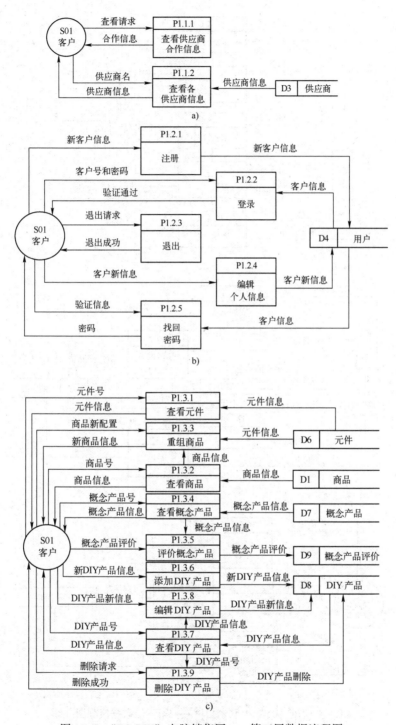

图 11-5 "PC DIY" 电脑销售网——第三层数据流程图

a)"供应商信息查询"数据流程图 b)"会员管理"数据流程图 c)"商品管理"数据流程图

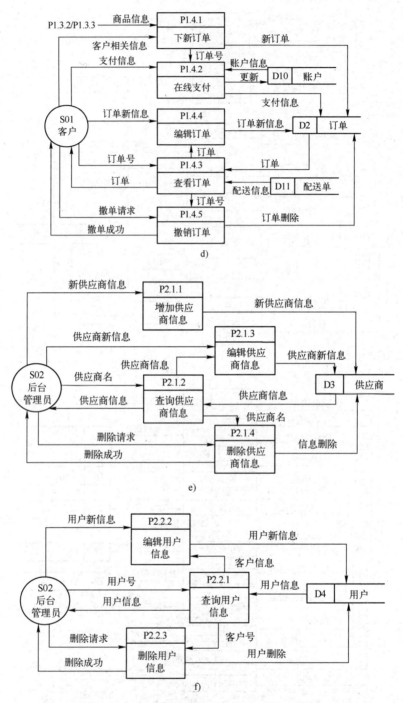

图 11-5 "PC DIY" 电脑销售网——第三层数据流程图 (续)

d) "订单管理" 数据流程图　e) "供应商信息管理" 数据流程图　f) "用户信息管理" 数据流程图

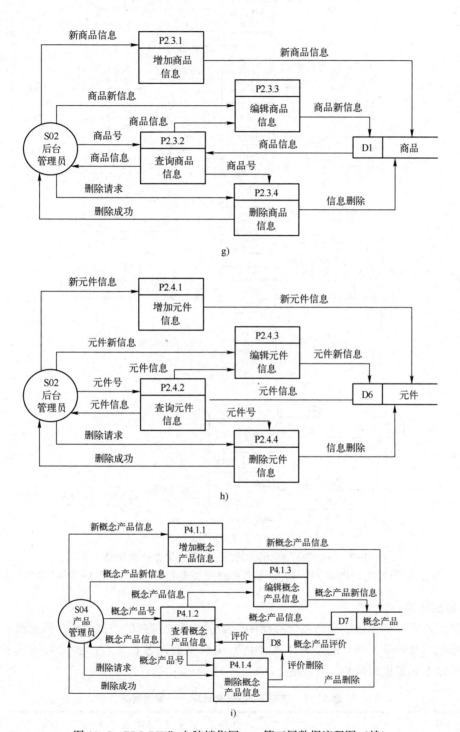

图 11-5 "PC DIY"电脑销售网——第三层数据流程图（续）

g)"商品信息管理"数据流程图　h)"元件信息管理"数据流程图　i)"概念产品信息管理"数据流程图

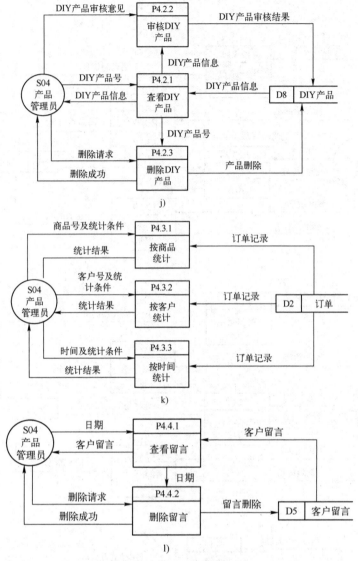

图 11-5 "PC DIY"电脑销售网——第三层数据流程图（续）

j)"DIY 产品信息管理"数据流程图 k)"商品交易统计"数据流程图 l)"客户留言管理"数据流程图

3. 数据字典

数据字典用于解释最底层数据流程图中较复杂或不易理解的数据处理、数据流、数据存储、数据项以及外部实体，通过对"PC DIY"电脑销售网数据流程图各元素的分析，确定对其中的以下元素进行解释，详见表 11-1～表 11-21。

表 11-1 数据字典-数据处理——重组商品

编 号	P1.3.3
名称	重组商品
简述	客户根据自己的要求对系统配置好的某商品进行重新配置
输入数据流	商品新配置

编　号	P1.3.3
处理过程	客户查看系统配置好的某商品信息后，在该商品信息界面对该商品的某些配置进行重新选择，并可提出一些附加要求，得到自己需要的新商品信息
输出数据流	新商品信息

表 11-2　数据字典-数据处理——查看订单

编　号	P1.4.3
名称	查看订单
简述	客户下了订单后，可随时查看订单的信息
输入数据流	订单号，订单信息，配送信息
处理过程	客户可在订单页面查看订单的信息，尤其是在收到商品之前，可查看到商品当前的状态或所在配送过程中所处的位置
输出数据流	订单号，订单信息

表 11-3　数据字典-数据处理——编辑订单

编　号	P1.4.4
名称	编辑订单
简述	客户在正式提交订单前可随时改变订单的基本信息，在提交订单后，要在订单里标明是否已收到商品
输入数据流	订单信息，订单新信息
处理过程	在正式提交订单前，客户可随时查看订单并编辑订单的基本信息，提交订单后，在规定的送货期限到达时，要在订单"是否到货"栏里标明是否已收到商品
输出数据流	订单新信息

表 11-4　数据字典-数据处理——页面信息管理

编　号	P2.4
名称	页面信息管理
简述	后台管理员对网站各页面的信息进行管理，主要包括网络广告、公告、促销等信息的发布和编辑
输入数据流	广告、促销信息或公告
处理过程	后台管理员进行网站各页面的编辑页面，在合适的位置添加或编辑网络广告、公告、促销等信息，并保存
输出数据流	编辑成功

表 11-5　数据字典-数据处理——配送商品

编　号	P3.4
名称	配送商品
简述	商品生产完成后，订单处理员向物流配送部门发送配送请求
输入数据流	配送信息，取货通知
处理过程	订单处理员根据库管部门的取货通知填写配送单，并将其发送给物流配送部门，要求其进行商品的配送，同时将客户订单的状态更改为"配送中"
输出数据流	配送单，订单新信息

表 11-6　数据字典-数据处理——审核 DIY 产品

编　号	P4.4.2
名称	审核 DIY 产品
简述	产品管理员对客户提交的 DIY 产品进行审核
输入数据流	DIY 产品审核意见
处理过程	产品管理员查看客户提交的 DIY 产品后，在该产品信息界面录入审核意见并保存提交
输出数据流	DIY 产品审核结果

表 11-7　数据字典-数据流——生产订单

编　号	F3-02
名称	生产订单
简述	订单处理员向生产部门递交的用于生产的订单
数据流来源	P3.2：审核订单
数据流去向	生产部门
数据流组成	订单号+订单处理员号+商品号+处理器+主板+声卡+显卡+显示器+键盘+鼠标+光驱+机箱+其他+下单日期+要求交货日期
流量	10 份/小时

表 11-8　数据字典-数据流——支付信息

编　号	F1.4-04
名称	支付信息
简述	客户下订单进行商品支付时，填写的相关信息
数据流来源	客户
数据流去向	P1.4.2：在线支付
数据流组成	银行账号+密码+身份证号+金额
流量	10 份/小时

表 11-9　数据字典-数据流——DIY 产品审核意见

编　号	F4.2-05
名称	DIY 产品审核意见
简述	产品管理员对客户的 DIY 产品审核后填写的意见
数据流来源	产品管理员
数据流去向	P4.2.2：审核 DIY 产品
数据流组成	产品评价+采纳建议+产品奖励
流量	6 份/小时

表 11-10　数据字典-数据流——取货通知

编　号	F3-11
名称	取货通知

编　号	F3-11
简述	商品生产完成后入库，库管人员向订单处理员发送的取货通知
数据流来源	库管部门
数据流去向	P3.4：配送商品
数据流组成	货品号+货品基本信息+取货地点+取货时间+负责人
流量	10 份/小时

表 11-11　数据字典-数据流——配送单

编　号	F3-13
名称	配送单
简述	商品生产完成后，订单处理员向物流配送部门发送的配送单，物流部门根据此配送单配送商品
数据流来源	P3.4：配送商品
数据流去向	物流公司
数据流组成	商品号+商品描述+发货人+联系电话+发货单位+收货人+电话+配送地址+邮编
流量	10 份/小时

表 11-12　数据字典-数据存储——订单

编　号	D2
名称	订单
简述	客户选定商品后通过系统下的商品订单
组成	订单号+客户号+客户名+e-mail+电话+商品号+处理器+主板+声卡+显卡+显示器+键盘+鼠标+光驱+机箱+其他+价格+支付账号+身份证+支付金额+收货人+电话+送货地址+邮编+订货日期+预计到货日期+订单状态+商品状态+是否到货+订单处理员号+订单处理员名+联系电话
主关键字	订单号
相关处理	P1.4.1：下新订单；P1.4.2：在新支付；P1.4.3：查看订单；P1.4.4：编辑订单；P1.4.5：撤销订单

表 11-13　数据字典-数据存储——概念产品

编　号	D6
名称	概念产品
简述	由公司设计开发的还未上市的个性化新产品，正在征集客户的意见以确定是否要正式投入生产
组成	产品号+产品名+产品图片+产品介绍+产品估价+产品评价
主关键字	产品号
相关处理	P4.11：增加概念产品；P4.1.2：查看概念产品；P4.1.3：编辑概念产品；P4.1.4：删除概念产品

表 11-14 数据字典-数据存储——DIY 产品

编 号	D7
名称	DIY 产品
简述	由客户自己设计的个性化产品，客户可将其输入系统等待产品管理员的审核意见，通过后可获得相应奖励
组成	产品号+产品名+产品图片+产品介绍+产品估价+上传者编号+上传者姓名+上传日期+产品状态+产品评价+采纳建议+产品奖励
主关键字	产品号
相关处理	P1.3.5：上传 DIY 产品；P1.3.6：查看 DIY 产品；P1.3.7：编辑 DIY 产品；P1.3.8：删除 DIY 产品

表 11-15 数据字典-数据项——订单状态

编 号	D2-27
名称	订单状态
别名	Order-State
简述	在客户填写完订单至客户收到商品期间，订单所处的状态，具体如下： 客户提交订单前，订单状态为"未提交"； 客户提交订单后，订单状态为"已提交"； 订单处理员审核订单后，将订单状态更改为"生产中"； 订单处理员配送商品时，将订单状态更改为"配送中"； 当客户更改"是否到货"的值为"已到货"时，订单状态自动更改为"已完成"； 当客户在规定时间内未进行商品支付时，订单状态为"无效"
数据类型	字符型
长度	6 位
取值范围	未提交、已提交、生产中、配送中、已完成、无效

表 11-16 数据字典-数据项——商品状态

编 号	D2-28
名称	商品状态
别名	Merchandise-State
简述	商品在配送过程中所处的状态或位置（由物流配送部门实时更新）
数据类型	字符型
长度	不限
取值范围	无

表 11-17 数据字典-数据项——产品状态

编 号	D7-09
名称	产品状态
别名	Product-State
简述	在客户上传 DIY 产品至产品审核完成期间，该 DIY 产品所处的状态，具体如下： 客户提交 DIY 产品前，产品状态为"未提交"； 客户提交 DIY 产品后，产品状态为"已提交"； 产品管理员审核订单时，将产品状态改为"审核中"； 产品管理员审核完订单后，将产品状态改为"已审核"

编　号	D7-09
数据类型	字符型
长度	6 位
取值范围	未提交、已提交、审核中、已审核

表 11-18　数据字典-数据项——采纳建议

编　号	D7-11
名称	采纳建议
别名	Accept-or-Reject
简述	产品管理员对客户的 DIY 产品给出的采纳建议
数据类型	字符型
长度	不限
取值范围	无

表 11-19　数据字典-数据项——产品奖励

编　号	D7-12
名称	产品奖励
别名	Product-Reward
简述	产品管理员对客户 DIY 产品设计的奖励金额
数据类型	数字
取值范围	0~10000

表 11-20　数据字典-外部实体——后台管理员

编　号	S01
名称	后台管理员
简述	具有对整个系统进行管理维护的权限，主要负责供应商、客户和商品的信息管理
输入数据流	后台管理员对系统各类信息进行管理时输入的数据，如 F2.1-01：新供应商信息
输出数据流	系统返回给后台管理员的反馈信息，如 F2.1-08：供应商信息

表 11-21　数据字典-外部实体——产品管理员

编　号	S04
名称	产品管理员
简述	主要负责概念产品、DIY 产品的信息管理以及商品的交易统计，同时结合客户留言及时掌握公司产品的情况
输入数据流	产品管理员对概念产品、DIY 产品进行管理时输入的数据，如 F4.2-05：DIY 产品审核意见
输出数据流	系统返回给产品管理员的反馈信息，如 F4.2-03：DIY 产品信息

4. 处理逻辑描述工具

处理逻辑描述工具用于说明数据流程图中较为复杂的数据处理，在"PC DIY"电脑销售网的数据流程图中，数据处理"审核订单"的处理过程较为复杂，需要根据订单情况分类处理，因此采用决策树描述其处理过程，如图 11-6 所示。

图 11-6 "审核订单"决策树

11.2.3 面向对象系统逻辑模型

面向对象系统分析法主要通过画用例图、编写用例文档、画活动图和分析类图来建立系统逻辑模型。

1. 用例图

用例图用于描述系统的功能及操作者，"PC DIY"电脑销售网的执行者包括普通客户、会员客户、订单处理员、后台管理员、产品管理员、生产部门、库管部门、银行及物流公司，其中前五类执行者是系统的固定用户，可以直接登录系统进行相应操作，由于这五类执行者都能执行"注册""登录""退出"操作，从系统优化的角度，可以由他们抽象出父类执行者"用户"；而后四类执行者并没有直接使用系统，只是通过本系统与其他系统的接口参与某些功能的执行过程，因而不作为"用户"的子类。

根据前面的需求分析可确定本系统的功能需求，进一步分析执行者和系统功能之间的关系，可画出系统的用例图，如图 11-7 所示。

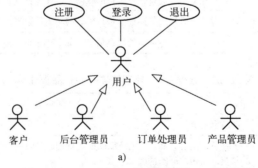

a)

图 11-7 "PC DIY"电脑销售网——用例图

a)"用户管理"用例图

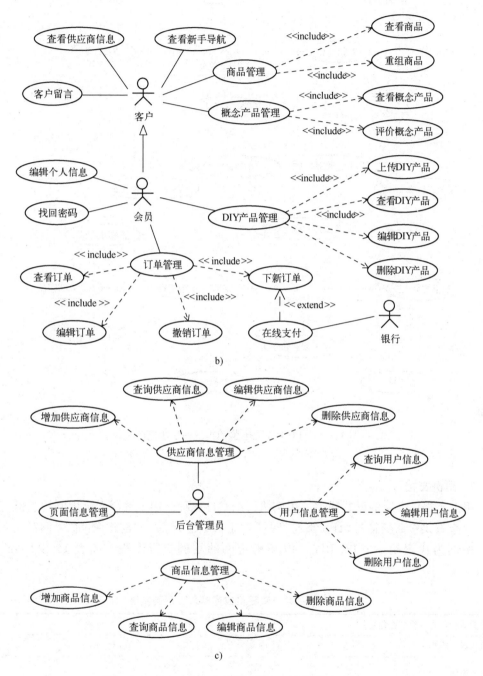

图 11-7 "PC DIY" 电脑销售网——用例图（续）

b) "前台管理" 用例图 c) "后台管理" 用例图

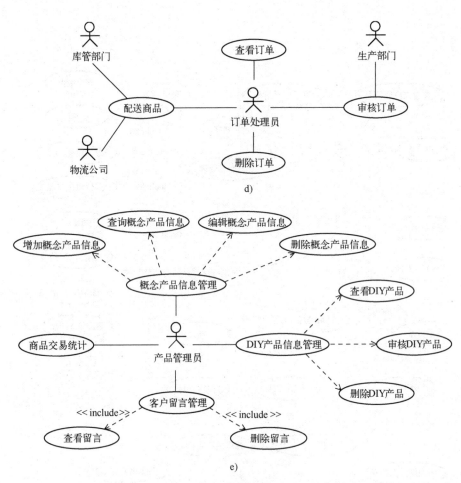

图 11-7 "PC DIY"电脑销售网——用例图（续）

d)"订单处理"用例图　e)"产品管理"用例图

2. 用例文档

用例文档以文字的形式描述了用例执行的事件流程，用于解释系统用例的逻辑流程。下面以"查看供应商信息""评价概念产品""上传 DIY 产品""配送商品""商品交易统计"五个用例为代表阐述"PC DIY"电脑销售网的用例执行流程。如表 11-22 ~ 表 11-26 所示。

表 11-22 "查看供应商信息"用例文档

用例名称：查看供应商信息
执行者：客户
简要说明： 客户根据供应商名查看供应商的详细信息
基本事件流： 1. 客户在供应商列表界面找到想要查看的供应商名，点击供应商名进行查看 2. 系统读取相应供应商的信息后在页面上显示

表 11-23 "评价概念产品" 用例文档

用例名称：评价概念产品
执行者：客户
简要说明： 客户查看系统推出的概念产品信息并对其进行评价
基本事件流： 1. 客户在概念产品列表界面找到感兴趣的概念产品，点击概念产品名进行查看 2. 系统读取概念产品的信息和已有的产品评价，并转到产品详情页面 3. 客户查看概念产品的详细信息，然后点击页面下方的 "我要评价" 4. 系统转到概念产品评价页面 5. 客户填写评价并点击 "提交" 6. 系统提示评价成功并跳回概念产品详情页面

表 11-24 "上传 DIY 产品" 用例文档

用例名称：上传 DIY 产品
执行者：会员
简要说明： 会员可以将自己设计的 DIY 产品上传到系统，等待产品管理员审核
基本事件流： 1. 会员在 DIY 产品上传界面填写产品信息并点击 "提交" 2. 系统提示上传成功

表 11-25 "配送商品" 用例文档

用例名称：配送商品
执行者：订单处理员
简要说明： 商品生产完成后，订单处理员向物流配送部门发送商品配送请求
基本事件流： 1. 订单处理员收到库管部门发送的取货通知后，在客户订单列表界面找到相应的商品订单并点击 "配送" 2. 系统转到商品配送界面 3. 订单处理员填写商品配送信息后点击 "配送" 4. 系统显示配送单成功发至物流公司后返回至订单列表界面

表 11-26 "商品交易统计" 用例文档

用例名称：商品交易统计
执行者：产品管理员
简要说明： 订单处理员按照某个条件对商品交易情况进行统计
基本事件流： 1. 产品管理员在商品交易统计界面选择统计条件，然后点击 "统计" 2. 系统显示统计结果

3. 活动图

活动图以图形的形式描述了实现用例所要进行的各项活动，可以作为系统用例的流程说明图。图 11-8~图 11-12 分别是 "查看供应商信息" "评价概念产品" "上传 DIY 产品" "配送商品" "商品交易统计" 这五个用例的活动图。

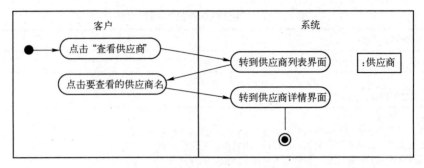

图 11-8 "查看供应商信息"用例活动图

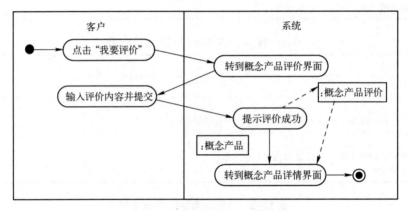

图 11-9 "评价概念产品"用例活动图

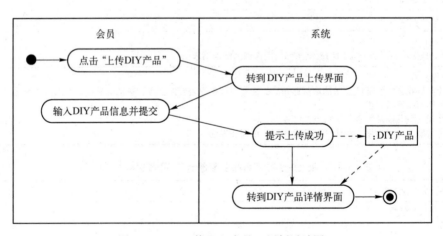

图 11-10 "上传 DIY 产品"用例活动图

4. 分析类图

分析类图指明了参与用例的类及其之间的关系，用于从类的角度描述系统用例的实现步骤，需要为系统的每个用例绘制分析类图。在 11.2.2 节中已对本系统做了较为详细的描述，故此处只列出系统的部分用例分析类图，图 11-13～图 11-17 分别是"查看供应商信息""评价概念产品""上传 DIY 产品""配送商品""商品交易统计"这五个用例的分析类图。

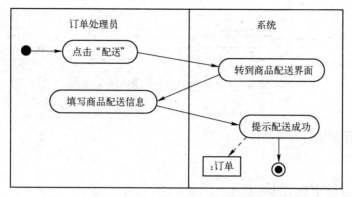

图 11-11 "配送商品" 用例活动图

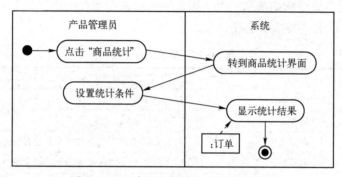

图 11-12 "商品交易统计" 用例活动图

图 11-13 "查看供应商信息" 用例分析类图

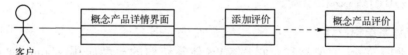

图 11-14 "评价概念产品" 用例分析类图

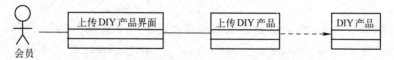

图 11-15 "上传 DIY 产品" 用例分析类图

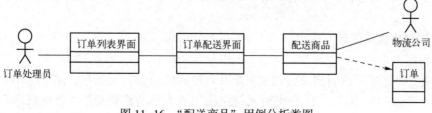

图 11-16 "配送商品" 用例分析类图

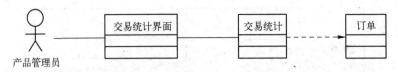

产品管理员

图 11-17 "商品交易统计"用例分析类图

11.3 系统设计

11.3.1 系统运行平台设计

系统运行平台主要由网络通信平台、硬件平台和软件平台构成，表 11-27 是"PC DIY"的 PC 销售系统运行平台的基本配置。

表 11-27 系统运行平台

网络通信平台		主机托管方式
计算机硬件配置	CPU	1.4 GHz 或者以上
	内存	1 GB 或以上
	硬盘占用	初始 100 MB 左右（具体视文件总容量的增加而增加）
	显示器	VGA 或以上（1024×768 分辨率效果更好）
应用软件配置	网络操作系统	Windows Server 2019
	Web 应用服务器	IIS 7.0
	数据库管理系统	Microsoft SQL Server 2017
	开发语言及工具	Java&JSP，Eclipse 4.7

11.3.2 应用系统设计

1. 系统体系结构设计

本系统采用 Struts 框架结构，它是 MVC 体系结构的典型应用。Struts 框架通过采用 JavaServlet/JSP 技术，实现了基于 Java EE Web 应用的 MVC 设计模式，是 MVC 设计模式的一个经典产品。

图 11-18 展示了 Struts 框架结构的基本原理，对于一个请求，Struts 的执行过程为：用户输入要处理的数据，JSP 表单提交给 ActionServlet；ActionServlet 将表单信息封装在 Action-Form 内，然后转交给 Action；ActionServlet 不直接处理业务逻辑，让 Action 来调用 JavaBean；Action 返回要跳转到的 JSP 页面地址给 ActionServlet；ActionServlet 进行跳转，结果在 JSP 上显示。

2. 应用程序模块设计

（1）顺序图

顺序图主要描述用例所涉及的相关对象及对象间的动态交互关系，用于解释系统用例的实现过程。图 11-19~图 11-23 分别对系统中的"查看供应商信息""评价概念产品""上传 DIY 产品""配送商品""商品交易统计"这五个用例采用顺序图描述其执行过程。

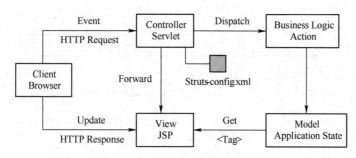

图 11-18 Struts 框架结构原理图

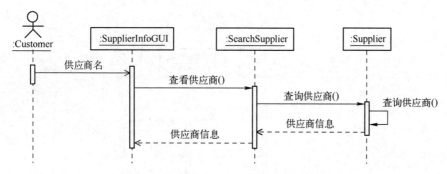

图 11-19 "查看供应商信息"用例顺序图

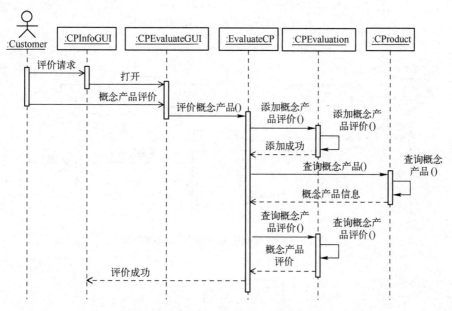

图 11-20 "评价概念产品"用例顺序图

（2）协作图

协作图与顺序图在语义上是等价的，顺序图强调对象间消息发送的时间和顺序，协作图则强调对象间的合作关系，图 11-24~图 11-28 是与上面顺序图相对应的协作图。

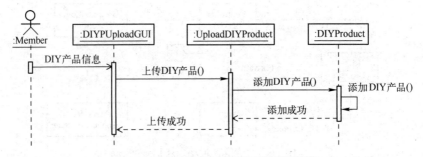

图 11-21 "上传 DIY 产品"用例顺序图

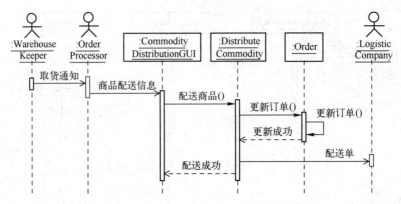

图 11-22 "配送商品"用例顺序图

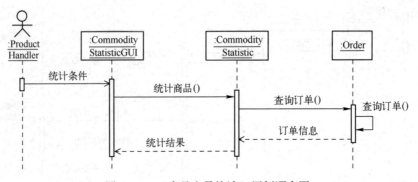

图 11-23 "商品交易统计"用例顺序图

图 11-24 "查看供应商信息"用例协作图

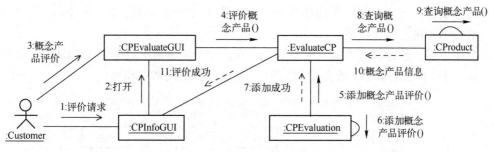

图 11-25 "评价概念产品"用例协作图

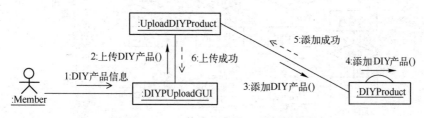

图 11-26 "上传 DIY 产品"用例协作图

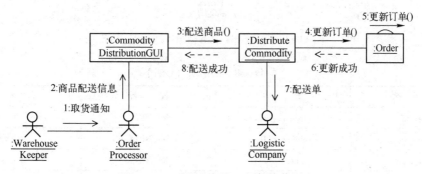

图 11-27 "配送商品"用例协作图

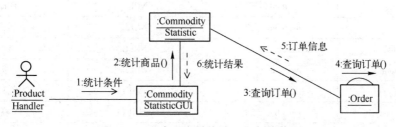

图 11-28 "商品交易统计"用例协作图

3. 数据库设计

（1）结构化系统数据库设计

结构化系统设计方法主要通过建立概念模型和数据模型来描述系统数据库结构。

根据前面所绘制的结构化系统逻辑模型中的数据流程图，可明确得出"PC DIY"电脑销售网数据库中需要建立的表为商品表、订单表、供应商表、元件表、用户表、客户留言表、概念产品表、概念产品评价表、DIY 产品表，分析各表的属性及表之间的关系，可建立系统数据库概念模型和数据模型，如下所示。

- 概念模型：概念模型用于描述系统数据库各表之间的关系，图 11-29 是"PC DIY"电脑销售网的概念模型。
- 数据模型：数据模型由概念模型转化而来，用于描述系统数据库各表的具体结构和内容，表 11-28～表 11-36 是"PC DIY"电脑销售网的数据模型。

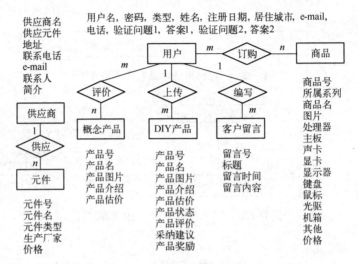

图 11-29 "PC DIY"电脑销售网的 E-R 图

表 11-28 用户表（User）

字 段 名	类 型	属 性	注 释
User_id	varchar（20）	Not NULL	用户名，主键
User_psw	varchar（20）	Not NULL	密码
User_type	char（1）	Not NULL	类型
User_name	nvarchar（20）	Not NULL	姓名
Reg_date	datetime	NULL	注册日期
User_city	nvarchar（20）	NULL	居住城市
User_email	varchar（30）	NULL	e-mail
User_phone	varchar（20）	NULL	电话
Question_one	nvarchar（20）	Not NULL	验证问题 1
Answer_one	nvarchar（20）	Not NULL	答案 1
Question_two	nvarchar（20）	Not NULL	验证问题 2
Answer_two	nvarchar（20）	Not NULL	答案 2

表 11-29 商品表（Commodity）

字 段 名	类 型	属 性	注 释
Commodity_id	char（16）	Not NULL	商品号，主键
Commodity_type	nvarchar（10）	NULL	所属系列
Commodity_name	nvarchar（10）	NULL	商品名

字 段 名	类 型	属 性	注 释
Picture	ntext	NULL	图片
Processor	nvarchar（20）	NULL	处理器
Motherboard	nvarchar（20）	NULL	主板
Soundcard	nvarchar（20）	NULL	声卡
Videocard	nvarchar（20）	NULL	显卡
Monitor	nvarchar（20）	NULL	显示器
Keyboard	nvarchar（20）	NULL	键盘
Mouse	nvarchar（20）	NULL	鼠标
CD-ROM	nvarchar（20）	NULL	光驱
Chassis	nvarchar（20）	NULL	机箱
Others	nvarchar（50）	NULL	其他
Price	money（8）	NULL	价格

表 11-30 订单表（Order）

字 段 名	类 型	属 性	注 释
Order_id	char（16）	Not NULL	订单号，主键
Customer_id	varchar（20）	NULL	客户号
Commodity_id	char（16）	NULL	商品号
Payment_bank	nvarchar（10）	NULL	支付银行
Payment_account	varchar（30）	NULL	支付账号
Payment_amount	money（8）	NULL	支付金额
Identity_card	char（18）	NULL	身份证
Receiver	nvarchar（20）	NULL	收货人
Receiver_phone	varchar（20）	NULL	收货人电话
Receiver_address	nvarchar（50）	NULL	送货地址
Zip_code	char（6）	NULL	邮编
Order_date	datetime	NULL	订货日期
Delivery_date	datetime（8）	NULL	预计到货日期
Order_state	char（6）	NULL	订单状态
Commodity_state	ntext	NULL	商品状态
Arrival_state	char（2）	NULL	是否到货
Order_handler_id	char（12）	NULL	订单处理员号
Order_handler_name	nvarchar（20）	NULL	订单处理员名
Order_handler_phone	varchar（20）	NULL	联系电话

表 11-31　供应商表（Supplier）

字　段　名	类　　型	属　　性	注　　释
Supplier_name	nvarchar（20）	Not NULL	供应商名，主键
element	nvarchar（10）	NULL	供应元件
Address	nvarchar（50）	NULL	地址
Supplier_phone	varchar（20）	NULL	联系电话
Supplier_email	varchar（30）	NULL	e-mail
Contacts	nvarchar（20）	NULL	联系人
Introduction	ntext	NULL	简介

表 11-32　元件表（Element）

字　段　名	类　　型	属　　性	注　　释
Element_id	varchar（20）	Not NULL	元件号，主键
Element_name	nvarchar（20）	NULL	元件名
Element_type	nvarchar（10）	NULL	元件类型
Manufacturer	nvarchar（20）	NULL	生产厂家
Price	money（8）	NULL	价格
Supplier_id	nvarchar（20）	NULL	供应商名

表 11-33　概念产品表（Concept_Product）

字　段　名	类　　型	属　　性	注　　释
CProduct_id	char（16）	Not NULL	产品号，主键
CProduct_name	nvarchar（10）	NULL	产品名
Picture	ntext	NULL	产品图片
Introduction	ntext	NULL	产品介绍
Price	money（8）	NULL	产品估价

表 11-34　DIY 产品表（DIY_Product）

字　段　名	类　　型	属　　性	注　　释
DIYProduct_id	char（16）	Not NULL	产品号，主键
DIYProduct_name	nvarchar（10）	NULL	产品名
Picture	ntext	NULL	产品图片
Introduction	ntext	NULL	产品介绍
DIYProduct_price	money（8）	NULL	产品估价
DIYProduct_state	char（6）	NULL	产品状态
Evaluation	ntext	NULL	产品评价
Adopt_suggestion	varchar（6）	NULL	采纳建议
Reward	money（8）	NULL	产品奖励
Uploader	varchar（20）	NULL	上传者
Upload_date	datetime	NULL	上传日期

表 11-35　概念产品评价表（Concept_Product_Evaluation）

字　段　名	类　　型	属　　性	注　　释
CProduct_id	char（16）	Not NULL	概念产品号，主键
Evaluator	varchar（20）	Not NULL	评价人，主键
Evaluation	ntext	NULL	评价内容
Evaluate_date	datetime	NULL	评价日期

表 11-36　客户留言表（Customer_Message）

字　段　名	类　　型	属　　性	注　　释
Message_id	char（16）	Not NULL	留言号，主键
Title	nvarchar（20）	NULL	标题
Time	datetime	NULL	留言时间
Content	ntext	NULL	留言内容
Customer_id	varchar（20）	NULL	客户号

（2）面向对象系统数据库设计

面向对象系统设计方法主要通过画实体类图和状态图来描述系统数据库结构。根据前面所绘制的面向对象系统逻辑模型中的分析类图，得出"PC DIY"电脑销售网中的实体类有商品类、订单类、供应商类、元件类、用户类、客户留言类、概念产品类、概念产品评价类、DIY 产品类，由此可画出本系统的实体类图和状态图，如下所示。

- 实体类图：实体类图用于描述系统数据库结构，它不仅指明了系统数据库中有哪些表和表的具体组成，还表明了各表之间的联系。图 11-30 是"PC DIY"电脑销售网的实体类图。

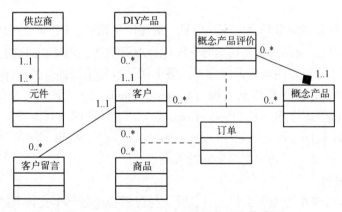

图 11-30　"PC DIY"电脑销售网实体类图

- 状态图：状态图是实体类图的补充，用于描述实体类对象的状态及状态转移过程，图 11-31 和图 11-32 分别是"PC DIY"电脑销售网中订单对象和 DIY 产品对象的状态图。

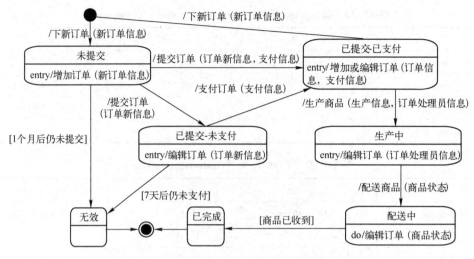

图 11-31 "PC DIY"电脑销售网订单对象状态图

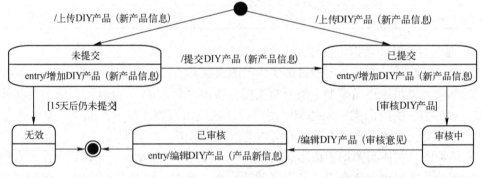

图 11-32 "PC DIY"电脑销售网 DIY 产品对象状态图

4. 网站设计

本网站为用户提供供应商信息、商品信息、概念产品信息、DIY 产品信息的发布与管理，PC 商品的订购和支付，商品及交易信息的查询和管理等功能，网站主页包括网站标志、主菜单、商品列表、新手导航、注册登录等内容，整个网站包括主页面（Main. jsp）、供应商信息查询（SupplierInfo. jsp）、商品信息查询（CommodityInfo. jsp）、概念产品信息查询（CProductInfo. jsp）、DIY 产品管理（DIYProductInfo. jsp）、订单管理（OrderInfo. jsp）、个人信息管理（CustomerInfo. jsp）、留言管理（CustomerMessage. jsp）、登录、注册、后台各类信息管理理等页面，图 11-33 显示了各主要页面间的关系。

5. 支付系统设计

本系统使用银行卡作为主要支付工具，其支付过程遵照银行卡支付系统的业务流程，客户可以使用借记卡或信用卡在线支付购买商品。

6. 安全系统设计

电子商务安全系统的任务是保证系统的可用性及交易过程的真实性、保密性、完整性和不可抵赖性，针对这些要求，本系统拟定通过安装相应的杀毒软件和防火墙来防治恶意程序，保证系统可用性；采用数字信封技术保证交易信息的保密性；采用数字签名技术保证交易信息的完整性和交易的不可抵赖性；采取实名注册方式及数字证书保证交易双方的真实性。

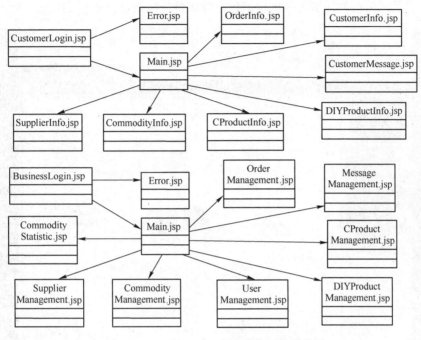

图 11-33 "PC DIY"电脑销售网边界类图

11.4 系统实施

11.4.1 系统主要界面

1. 用户登录界面

用户在登录界面输入用户名和密码，其中用户名由数字和字母组成，当用户名和密码一致时，成功登录系统。该界面采用封面型结构布局，主色调为深蓝色，辅色调为灰色，背景色为深蓝色，如图 11-34 所示。

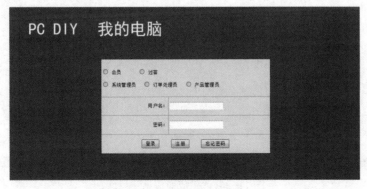

图 11-34 "用户登录"界面

2. 前台主界面

客户登录后进入前台主界面，它显示了系统为客户提供的主要功能。该界面采用 T 型结构布局，主色调为白色，辅色调为棕褐色，背景色为深蓝色，如图 11-35 所示。

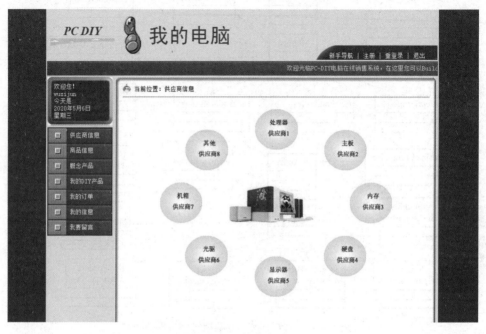

图 11-35　前台主界面

3. 供应商信息界面

客户点击供应商名进入供应商信息界面，通过该界面可以查看供应商的详细信息，如图 11-36 所示。

供应商名	xxxx
供应元件	CPU
地址	xxxxxxxxxxxxxxxxxxxx
联系电话	xxxx-xxxxxxx
E-mail	xxxxx@163.com .
联系人	xxx
简介	xxxxxxxxxxxxxxxxxxxxxxxxxxxxxxxxxxxxxxx

图 11-36　"供应商信息"界面

4. 商品列表界面

客户点击主菜单中的"商品信息"进入商品列表界面，在该界面中可以根据条件搜索商品并点击"详细信息"以查看商品详情，如图 11-37 所示。

图 11-37 "商品列表"界面

5. 商品详情界面

该界面显示了商品的详细信息，客户可以直接订购或重组商品，如图 11-38 所示。

处理器	Intel 酷睿2双核
内存	DDR 2G
硬盘	250GB
主板	Intel GM45
显卡	nVIDIA GeForce 9300SE
声卡	内置音效芯片
显示器	液晶宽屏19寸
键盘	86键键盘
鼠标	触摸板
光驱	DVD+RW
机箱	烤漆
其他	Window Vista Home Premium操作系统
市场价格	3500.00

图 11-38 "商品详情"界面

6. 商品重组界面

客户可以在商品重组界面对商品进行重新配置并在线订购，如图 11-39 所示。

图 11-39 "商品重组"界面

7. 商品订购界面

商品订购界面显示了客户要订购的商品信息及订购人信息，客户按照要求填写商品订购数量、支付信息及收货人信息后就可提交或暂时保存订单，如图 11-40 所示。

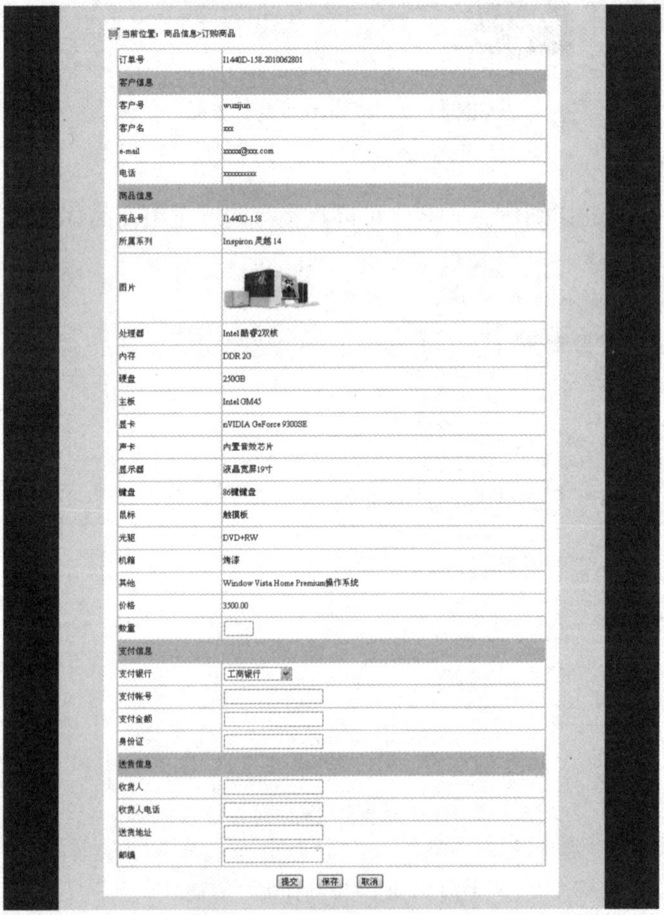

图 11-40 "商品订购"界面

8. 概念产品列表界面

客户点击主菜单中的"概念产品"进入概念产品列表界面，在该界面中可以根据条件搜索概念产品并点击"详细信息"以查看概念产品详情，如图 11-41 所示。

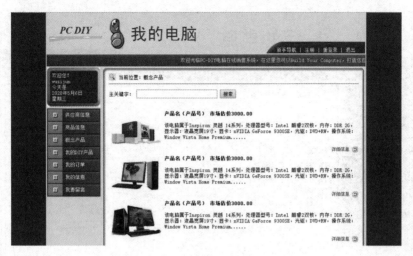

图 11-41　"概念产品列表"界面

9. 概念产品详情界面

该界面显示了概念产品的详细信息，客户可以在该界面查看概念产品信息并进行评价，如图 11-42 所示。

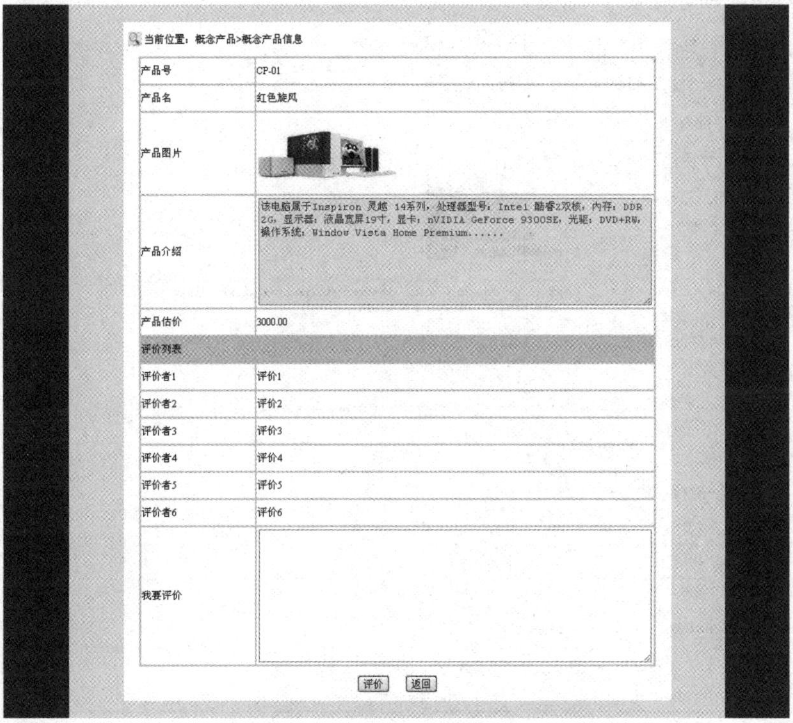

图 11-42　"概念产品详情"主界面

10. DIY 产品列表界面

点击主菜单中的"我的 DIY 产品"进入 DIY 产品列表界面，客户在该界面可以查看自己上传过的 DIY 产品信息及系统采纳建议，如图 11-43 所示。

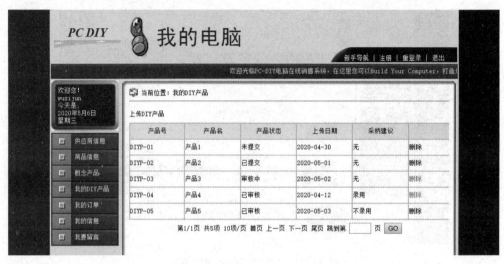

图 11-43 "DIY 产品列表"界面

11. DIY 产品详情界面

该界面显示了客户上传的 DIY 产品详细信息，在正式提交前客户可以对产品信息进行修改，如图 11-44 所示。

图 11-44 "DIY 产品详情"界面

12. 上传 DIY 产品界面

客户在该界面填写 DIY 产品信息后点击上传，系统显示产品的详细信息，如图 11-45 所示。

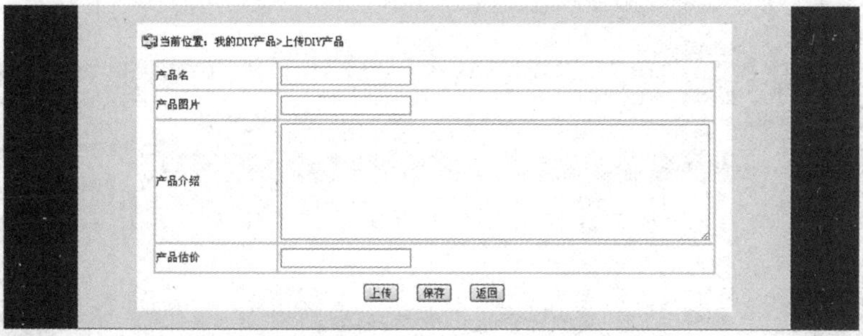

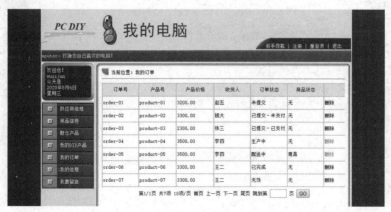

图 11-45 "上传 DIY 产品"界面

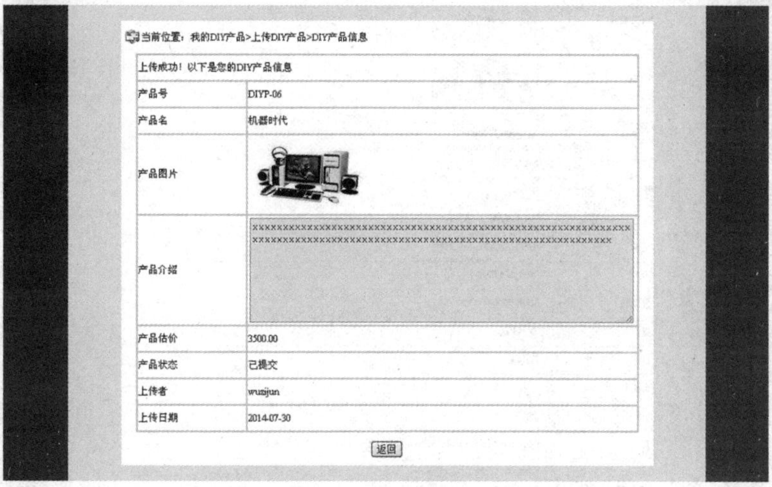

a) 上传 DIY 产品　b) 查看 DIY 产品信息

13. 订单列表界面

点击主菜单中的"我的订单"进入订单列表界面，客户在该界面可以查看订单信息及订单目前所处的状态，如图 11-46 所示。

图 11-46 "订单列表"界面

14. 订单详情界面

　　该界面显示了客户订单的详细信息，在正式提交前客户可以对订单进行修改，如图 11-47 所示。

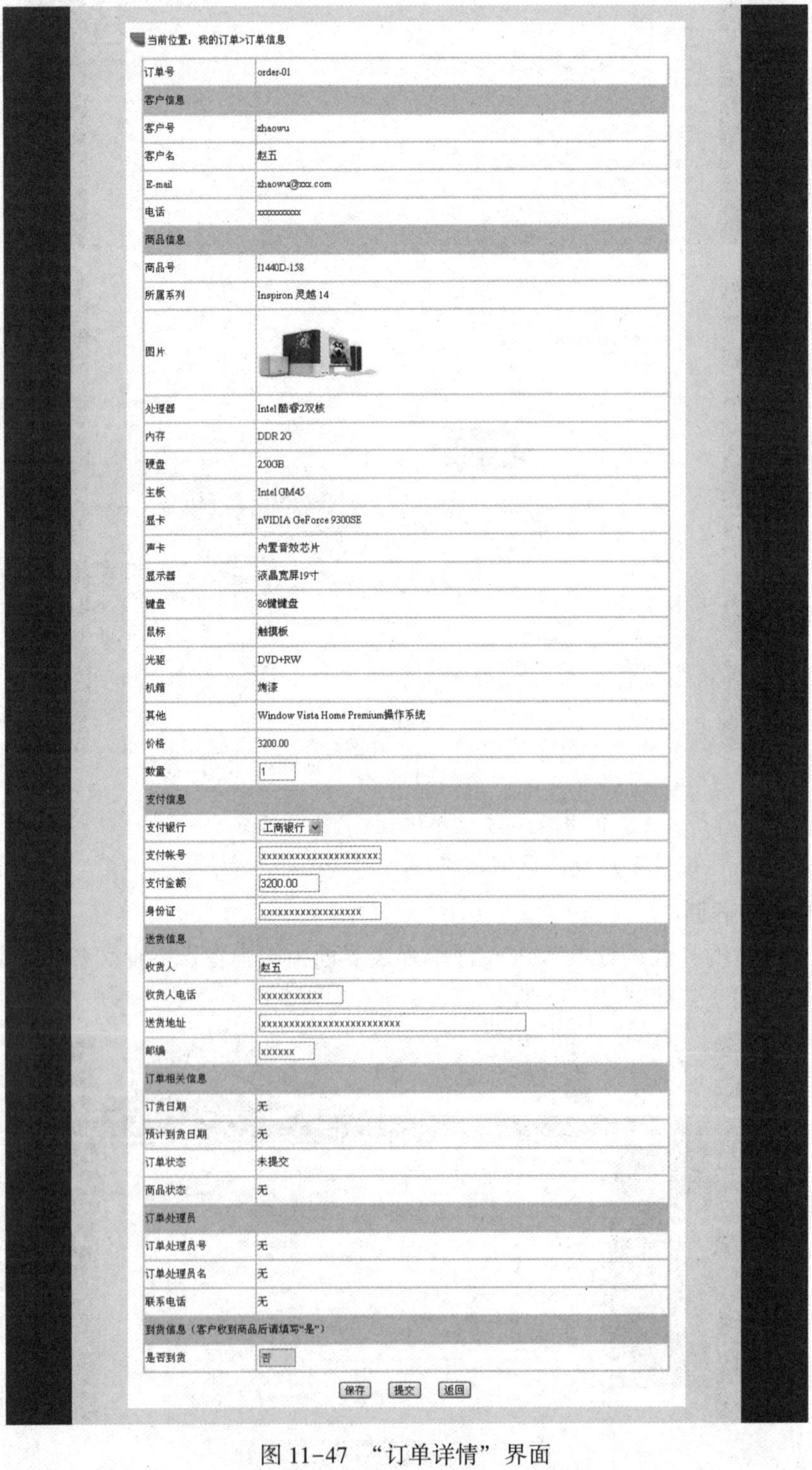

图 11-47　"订单详情"界面

15. 个人信息界面

客户在个人信息界面可以查看并更新自己的信息，如图 11-48 所示。

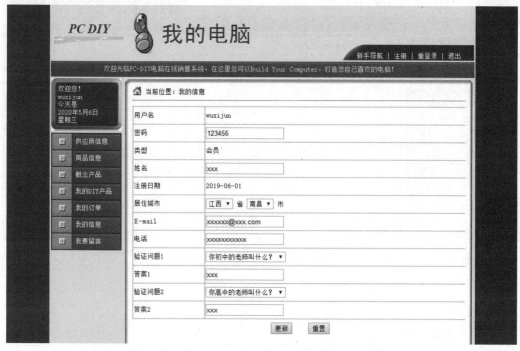

图 11-48　"个人信息"界面

16. 客户留言界面

客户在留言界面可以针对商品、概念产品、服务等发表意见，写下留言，如图 11-49 所示。

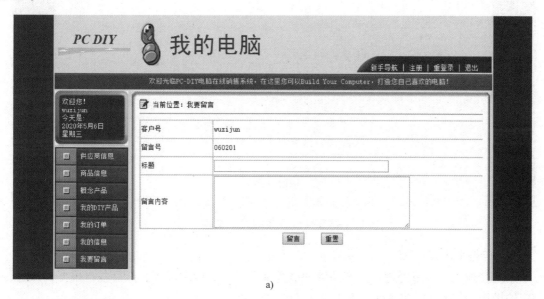

a)

图 11-49　"客户留言"界面

a）填写留言

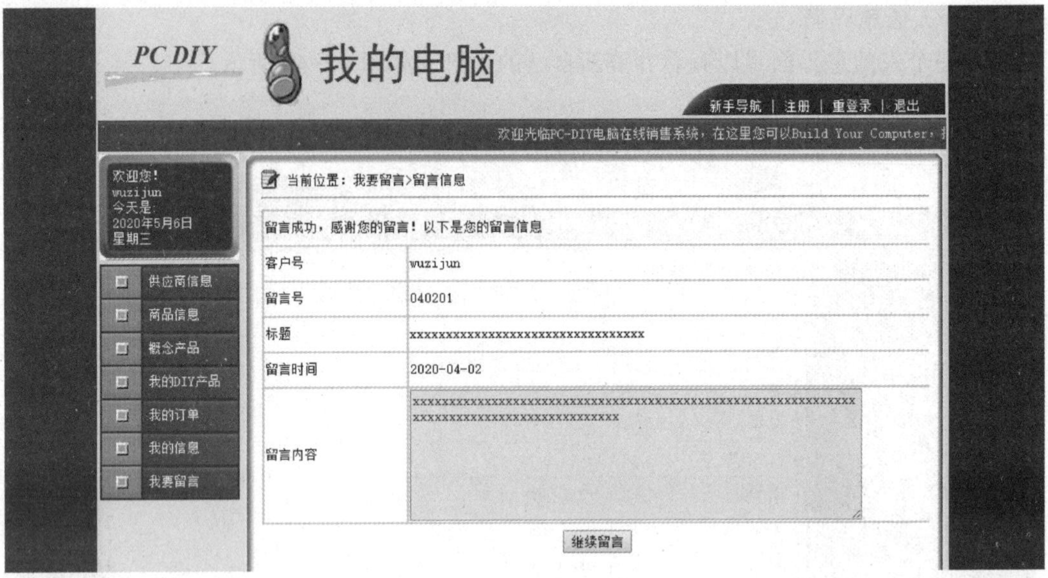

b)

图 11-49 "客户留言"界面（续）

b) 查看留言

17. 用户注册界面

客户在该界面填写个人信息，注册成为系统会员，如图 11-50 所示。

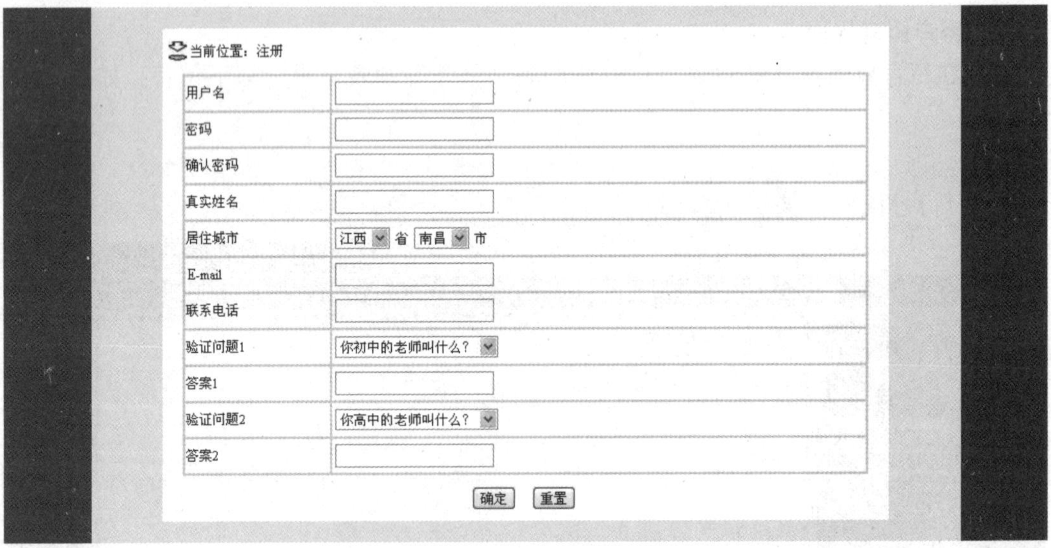

图 11-50 "用户注册"界面

18. 后台主界面

系统管理员、订单处理员、产品管理员登录后进入后台主界面，然后各自根据权限进行相应的操作，如图 11-51 所示。

图 11-51 后台主界面

19. 新增供应商界面

系统管理员通过该界面增加新的供应商信息，如图 11-52 所示。

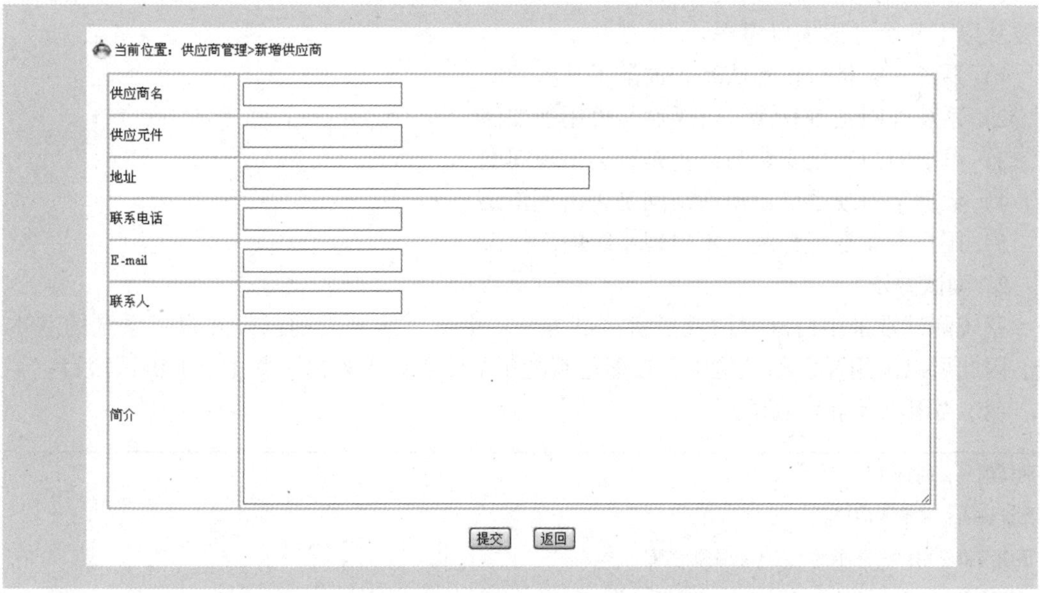

图 11-52 "新增供应商"界面

20. 商品管理界面

系统管理员点击"用户管理"可查看所有用户的信息，并进行编辑和删除操作，如图 11-53 所示。

图 11-53 "用户管理"界面

11.4.2 系统测试

1. 测试目的

系统测试是电子商务系统开发的关键步骤之一,以寻找系统错误为目的。本系统的测试主要从以下几个方面加以考虑:

1) 系统功能是否正确或是否遗漏了某些功能。

2) 系统性能是否有误,可靠性与可用性如何。

3) 系统的初始化安装与终止是否会出现问题。

4) 数据结构或系统数据库访问是否出现错误。

5) 用户界面是否合理,不出现系统内部错误。

2. 测试方法

系统测试常采用白盒测试或黑盒测试方法,由于系统开发前已经知道了系统的基本功能,因此可以采用黑盒测试检验各功能是否能正常使用。现列出一些主要的测试项目:

(1) "用户登录"测试

测试编号:login-01

测试输入:未输入用户名

预期结果:用户名不能为空,不能成功登录

实际输出:弹出"请输入用户名!"提示框

测试编号:login-02

测试输入:用户名中输入非法字符,如"'"

预期结果:输入框包含非法字符,不能成功登录

实际输出:弹出"输入非法字符'!"提示框

测试编号：login-03

测试输入：只输入用户名，不输入密码

预期结果：密码为空，不能成功登录

实际输出：弹出"请输入密码！"提示框

测试编号：login-04

测试输入：输入正确的用户名及错误的密码

预期结果：密码错误，不能成功登录

实际输出：弹出"密码错误，请重新输入！"提示框

测试编号：login-05

测试输入：输入正确的用户名及密码

预期结果：输入正确，能成功登录

实际输出：成功登录，自动跳转到用户主界面

（2）"用户注册"测试

测试编号：regist-01

测试输入：空提交

预期结果：用户名等不能为空，不能成功注册

实际输出：弹出"请填写用户名！"提示框

测试编号：regist-02

测试输入：用户名：' 密码：a 确认密码：a

预期结果：用户名包含特殊字符，不能成功注册

实际输出：弹出"输入非法字符'！"提示框

测试编号：regist-03

测试输入：只填写用户名，不填写密码

预期结果：密码不能为空，不能成功注册

实际输出：弹出"请填写密码！"提示框

测试编号：regist-04

测试输入：输入已存在的用户名进行注册

预期结果：用户名已存在，不能成功注册

实际输出：出现"该用户已经被注册！"提示

测试编号：regist-05

测试输入：用户名：kuang 密码：123456 确认密码：12345

预期结果：密码前后不一致，不能成功注册

实际输出：出现"您两次输入的密码不一致！"提示

测试编号：regist-06

测试输入：正确填写注册所需全部信息

预期结果：成功注册

实际输出：出现"恭喜，注册成功！"提示

（3）"用户退出"测试

测试编号：logout

测试输入：点击退出后，再企图不输入用户名及密码进入系统

预期结果：成功退出

实际输出：退出到登录页，企图无法实现

（4）"用户修改密码"测试

测试编号：password_edit-01

测试输入：空提交

预期结果：密码不能为空，资料修改不成功

实际输出：出现"密码不能为空！"提示框

测试编号：password_edit-02

测试输入：新密码、确认密码不一致

预期结果：密码不一致，资料修改不成功

实际输出：出现"您两次输入的密码不一致！"提示框

测试编号：password_edit-03

测试输入：新密码、确认密码一致

预期结果：密码修改成功

实际输出：出现"密码修改成功！"提示框

（5）"客户留言"测试

测试编号：comments-01

测试输入：空提交

预期结果：标题不能为空，无法提交

实际输出：出现"标题不能为空！"提示框

测试编号：comments-02

测试输入：输入标题、内容空

预期结果：内容不能为空，无法提交

实际输出：出现"内容不能为空！"提示框

测试编号：comments-03

测试输入：输入标题、内容

预期结果：留言发表成功

实际输出：提示"留言发表成功！"，点击确认后转至留言详情页面

（6）"增加供应商"测试

测试编号：addsupplier-01

测试输入：空提交

预期结果：不能为空，添加不成功

实际输出：出现"不能为空！"提示框

测试编号：addsupplier-02

测试输入：输入正确信息

预期结果：能添加成功

实际输出：提示"添加成功！"

（7）"回复留言"测试

测试编号：comments_reply-01

测试输入：空提交

预期结果：标题不能为空，无法提交

实际输出：出现"请输入回复内容！"提示框

测试编号：comments_reply-02

测试输入：输入标题和内容

预期结果：回复成功

实际输出：提示"回复成功！"

（8）"商品交易统计"测试

测试编号：commodity_analyse-01

测试输入：选择商品统计条件

预期结果：得到统计分析表

实际输出：商品交易统计分析表信息

测试编号：commodity_analyse-02

测试输入：选择图示显示分析结果

预期结果：根据统计表按比例显示

实际输出：按数量比例输出的图示

11.4.3 系统发布

1. 安装 IIS

系统的编程和调试工作完成后，就可以对系统进行发布了，具体步骤如下：

1）双击 Internet 信息服务。

2）展开"网站"→"默认网站"。

3）新建虚拟目录。

4）配置 IIS。

2. 配置数据库

本系统的后台数据库是 Microsoft SQL Server 2017，因此程序运行的时候，必须由其支持。该数据库的配置是打开 SQL Server 2017 Enterprise Manager 管理工具，右击 SQL Server 服务器主机名，先选择"所有任务"，再选择"附加数据库"，随后出现附加数据库对话框，附加完成后，SQL 显示新的数据库。

完成以上步骤后，系统即可正确运行了。

第12章 "简简家"家装网手机网站的分析设计

"简简家"家装网是一个面向业主、家装设计师、家装公司、家装工队和家装工人的家装手机网站，业主通过该平台可自行选择设计师和施工队，并根据实际需要选择套餐装修、工队半包、工人包清工等装修模式。本章将以"简简家"家装网为例介绍电子商务系统的分析设计过程。

12.1 系统规划

12.1.1 系统开发背景

1998 年，国务院在北上广深进行长达 16 年试点售房后，正式取消福利房政策，要求停止住房实物分配，逐步实行住房分配货币化，由此商品房开始进入住房消费市场。随后，建筑业房屋竣工面积攀升，装修需求高速增长。家装产业经历了概念萌生、政策改革、标准制定等阶段，从最初草根的游击队，发展为中小型装饰企业，再到后来品牌的塑造，行业规则越来越完善，商业格局开始有了雏形。2015 年 7 月，国务院发布《关于积极推进"互联网+"行动的指导意见》，家装产业大力响应政策进行"互联网+"转型升级。

家装企业的发展经历了游击队、中小型企业、品牌商、互联网家装企业四个阶段，其中游击队是指独立的装修工队和装修工人，互联网家装企业是指采用"互联网+装修"模式进行标准化家装、定制化家装和一站式整体家装的企业。互联网家装借助互联网思维和互联网工具，通过去中介化、去渠道化及标准化，优化并整合装修产业链，将价格不透明、工期冗长、成本浪费的家装，改变为包含信息、设计、建材、施工、家具、家电、家居软装等在内的可定价定期的标准化家装，并通过线上实现交易和全程监控，线下实现体验和交付。目前，互联网家装在一二线城市已是主流装修方式，而在三四线城市及乡镇，游击队仍是家装市场的主体，他们通常有传统的技术手艺，但专业技能较弱，管理不规范，提供的产品与服务质量不稳定，规范化、标准化和成品化程度也较低，整个家装市场较为混乱，业主满意度低。随着市场经济的不断成熟发展，规范三四线城市及乡镇家装市场的呼声日益高涨，加上一二线城市家装市场的日益饱和，一些知名度较高的家装公司和家装平台开始向三四线城市及乡镇家装市场进军，力图将该市场往互联网家装的方向转型。"简简家"家装网正是在这样的环境下推出的连接业主和游击队的家装平台，它利用互联网思维和工具对家装游击队进行监督和规范，为业主提供更为准确丰富的家装信息和更高质量的家装服务。虽然"简简家"家装网不能算是真正意义上的互联网家装平台，但它能在一定程度上规范三四线城市及乡镇家装市场的发展，促进该市场向互联网家装转型升级。

由于装修队伍的工作场地大多数时间为待装修或装修中的住宅，手机是装修队伍访问家装平台的主要工具，因此，为了适应用户的实际情况，"简简家"家装网设计成手机网站的形式。

12.1.2 系统开发意义

"简简家"家装网是主要针对三四线城市及乡镇家装市场的网络家装平台，它通过连接业主和装修队伍，在为双方提供更为准确和丰富的家装信息的同时，利用第三方平台的优势规范双方的行为，促进家装市场的有序发展，该系统的开发主要存在以下两个方面的意义：

1）提高业主满意度。本系统通过连接业主和装修队伍，为业主提供更为准确丰富的家装信息，并利用第三方平台在一定程度上监督规范装修队伍，让业主获得更高质量的服务，从而提高业主对家装市场的满意度。

2）促进家装市场的规范发展。本系统在为装修队伍提供更多家装需求信息的同时，还能有效规范装修队伍的行为，提高装修产品和服务的质量，促进家装市场的有序发展。

12.1.3 市场分析

以互联网服务为突出代表的第三产业在国民经济发展中占据越来越重要的地位，房市催生了巨大的住宅存量，也间接拓展了房产后市场如家装市场的容量与规模。多方因素的促进下，"互联网+装修"的模式为家装行业带来了良好的发展机遇，也催生出了不可忽视的市场整合力量。据公开资料整理显示，2017年中国互联网家装市场了规模达到2680.4亿元，2018年达到3441.9亿元，在2020年将超过5000亿元，保持了比较高的增长速度。数据还显示，目前互联网家装用户在地域上分布于经济较发达的城市，如一线的上海、北京，互联网潮流与时俱进的成都、武汉等。

随着互联网技术对家装行业改造的逐渐深入，产业链将被进一步整合，未来互联网家装发展将呈现出以下趋势，并不断从纵向深入、横向拓展，向新常态加新产业的局面转型。

1）一站式家装平台成主流：一站式家装服务主要体现为流程的全面性，即设计、选材、施工、验收等所有家装流程均能够在一个平台上实现，做到省心、省力、高效。随着互联网家装市场整合步伐加快，市场将进入一站式服务时代，产业链将被进一步整合，同时带动建材家具等商品和家装工程朝成品化、工业化和标准化发展。

2）智能家居市场逐步打开：互联网家装用户群体与智能家居用户重合度高，各类智能家居产品与家装的连续紧密，将家装入口作为切入智能家居市场入口的场景优势明显。目前，以土巴兔为代表的互联网家装企业也正纷纷加紧在智能家居领域的布局，通过自我研制包括网关、安放报警系统、健康系统、周边服务系统、家庭娱乐系统、家居系统等，以营造一个健康智能的家庭环境吸引更多的消费用户。

3）科技推动行业升级：目前装修行业仍是一个重度依赖人的行业，随着科技的不断进步，可以预见到未来通过各类信息化工具、装配式技术、机器人等新技术，家装行业对人的依赖将逐渐降低，量房、设计、施工、供应链协调等各个方面的准确性、效率将大大提升，真正实现产业化。

4）三四线城市竞争加剧：目前一二线城市仍是互联网家装的主力城市，但是随着竞争的进一步加剧，红利趋势逐渐放缓，长期的经济效益有限，互联网家装将逐步向三四线城市渗透，三四线城市将成为未来互联网家装企业的必争之地。

现阶段，已有不少互联网家装企业逐渐将目光转向三四线城市，土巴兔规划未来三年增设 100 个分公司，齐家网提出要覆盖 1000 个城市，爱空间表示三年内城市合伙人计划将落地 120 个城市，可以预见未来三四线城市的互联网家装市场竞争将逐渐开启。但大幅度的城市扩张将对企业的供应链、管理能力等提出较高的要求，尤其对一些模式较重的小企业将提出较大的挑战。

互联网家装已是一二线城市的主流，未来也将是三四线城市及乡镇家装市场的主流，正是在这样的市场环境下，"简简家"家装网将打造重点针对三四线城市及乡镇的家装平台，推进三四线城市及乡镇家装市场向互联网家装转型升级。相对于现有的网络家装平台，"简简家"家装网具有以下特色和竞争优势：

1）保留当前家装市场结构：产业化是互联网家装的特点，装修人员都是产业工人，而目前三四线城市及乡镇的装修人员大多是自由组织的个人，将他们转化成产业工人需要经历过渡期，不能一蹴而就。基于这样的情况，"简简家"家装网保留当前装修队伍结构，先通过网络平台对他们进行初步规范，再过渡到产业化结构。

"简简家"家装网的用户可以是业主、设计师、家装公司、装修工队和装修工人，业主可自行选择设计师和施工队，设计师可以是个人、工作室或家装公司，施工队可以是家装公司、装修工队或装修工人，装修模式可选择套餐装修、工队半包或工人包清工，在尽可能保留原有家装市场结构的基础上，对市场进行管理规范。

2）以手机网站形式推出：目前的网络家装平台大多是以 App 的形式出现，用户使用前需下载安装，使用时较为不便且占用空间大。"简简家"家装网是一个手机网站，使用时无须下载，只要通过扫码或在浏览器中输入网址即可访问，还可将其收藏以便于后期访问，此外，作为一个手机网站，"简简家"家装网还可以快速地通过微信、QQ 等工具进行推广。

3）借助第三方工具在线交流："简简家"家装网将不会专门搭建在线交流平台，而是借助第三方工具让业主与设计师、施工方进行在线交流，这样既能减轻系统负担、提高运行效率，又能降低系统开发和运行成本。

12.1.4　系统基本模式

1. 系统商务模式

"简简家"家装网的交易双方可以是家装公司和业主，也可以是装修工人和业主，因此，该系统的商务模式包括 B2C 和 C2C 模式。

2. 系统盈利方式

"简简家"家装网主要是为业主和装修队伍提供交易平台，并为一些装修建材品牌商提供广告发布平台，因此，该系统的主要盈利方式为收取交易平台费和广告费。

12.1.5　可行性分析

现对"简简家"家装网的开发从以下四个方面进行可行性分析：

1）经济可行性：除必要的人力资源外，本系统前期的规划、分析设计只需要几台标准配置的计算机及相关绘图软件，后期的实施采用自助建站的方式，开发和运行成本都相对较低，远低于系统给企业带来的经济效益，因此在经济方面是可行的。

2）技术可行性：本系统的实施采用自助建站的方式，技术门槛低，具有较强的技术可行性。

3）管理可行性：本系统的功能简单实用，且借助自助建站系统实施系统，开发运行均无须大量人力投入，易于管理，系统数据交给自助建站平台上的专业人员管理，具有较高的安全保密性，因此在管理上是可行的。

4）环境可行性：本系统顺应家装行业的发展趋势，具有一定的市场，且符合国家政策、相关的法律法规，因此在社会环境方面也是可行的。

通过以上四个方面的分析，得出"简简家"家装网的开发是可行的。

12.2 系统分析

12.2.1 系统需求分析

1. 系统功能需求

"简简家"家装网的前台用户有业主、家装设计师、装修公司、装修工队和装修工人，后台用户为系统管理员，以及支持支付交易的合作方银行，现对各用户的功能需求分别进行分析。

（1）前台用户功能需求

前台用户包括业主、装修设计师和装修施工方（装修公司、装修工队和装修工人）三种角色，作为前台用户，他们具有一些共同的功能需求，如会员管理、在线留言等，具体如下：

1）查看装修攻略：前台用户可查看系统管理员发布的装修攻略。

2）装修日记管理：前台用户可分享并管理自己的装修日记，并查看其他用户上传的装修日记。

3）在线留言：前台用户可在线写下对网站的意见和建议，并查看其他用户的留言。

4）查看新手导航：可对于初次使用系统的用户，可以查看新手导航以正确使用系统。

5）查看网站信息：前台用户可以查看本网站的基本信息并在线联系客服。

6）会员管理：当注册成为系统的会员后，前台用户可登录系统查看并修改个人信息。

7）全站搜索：前台用户可对整个网站的装修服务产品（装修设计服务、装修施工服务、装修套餐）、文章等信息进行搜索。

除了这些共同的功能需求外，各前台用户对于系统也有不同的功能需求，现逐个分析。

业主主要是通过本系统在线查看购买装修服务，具体包括：

1）查看装修案例：业主可查看设计师或施工方上传的装修设计案例，作为装修参考。

2）查看装修服务产品：业主可查看系统中的装修设计服务信息、装修施工服务信息和装修套餐信息，并在线联系合适的设计师或施工方。

3）购物车管理：业主可将选中的装修服务产品加入购物车，并编辑购物车中产品数量。

4）订单管理：业主可查看已订购的装修服务产品并在线支付，交易完成后可对产品进行评价。

设计师主要是通过本系统销售自己的装修设计服务，具体包括：

1）装修案例管理：设计师可以上传并管理自己的装修案例。

2）装修设计：设计师可以发布并管理自己的装修设计服务信息。

3）查看业主信息：当有业主订购自己的设计服务时，设计师可查看业主信息以做初步了解。

4）订单管理：设计师可查看订购了自己的设计服务的业主订单，装修设计方案完成后上传至系统交给业主，即在线发货。

施工方主要是通过本系统销售自己的装修施工服务或装修套餐，具体包括：

1）装修案例管理：施工方可以上传并管理自己的装修案例。

2）装修施工：施工方可以发布并管理自己的装修施工服务信息和装修套餐信息，其中装修工队和装修工人发布的主要是施工服务信息，而家装公司除施工服务信息外，通常还会发布装修套餐信息供业主选择。

3）查看业主信息：当有业主订购自己的施工服务或套餐时，施工方可查看业主信息以做初步了解。

4）订单管理：施工方可查看订购了自己的施工服务或套餐的业主订单，装修施工完成后上传本工期完工图片或视频以及其他资料至系统交给业主，即在线发货。

（2）系统管理员功能需求

系统管理员主要负责对网站功能和数据进行基本管理和分析统计，而自助建站平台通常会事先制作好系统管理员所需要的各项功能，因此，当采用自助建站方式实施系统时，通常无须对系统管理员的功能需求进行分析设计。"简简家"家装网系统管理员的主要功能有用户信息管理、装修案例管理、装修服务产品管理、装修攻略管理、装修日记管理、客户留言管理、订单管理、网站页面管理，以及订单、装修服务产品、访问量等各类数据统计。

（3）银行功能需求

银行是在线支付功能的合作方，无须专门设计功能需求。

2. 系统其他需求

系统其他需求主要指性能需求、可靠性及可行性需求，由于本系统采用的是自助建站方式，这些需求可交由自助建站平台完成，因此，本系统可以不进行这三个方面的需求分析。

12.2.2 系统逻辑模型

现采用面向对象系统分析法构建本系统逻辑模型，主要通过画用例图、编写用例文档、画活动图和分析类图来实现。

1. 用例图

根据前面的需求分析可得出"简简家"家装网前台部分的执行者包括业主、装修设计师、装修施工队和银行，其中业主、设计师和施工队作为前台用户具有一些共同的操作，从系统优化的角度，可以由他们抽象出父类执行者"前台用户"。分析执行者和系统功能之间的关系，可画出本系统的用例图，如图 12-1 所示。

2. 用例文档

用例文档是以文字的方式解释用例的事件流程，分析本系统各用例的特点和复杂程度，确定为"查看装修服务产品""订购装修服务""在线发货"这三个用例，编写用例文档，如表 12-1~表 12-3 所示。

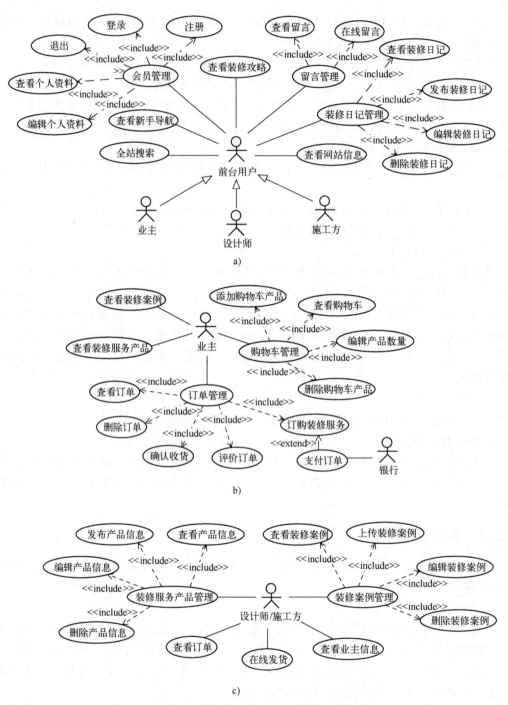

图 12-1 "简简家"家装网前台部分——用例图

a)"前台用户管理"用例图 b)"业主管理"用例图

c)"装修设计施工"用例图

表 12-1 "查看装修服务产品"用例文档

用例名称：查看装修服务产品

执行者：业主

简要说明：
业主查看设计师发布的装修设计服务信息，以及施工方发布的装修施工服务信息

基本事件流：
1. 业主在装修设计服务或装修施工服务产品列表界面找到想要查看的产品名，点击查看详情
2. 系统转到相应的产品详情界面
3. 业主在装修设计服务或装修施工服务产品详情界面查看具体的服务内容，还可点击查看设计师上传的装修案例链接，或施工方上传的装修案例链接以及装修套餐

表 12-2 "订购装修服务"用例文档

用例名称：订购装修服务

执行者：业主

简要说明：
业主在线购买装修设计服务、装修施工服务或装修套餐，由于装修服务产品详情页面上显示的是单位面积产品价格，总体价格需和设计师或施工方在线商议后确定，因此，订购产品时要根据总体价格购买相应金额的产品

基本事件流：
1. 业主在装修服务产品详情页面根据商议好的产品总体填写购买数量，然后点击"购买"
2. 系统转到下新订单界面并提示业主输入收货信息
3. 业主核对服务订购信息后填写收货相关信息并点击"提交订单"
4. 系统显示订单提交成功，然后转到在线支付界面，提示业主选择支付方式
5. 业主选择相应支付方式后在线支付订单
7. 系统显示支付成功并在规定时间后跳转到订单详情界面

表 12-3 "在线发货"用例文档

用例名称：在线发货

执行者：设计师或施工方

简要说明：
设计师做好设计方案后将其上传至业主订单中交给业主，施工方完成装修施工后将完工照片、视频或其他资料上传至订单中交给业主

基本事件流：
1. 设计师或施工方点击业主订单
2. 系统转至订单详情页面
3. 设计师或施工方将装修设计方案或装修完工资料上传到系统，然后点击"发货"
4. 系统提示发货成功

3. 活动图

活动图是以图形的方式解释用例的工作流程，分析本系统各用例后确定为"查看装修服务产品""订购装修服务"这两个用例绘制活动图，如图 12-2，图 12-3 所示。

4. 分析类图

分析类图指出了为实现用例所需的类及其之间的关系，需要为系统的每个用例绘制分析类图，图 12-4~图 12-37 是"简简家"家装网的用例分析类图。

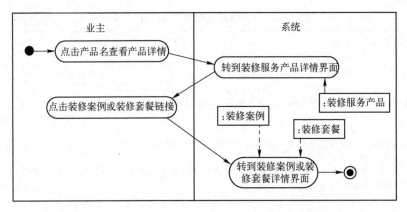

图 12-2 "查看装修服务产品"用例活动图

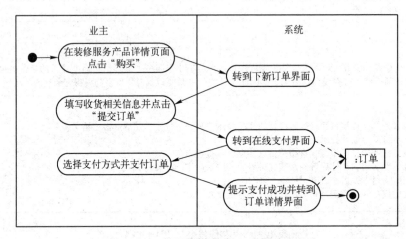

图 12-3 "订购装修服务"用例活动图

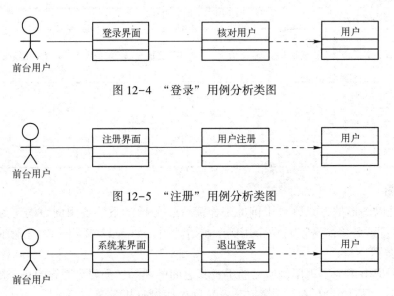

图 12-4 "登录"用例分析类图

图 12-5 "注册"用例分析类图

图 12-6 "退出"用例分析类图

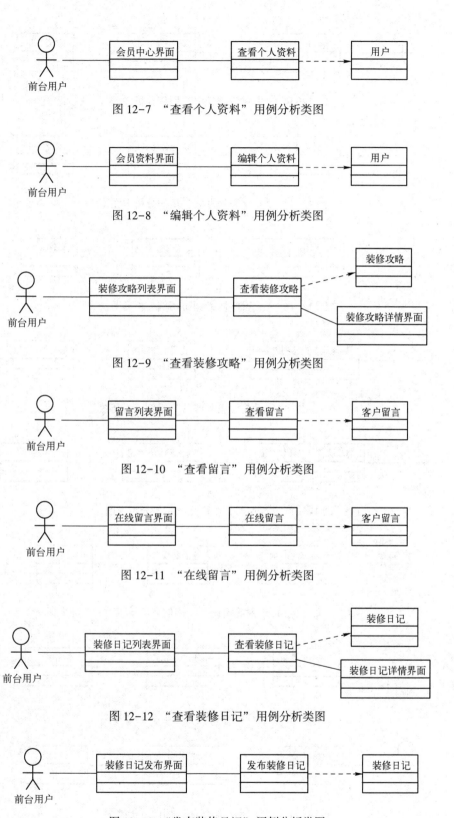

图 12-7 "查看个人资料"用例分析类图

图 12-8 "编辑个人资料"用例分析类图

图 12-9 "查看装修攻略"用例分析类图

图 12-10 "查看留言"用例分析类图

图 12-11 "在线留言"用例分析类图

图 12-12 "查看装修日记"用例分析类图

图 12-13 "发布装修日记"用例分析类图

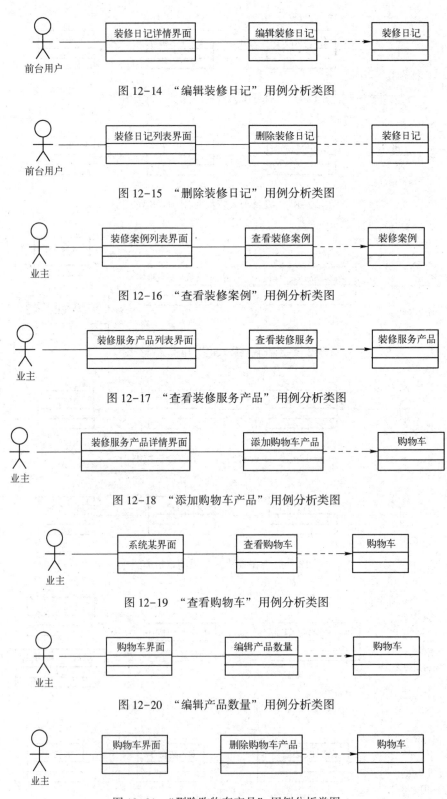

图 12-14 "编辑装修日记"用例分析类图

图 12-15 "删除装修日记"用例分析类图

图 12-16 "查看装修案例"用例分析类图

图 12-17 "查看装修服务产品"用例分析类图

图 12-18 "添加购物车产品"用例分析类图

图 12-19 "查看购物车"用例分析类图

图 12-20 "编辑产品数量"用例分析类图

图 12-21 "删除购物车产品"用例分析类图

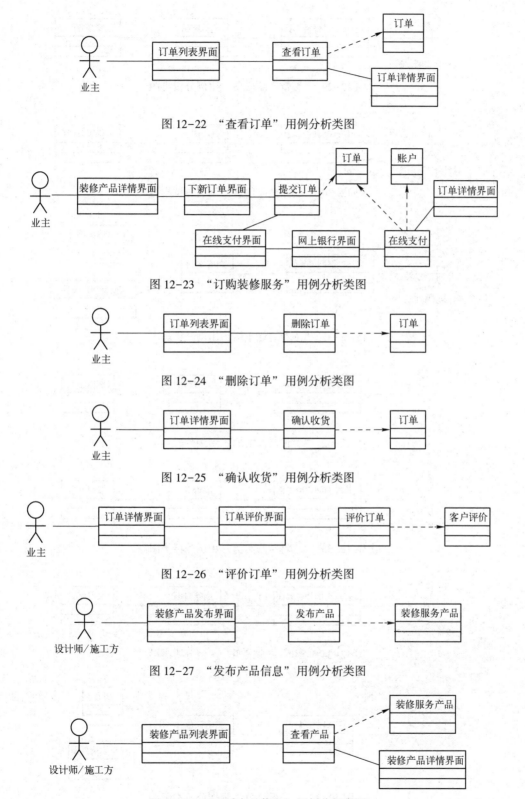

图 12-22 "查看订单"用例分析类图

图 12-23 "订购装修服务"用例分析类图

图 12-24 "删除订单"用例分析类图

图 12-25 "确认收货"用例分析类图

图 12-26 "评价订单"用例分析类图

图 12-27 "发布产品信息"用例分析类图

图 12-28 "查看产品信息"用例分析类图

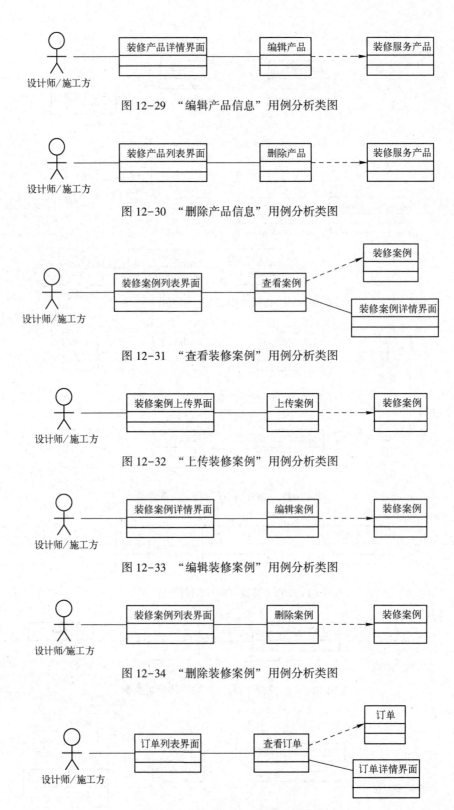

图 12-29 "编辑产品信息"用例分析类图

图 12-30 "删除产品信息"用例分析类图

图 12-31 "查看装修案例"用例分析类图

图 12-32 "上传装修案例"用例分析类图

图 12-33 "编辑装修案例"用例分析类图

图 12-34 "删除装修案例"用例分析类图

图 12-35 "查看订单"用例分析类图

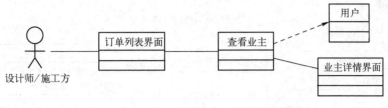

图 12-36 "查看业主信息"用例分析类图

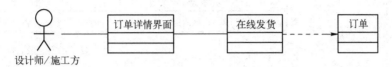

图 12-37 "在线发货"用例分析类图

12.3 系统设计

本系统在实施阶段采用的是自助建站方式，在系统设计阶段可以只进行数据库设计和网站设计。

12.3.1 系统数据库设计

面向对象系统设计方法主要通过画实体类图和状态图来描述系统数据库结构。根据前面所绘制的系统用例分析类图，得出本系统前台部分使用到的实体类有用户类、装修攻略类、装修服务产品类、订单类、装修案例类、购物车类、装修日记类、客户留言类，其中装修攻略由系统管理员发布管理，前台用户只是查看攻略，因此在系统前台部分的实体类图中可不予考虑。图 12-38 是"简简家"家装网前台部分的实体类图，图 12-39 是"订单"对象的状态图，表 12-4~表 12-10 是各实体类所对应数据库表的具体结构。

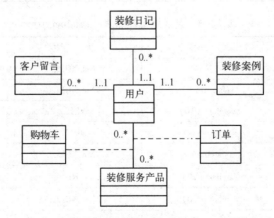

图 12-38 "简简家"家装网前台部分——实体类图

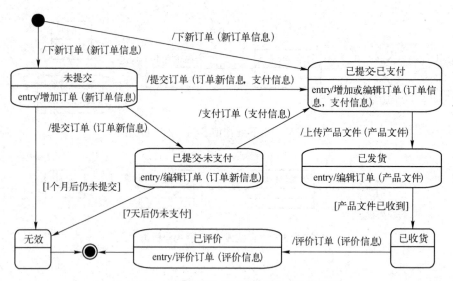

图 12-39 "简简家"家装网订单对象状态图

表 12-4 用户表（User）

字 段 名	类 型	属 性	注 释
User_id	nvarchar（20）	Not NULL	账号
User_name	nvarchar（20）	Not NULL	名称
User_psw	varchar（20）	Not NULL	密码
User_type	char（8）	Not NULL	分组
User_grade	char（4）	Not NULL	等级
Reg_date	datetime	Not NULL	注册时间
User_email	nvarchar（30）	NULL	邮箱
User_phone	nvarchar（20）	Not NULL	手机
User_city	nvarchar（20）	Not NULL	所在城市
User_remarks	ntext	NULL	备注

表 12-5 装修服务产品表（Products）

字 段 名	类 型	属 性	注 释
Product_id	char（16）	Not NULL	产品号，主键
Product_type	char（8）	Not NULL	产品分类
Product_name	nvarchar（10）	NULL	产品名
Picture	image	NULL	图片
Input_date	datetime	Not NULL	录入时间
Business_name	varchar（20）	Not NULL	商家名称
City	varchar（10）	Not NULL	所在城市
Applicable_space	varchar（10）	Not NULL	适用空间
Trade_ frequency	varchar（10）	Not NULL	交易次数

字 段 名	类 型	属 性	注 释
Price	money（8）	Not NULL	价格
Valuation_unit	varchar（10）	Not NULL	计价单位
Applicable_style	varchar（20）	Not NULL	适用风格
Introduction	ntext	NULL	详情介绍

表 12-6 订单表（Orders）

字 段 名	类 型	属 性	注 释
Order_id	char（16）	Not NULL	订单号，主键
Customer_id	nvarchar（20）	Not NULL	买家账号
Customer_phone	nvarchar（20）	Not NULL	买家手机号
Business_id	nvarchar（20）	Not NULL	卖家账号
Business_phone	nvarchar（20）	Not NULL	卖家手机号
Product_id	char（16）	Not NULL	产品号
Product_name	nvarchar（10）	Not NULL	产品名
Product_file	oleobject	NULL	产品文件
Customer_message	ntext	NULL	买家留言
Product_price	money（8）	Not NULL	产品价格
Product_num	varchar（10）	Not NULL	产品数量
Mail_price	money（8）	Not NULL	邮费
Price_modify	money（8）	NULL	调价
Payment	money（8）	Not NULL	实付金额
Payment_method	nvarchar（10）	NULL	支付方式
Payment_account	varchar（30）	NULL	支付账号
Payment_amount	money（8）	NULL	支付金额
Receiver	nvarchar（20）	NULL	收货人
Receiver_phone	varchar（20）	NULL	收货人电话
Receiver_address	nvarchar（50）	NULL	送货地址
Zip_code	char（6）	NULL	邮编
Order_date	datetime（8）	NULL	下单日期
Order_state	char（6）	NULL	订单状态
Evaluation	ntext	NULL	评价内容
Evaluate_date	datetime（8）	NULL	评价日期
Evaluation_file	oleobject	NULL	评价图片视频

表 12-7 购物车表（Shopping_Cart）

字 段 名	类 型	属 性	注 释
`Product_id	char（16）	Not NULL	产品号，主键
Customer_id	nvarchar（20）	Not NULL	买家账号，主键
Product_num	varchar（10）	Not NULL	产品数量
Time	datetime	NULL	添加时间

表 12-8 装修案例表（Decoration_Cases）

字 段 名	类 型	属 性	注 释
Case_id	char（16）	Not NULL	案例编号，主键
Uploader	nvarchar（20）	Not NULL	发布人
Designer	nvarchar（20）	Not NULL	设计师
Constructor	nvarchar（20）	Not NULL	施工方
Title	nvarchar（20）	Not NULL	标题
Content	text	Not NULL	内容
Upload_time	datetime	Not NULL	发布时间

表 12-9 装修日记表（Decoration_Diary）

字 段 名	类 型	属 性	注 释
Diary_id	char（16）	Not NULL	日记编号，主键
Uploader	nvarchar（20）	Not NULL	发布人
Title	nvarchar（20）	Not NULL	标题
Content	text	Not NULL	内容
Upload_time	datetime	Not NULL	发布时间

表 12-10 客户留言表（User_Message）

字 段 名	类 型	属 性	注 释
Message_id	char（16）	Not NULL	留言号，主键
Commenter_name	nvarchar（20）	Not NULL	留言人
Commenter_email	nvarchar（20）	NULL	邮箱
Commenter_phone	nvarchar（20）	NULL	电话
Content	ntext	NULL	留言内容
Time	datetime	Not NULL	留言时间

12.3.2 系统网站设计

本系统网站主要为前台用户提供装修服务产品、装修日记、装修案例的发布与管理，以及产品的订购和支付等功能，网站主页包括网站标志、主菜单、装修案例推荐、装修套餐推荐、新手导航、注册登录等内容，整个系统网站包括主页面（Main. jsp）、装修案例列表（CaseList. jsp）、装修套餐列表（PackageList. jsp）、装修设计服务产品列表（Design. jsp）、装修施工服务产品列表（ConstructionList. jsp）、装修攻略列表（GuideList. jsp）、会员中心（MemberCenter. jsp）、装修日记列表（DiaryList. jsp）、在线留言（Message. jsp）、登录（Login. jsp）、注册（Regist. jsp）等页面，图 12-40 显示了系统前台部分各主要页面间的关系。

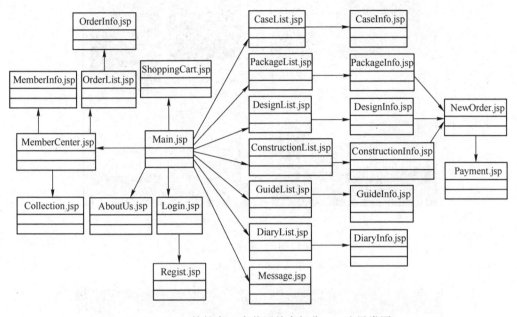

图 12-40　"简简家"家装网前台部分——边界类图

12.4　系统实施

现根据前期系统规划、分析和设计的结果，在自助建站平台上制作系统，制作完成后进行系统测试，再申请域名发布系统。

12.4.1　系统主要页面

系统前台页面均采用标题正文型结构布局，主色调为绿色，辅色调为白色，背景色为白色。系统后台页面为平台自动创建，采用左右结构布局，主色调为浅蓝色和黑色，背景色为白色。

1. 前台主页面

前台主页面包括网站 logo 和名称、主菜单、装修案例推荐、装修套餐推荐、新手导航、注册登录等内容，如图 12-41 所示。

2. 装修案例页面

在主页点击"装修案例"进入装修案例列表页面，点击装修案例标题可查看案例详情，包括案例标题、设计师、施工队、风格和具体内容，其中设计师和施工队均可点击链接查看他们发布的装修服务产品信息，如图 12-42 所示。

a) b)

图 12-41 前台主页面

a) 前台主页面上半页 b) 前台主页面下半页

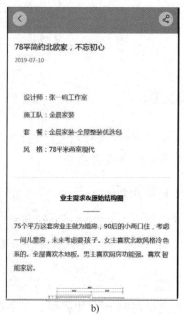

a) b)

图 12-42 装修案例页面

a) "装修案例列表"页面 b) "装修案例详情"页面

3. 装修套餐页面

在主页点击"装修套餐"进入装修套餐列表页面，点击装修套餐标题可查看套餐详情，可选择将套餐加入购物车或立即购买，如图 12-43 所示。

a)   b)

图 12-43　装修套餐页面

a)"装修套餐列表"页面　b)"装修套餐详情"页面

4. 装修设计服务产品页面

在主菜单点击"装修设计"进入装修设计服务产品列表页面,点击产品标题可查看产品详情,包括产品单价、设计师简介、装修案例链接,并可在线联系设计师,如图 12-44 所示。

a)   b)

图 12-44　装修设计服务产品页面

a)"装修设计服务产品列表"页面　b)"装修设计服务产品详情"页面

5. 装修施工服务产品页面

在主菜单点击"装修施工"进入装修施工服务产品列表页面，点击产品标题可查看产品详情，包括产品单价、施工方简介、施工案例链接、装修套餐链接，并可在线联系施工方，如图12-45所示。

图12-45 装修施工服务产品页面

a)"装修施工服务产品列表"页面 b)"装修施工服务产品详情"页面上半页

c)"装修施工服务产品详情"页面下半页

6. 装修攻略页面

在主菜单点击"装修攻略"进入装修攻略列表页面，点击装修攻略标题可查看详细攻略，如图12-46所示。

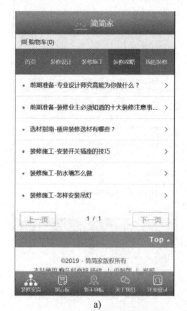

图12-46 装修攻略页面

a)"装修攻略列表"页面 b)"装修攻略详情"页面

7. 装修日记及在线留言页面

在页面底部点击"装修交流"进入装修日记列表页面，点击日记标题可查看日记；点击"留言板"进入在线留言页面，填写相关信息后点击"提交"可发布留言，还可查看其他用户的留言，如图 12-47 所示。

图 12-47　装修日记及在线留言页面

a)"装修日记列表"页面　b)"在线留言"页面

8. 网站介绍及会员注册页面

在页面底部点击"关于我们"可查看网站介绍并在线联系客服；点击"注册登录"可在线注册成为系统会员，如图 12-48 所示。

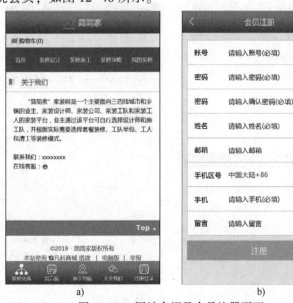

图 12-48　网站介绍及会员注册页面

a)"网站介绍"页面　b)"会员注册"页面

9. 会员管理页面

会员登录系统后，在主菜单点击"会员中心"进入会员管理页面，可查看个人订单、收货人信息、个人收藏、个人资料，还可修改密码，如图 12-49 所示。

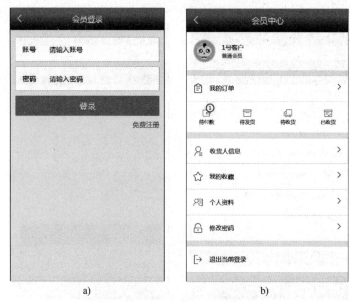

图 12-49 会员管理页面

a)"会员登录"页面 b)"会员中心"页面

10. 订单管理页面

会员在"会员中心"页面点击"我的订单"进入订单列表页面，点击订单标题可查看订单详情，如图 12-50 所示。

图 12-50 订单管理页面

a)"订单列表"页面 b)"订单详情"页面

11. 后台产品管理页面

系统管理员可对产品进行管理，包括产品的添加、修改、搜索和删除等操作，如图 12-51 所示。

图 12-51　后台产品管理页面

12. 后台订单管理页面

系统管理员可对订单进行管理，包括订单的添加、修改、搜索和删除等操作，如图 12-52 所示。

图 12-52　后台订单管理页面

13. 后台会员管理页面

系统管理员可对会员信息进行管理，包括会员的添加、修改、搜索和删除等操作，如图 12-53 所示。

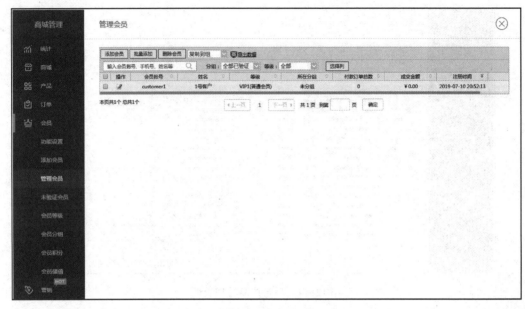

图 12-53　后台会员管理页面

14. 后台留言管理页面

系统管理员可对留言信息进行管理，包括留言的添加、回复、搜索和删除等操作，如图 12-54 所示。

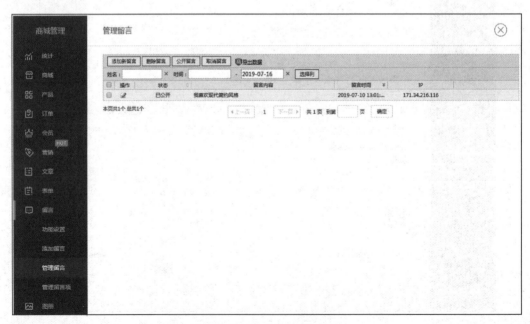

图 12-54　后台留言管理页面

15. 后台交易统计页面

系统管理员在交易统计页面可查看网站的交易情况，包括访客数、下单情况、订单支付情况等，如图 12-55 所示。

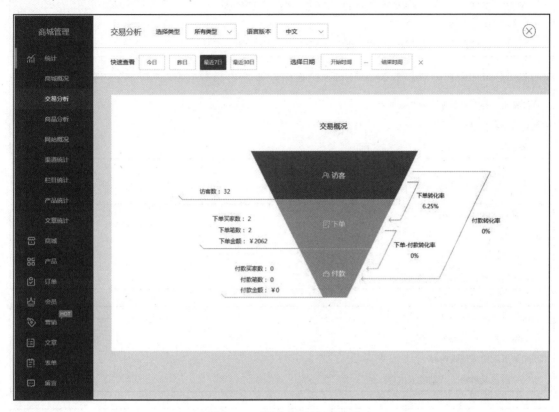

图 12-55　后台交易统计页面

12.4.2　系统测试

自助建站平台上的功能模块通常是经过测试的，能有效减少系统出错概率，现列出本系统的一些主要测试项目。

（1）"会员管理"测试

测试编号：member-01
测试输入：未登录系统，点击"我的装修"
预期结果：进入登录页面
实际输出：系统转入"登录页面"

测试编号：member-02
测试输入：在登录页面输入账号密码
预期结果：进入会员中心
实际输出：系统直接转入"会员中心"页面

（2）"订购服务"测试

测试编号：order-01

测试输入：未登录系统，在装修服务产品详情页面下方点击"立即购买"

预期结果：提示登录系统

实际输出：系统提示"请先登录系统或注册成为会员"，并转入"登录页面"

测试编号：order -02

测试输入：在登录页面输入账号密码

预期结果：可以订购产品

实际输出：系统直接转入"订单结算"页面

（3）"在线留言"测试

测试编号：message-01

测试输入：空提交

预期结果：要求输入姓名

实际输出：系统提示"请输入姓名（必填)"

测试编号：message-02

测试输入：只输入姓名就提交

预期结果：要求输入内容

实际输出：系统提示"请输入内容"

测试编号：message-03

测试输入：输入姓名和内容后提交

预期结果：留言成功，但还不能显示

实际输出：系统提示"留言成功，请等待管理员审核"，暂时未能查看到时刚提交的留言

12.4.3 系统发布

系统制作完成后，需要申请域名和空间并上传系统至空间，才能正式发布访问系统。采用自助建站方式实施系统时，建站平台会自动为系统分配空间，只需另外申请域名。通常建站平台会提供一个免费的域名用于测试访问，而要正式发布系统用于商业访问就需要另外申请域名，域名可以在专门的域名注册网站或本建站平台上申请购买，购买成功后绑定域名就可正式发布系统。

第13章 "江西文化旅游手册"微信小程序的分析设计

"江西文化旅游手册"是一个以江西文化旅游为主题的微信小程序,游客通过该手册可以查看江西各旅游城市的文化背景、旅游景点、旅游攻略,以及文化专线旅游路线和攻略。本章将以江西文化旅游手册为例介绍电子商务系统的分析设计过程。

13.1 系统规划

13.1.1 系统开发背景

旅游手册是旅游者和潜在旅游者的良师益友,起着帮助他们了解旅游信息、选择旅游路线、安排旅游活动的作用,同时也是旅游资源、旅游设施及服务的无声推销员,起着宣传推销的作用。目前关于江西的旅游手册大多以介绍旅游景点和旅游攻略为主,关于城市景点文化的介绍相对较少,且多具有较强的商业性质;其次,这些旅游手册多以网站或 App 的形式存在,使用起来较为复杂且空间占用大;此外,目前的江西旅游手册多是综合旅游网站或 App 上的其中一个版块,使用时需要进行较多的页面搜索和切换操作,极大降低了游客的使用效率。

"江西文化旅游手册"以文化旅游为主导,全面展示江西各旅游城市的文化背景、旅游景点及旅游攻略,并提供文化专题旅游路线及攻略;该手册将制作成微信小程序的形式,游客无须下载即可直接使用,不占空间且操作简单,而微信拥有的庞大用户群体以及快速转发分享功能也能强有力地帮助手册内容的推广;此外,该手册是江西文化旅游专用手册,相对于综合平台上的江西旅游手册,在使用时能减少很多页面搜索和切换操作,为游客节省大量时间和精力。

13.1.2 系统开发意义

借助微信小程序平台,江西文化旅游手册将能成为游客的得力助手,以及展示宣传江西文化旅游资源的有力工具,有助于吸引各方游客来江西旅游,促进江西文化旅游业的发展。

13.1.3 市场分析

根据 2018 年发布的江西旅游大数据报告,2018 年江西省接待国内旅游者 68550.4 万人次,比上年增长 19.7%;国内旅游收入 8095.8 亿元,增长 26.6%;接待入境旅游者 206.3 万人次,增长 9.2%;国际旅游外汇收入 7.5 亿美元,增长 18.3%;国有 5A 级旅游景区和国家级风景名胜区门票全面降价,每年惠民让利 2 亿元。纵观 2013~2018 年江西省国内旅游情况,旅游人次和收入不断增长,其中国内旅游收入年均复合增长率为 34.15%,十分迅速。

- 在旅游产品方面，新产品业态竞相涌现。2018 年，全省全面推进旅游与农业、工业、研学、体育、商贸、会展、休闲度假、中医药养生、新型城镇化等深度融合发展，不断扩大旅游产业的辐射带动效应。文旅融合——再添《天下三清》《寻梦牡丹亭》《遇见武宁》《永远的瑞金》《明月千古情》等大型旅游演艺，燃爆夜间旅游市场，激活夜游经济；公共文化场馆——博物馆、科技馆、艺术馆、图书馆、网红书店等推出一系列旅游、展览活动，成为游客观光、休闲娱乐的热门景点；旅游+体育——江西直升机科技馆推出直升机市容浏览、模拟体验直升机高空飞行，明月山景区推出滑翔伞飞行项目，梅岭狮子峰推出高空秋千、低空滑翔伞飞行等项目，新产品、新业态增加了景区吸引力和新鲜感，更好地满足了年轻旅客个性化、多元化的旅游需求；此外，龙南武当山、萍乡武功山等景区"上线"高空玻璃栈道体验项目。
- 在旅游市场类型方面，乡村旅游受到青睐，婺源+三清山、九江+庐山、南昌+庐山风景区+景德镇+婺源+三清山、南昌+庐山、宜春+明月山排位前五，名山、名村乡村旅游线路成为全省最热门旅游线路；红色旅游再掀热潮，全省形成了"红色旅游+影视+乡村旅游"、研学旅游、"观光度假+红色旅游"、深度体验等新模式，游客对红色文化景区认同感增强，通信运营商数据显示，全省 11 个 5A 级景区中，红色旅游景区游客的停留时间较长，其中省内游客停留时间最长的是瑞金共和国摇篮景区，停留时间达到 16.7 小时，井冈山风景区游客停留时间位居第二，停留时间为 16.5 小时；全域旅游如火如荼，全省认定鹰潭市、上饶市婺源县、南昌市湾里区、吉安市井冈山市、抚州市资溪县、九江市武宁县、宜春市靖安县、赣州市石城县八家单位为江西省全域旅游示范区。
- 在客源地域结构方面，"江西人游江西"占主导，省外客源市场占比提升；华东地区客源占比最大，西北地区客源增长最快；粤、浙、沪、苏游客最多，周边省份客源呈负增长。
- 在游客群体特征方面，年轻游客成出游主力军，携亲友出游成为新趋势；中等消费群体游客为主，高端消费游客持续增多。
- 在游客出行方式方面，自助自驾出游成为主流，高铁组团游受游客青睐，青年游客偏爱火车出游。
- 在游客出行时间方面，一日游仍是旅游主体，假日经济占主导，周末接待的游客大约是周一到周五的 1.75 倍，节假日接待的游客数量达到非节假日的 2.75 倍；4~10 月旅客出游最集中，淡旺季依旧明显，但游客四季出游各有偏爱，全省已形成了"春赏花、夏避暑、秋赏景、冬泡泉"的四季旅游产品。
- 在游客消费特征方面，旅游消费方式实现迭代升级，游客花费集中于刚性消费需求，高品质旅游产品受到欢迎。

针对当前江西旅游市场的特征，江西文化旅游手册以文化旅游为主题，采用微信小程序的形式，全面展示江西各旅游城市的文化背景、旅游景点及旅游攻略。同时针对旅游市场类型日趋特色化的情况，提供红色文化旅游、道教文化旅游、陶瓷文化旅游、生态文化旅游、古迹遗址文化旅游、书院文化旅游这六个文化专线旅游的路线及旅游攻略。

13.1.4 系统基本模式

1. 系统商务模式

江西文化旅游手册是一个用于宣传江西文化旅游资源的微信小程序，系统中并不直接进行商务交易，通过吸引游客来江西旅游以促进江西旅游市场的商务交易，可以看成是一个"信息发布"类的电子商务系统。系统的用户主要是游客、景区景点负责人、系统管理员，游客通过系统查看旅游信息，景区景点负责人通过系统管理员发布或修改旅游信息，因此系统的商务模式可看成是 B2C 模式。

2. 系统盈利方式

本手册主要用于宣传江西文化旅游资源，不以赢利为目的，但通过手册首页的"今日文化"和"近期推荐"两个板块可获取一些来自旅游景区景点的商业赞助。

13.1.5 可行性分析

现对江西文化旅游手册的制作从以下四个方面进行可行性分析：

1）经济可行性：本手册前期的规划、分析设计只需要几台标准配置的计算机及相关绘图软件，后期的实施采用自助建站的方式，开发和运行成本都相对较低，因此在经济方面是可行的。

2）技术可行性：本手册的实施采用自助建站的方式，技术门槛低，具有较强的技术可行性。

3）管理可行性：本手册的功能简单实用，且借助自助建站系统实施系统，开发运行均无须大量人力投入，易于管理，系统数据交给自助建站平台上的专业人员管理，因此在管理上是可行的。

4）环境可行性：本手册有利于促进江西文化旅游业的发展，且符合国家政策、相关的法律法规，因此在社会环境方面也是可行的。

通过以上四个方面的分析，得出江西文化旅游手册的制作是可行的。

13.2 系统分析

13.2.1 系统需求分析

江西文化旅游手册的直接用户是游客和系统管理员，游客通过手册可以查看今日文化、近期推荐、旅游城市信息、城市文化、城市景点信息、特产美食、旅游攻略、文化专线旅游信息，还可以针对手册或旅游在线留言、提出建议；系统管理员主要负责对手册功能、页面和各项数据进行基本管理和分析统计，同样，自助建站平台会事先制作好系统管理员所需要的各项功能，无须对系统管理员的功能需求进行分析设计。

13.2.2 系统逻辑模型

本手册较为简单，可以采用面向对象系统分析法构建其逻辑模型。

1. 用例图

根据功能需求分析得出江西文化旅游手册前台部分的执行者为游客,分析执行者和系统功能之间的关系,可画出相应的用例图,如图 13-1 所示。

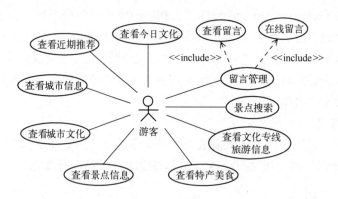

图 13-1　江西文化旅游手册前台部分—用例图

2. 分析类图

由于本手册的用例较为简单,因此可以不编写用例文档和绘制活动图,可直接为各用例编制分析类图,图 13-2~图 13-11 是本手册的用例分析类图。

图 13-2　"查看今日文化"用例分析类图

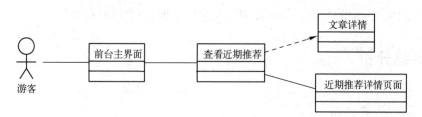

图 13-3　"查看近期推荐"用例分析类图

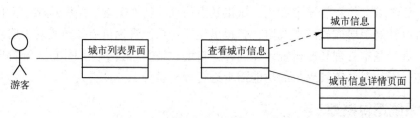

图 13-4　"查看城市信息"用例分析类图

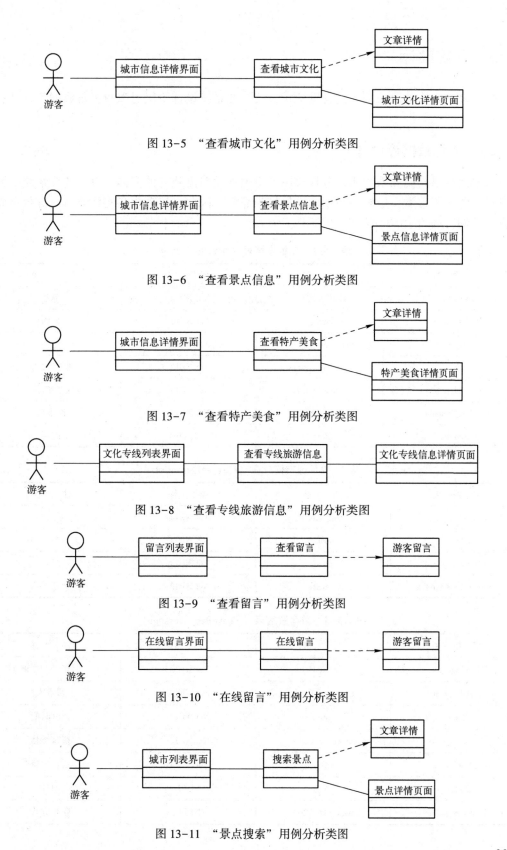

图 13-5 "查看城市文化"用例分析类图

图 13-6 "查看景点信息"用例分析类图

图 13-7 "查看特产美食"用例分析类图

图 13-8 "查看专线旅游信息"用例分析类图

图 13-9 "查看留言"用例分析类图

图 13-10 "在线留言"用例分析类图

图 13-11 "景点搜索"用例分析类图

13.3 系统设计

本系统在实施阶段采用的是自助建站方式，在系统设计阶段可以只进行数据库设计和网站设计。

13.3.1 系统数据库设计

根据前面所绘制的系统用例分析类图，得出本手册需建立的实体类有文章详情类、城市信息类、游客留言类，所对应数据库结构较为简单，因此直接列出各实体类所对应数据库表的具体结构，如表13-1~表13-3所示。

表13-1　文章详情表（Article_Detail）

字 段 名	类 型	属 性	注 释
Article_id	char（16）	Not NULL	编号
Article_title	nvarchar（20）	Not NULL	标题
type	nvarchar（20）	Not NULL	分类
City	nvarchar（20）	Not NULL	所属城市
Upload_date	datetime	Not NULL	上传时间
Reading_amount	char（8）	Not NULL	阅读量
Content	ntext	NULL	内容

表13-2　城市信息表（City_information）

字 段 名	类 型	属 性	注 释
City_name	char（16）	Not NULL	城市名
Picture	image	Not NULL	图片
Introduction	ntext	Not NULL	简介
Recommended_route	ntext	Not NULL	推荐线路

表13-3　游客留言表（Traveller_Message）

字 段 名	类 型	属 性	注 释
Message_id	char（16）	Not NULL	留言号，主键
Traveller_name	nvarchar（20）	Not NULL	留言人
Time	datetime	Not NULL	留言时间
Message_type	nvarchar（20）	Not NULL	留言类型
Content	ntext	Not NULL	留言内容
Picture	image	NULL	图片
Traveller_phone	nvarchar（20）	NULL	联系方式

13.3.2 系统网站设计

江西文化旅游手册首页包括宣传图片、江西简介、文化江西、近期推荐、手册声明，整个手册包括首页（Main.jsp）、文化江西（CultureToday.jsp）、近期推荐（Recommend.jsp）、城市列表（CityList.jsp）、文化专线列表（TourLineList.jsp）、游客留言（Message.jsp）等页面，图13-12显示了手册前台部分各主要页面间的关系。

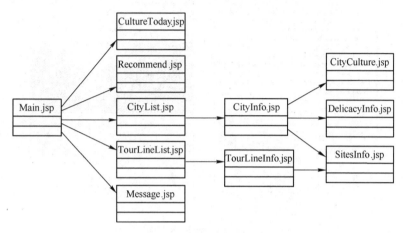

图13-12　江西文化旅游手册边界类图

13.4　系统实施

现根据前期系统规划、分析和设计的结果，在自助建站平台上制作江西文化旅游手册，制作完成后进行系统测试，再审核发布系统。

13.4.1　系统主要页面

系统前台页面均采用标题正文型结构布局，主色调为红色，辅色调为白色，背景色为白色。系统后台页面为平台自动创建，采用左右结构布局，主色调为浅蓝色和黑色，背景色为白色。

1. 前台主页面

前台主页面包括宣传图片、江西简介、文化江西、近期推荐、手册声明，如图13-13所示。

2. 城市列表页面

在前台主页面点击"城市景点"转到江西旅游城市列表页面，如图13-14所示。

3. 城市信息页面

在城市列表页面点击城市名转到城市信息页面，如图13-15所示。

图 13-13　前台主页面

a）前台主页面上半页　b）前台主页面下半页

图 13-14　城市列表页面

a）城市列表页面上半页　b）城市列表页面下半页

图 13-15　城市信息页面

a）城市信息页面上半页　b）城市信息页面中页　c）城市信息页面下半页

4. 专线旅游列表页面及游客留言页面

在前台主页面点击"城市景点"转到江西旅游城市列表页面，如图 13-16 所示。

图 13-16　专线旅游列表页面及游客留言页面

a）专线旅游列表页面　b）游客留言页面

5. 后台文章管理页面

系统管理员可对文章信息进行管理，包括文章的添加、修改、搜索和删除等操作，如图 13-17 所示。

图 13-17　后台文章管理页面

13.4.2　系统测试

现列出本手册的一些主要测试项目。

（1）"景点搜索"测试

测试编号：research-01
测试输入：输入不存在的景点文章关键词
预期结果：提示不存在
实际输出：系统提示"抱歉，没有发现相关结果"

测试编号：research-02
测试输入：输入已存在的景点文章关键词
预期结果：转到景点文章链接
实际输出：系统显示景点文章链接

（2）"游客留言"测试

测试编号：message-01
测试输入：空提交
预期结果：要求选择留言类型
实际输出：提示"留言类型不能为空"

测试编号：message-02
测试输入：只选择留言类型
预期结果：要求输入留言内容
实际输出：提示"留言内容不能为空"

测试编号：message-03
测试输入：输入留言要求的留言类型、留言内容和联系方式
预期结果：成功提交留言
实际输出：提示"留言成功"

13.4.3 系统发布

在自助建站平台上制作并发布微信小程序的步骤如下：

1）在微信公众平台注册小程序账户并完善相关信息。

2）在自助建站平台管理页面创建一个小程序，再将第一步注册的小程序账号分配给该小程序并授权自助建站平台制作管理小程序。

3）在自助建站平台上制作小程序。

4）点击"审核发布"提交小程序，通过审核后即可扫描小程序码访问小程序。

参 考 文 献

[1] 厉小军 . 电子商务系统设计与实现 [M]. 北京：机械工业出版社，2007.

[2] 宫小全 . 电子商务系统分析与设计 [M]. 北京：清华大学出版社，北京交通大学出版社，2010.

[3] 张瑞卿，邓瑾 . 管理信息系统 [M]. 上海：上海交通大学出版社，2018.

[4] 刘杰西 . HTML、CSS、JavaScript 网页制作从入门到精通 [M]. 北京：人民邮电出版社，2013.

[5] 吕廷杰，陈霞，胡桃 . 电子商务教程 [M]. 2 版 . 北京：电子工业出版社，2012.

[6] 王志强 . 电子商务概论 [M]. 成都：西南交通大学出版社，2014.

[7] 唐四薪 . 电子商务安全实用教程 [M]. 北京：中国铁道出版社，2011.

[8] 林政 . 电子支付 [M]. 北京：中国人民大学出版社，2013.

[9] 马刚，李洪心 . 电子商务支付与结算 [M]. 3 版 . 大连：东北财经大学出版社，2016.

[10] 李洪心 . 电子商务案例分析 [M]. 大连：东北财经大学出版社，2013.

[11] 司林胜 . 电子商务案例分析教程 [M]. 北京：电子工业出版社，2013.

[12] 张楚 . 电子商务法 [M]. 4 版 . 北京：中国人民大学出版社，2016.

[13] 李兴国 . 管理信息系统案例 [M]. 北京：清华大学出版社，2010.